Neue
Kleine Bibliothek 133

Lucas Zeise

Ende der Party

Die Explosion im Finanzsektor und
die Krise der Weltwirtschaft

PapyRossa Verlag

© 2008 by PapyRossa Verlags GmbH & Co. KG, Köln
Luxemburger Str. 202, 50937 Köln
Tel.:   ++49 (0) 221 – 44 85 45
Fax: ++49 (0) 221 – 44 43 05
E-Mail: mail@papyrossa.de
Internet: www.papyrossa.de

Covergestaltung unter Verwendung
eines Bildes von Tremezza von Brentano

Umschlag: Willi Hölzel, Lux siebenzwo
Druck: Interpress

Die Deutsche Bibliothek verzeichnet diese Publikation in der
Deutschen Nationalbibliografie; detaillierte bibliografische
Daten sind im Internet über http://dnb.ddb.de abrufbar

ISBN 978-3-89438-396-1

Inhalt

1. Ein Bruch in der Dynamik

Auch wer wach durch die Welt geht, wird nicht sofort erkennen, dass die Weltwirtschaft mitten in einer Krise steckt. Die Lage ist nicht sonderlich gut. Aber in Deutschland wurde im Laufe des Jahres 2008 noch mindestens so viel darüber diskutiert, ob der Aufschwung endlich unten angekommen ist (ist er nicht), wie darüber, wann und wie der kommende Abschwung sich auf die Einkommens- und Lebenssituation der Menschen auswirken wird. Unmittelbar spürbar waren die erheblich höheren Preise – vor allem für Benzin, andere Energieträger wie Gas und Strom und vor allem für Lebensmittel. Steigende Preise für Rohstoffe und Lebensmittel sind ebenso internationale Phänomene wie die Finanzkrise, von der dieses Buch handelt. Beides sind Resultate eines Zustandes, besser einer Dynamik der Weltwirtschaft. Sie sind Zeichen dafür, dass dieser Zustand oder diese Dynamik in der bisherigen Form nicht fortbestehen kann.

Das ist ein wenig zu schwach formuliert. Richtiger ist es zu sagen, die Finanzkrise beendet die spezifische Form, in der die kapitalistische Weltwirtschaft sich in den letzten 20 bis 30 Jahren entwickelt hat. Sie beendet eine neoliberale, vom Finanzmarkt dominierte Phase der Globalisierung. Das ist die wichtigste These dieses Buches.

Es interessiert also weniger, warum und in welcher Höhe die großen Banken dieser Welt sich verspekuliert und Verluste in hunderten von Milliarden Dollar oder sogar Euro angehäuft haben. Spekulationskrisen kommen im Kapitalismus immer wieder vor, seit es Finanzmärkte gibt. Es interessieren hier die spezifischen Bedingungen, die zu dieser globalen Finanzkrise geführt haben. Anders ausgedrückt: Nicht

die Finanzkrise ist das zu untersuchende Problem, sondern die ökonomischen Verhältnisse und Entwicklungen, die sich in dieser Krise
entladen. Es interessiert, welche Verhältnisse dazu geführt haben, dass
es zu dieser Explosion im Finanzsektor kam.

Auch wer von der Krise bisher noch nicht mehr bemerkt hat als
das aufgeregte Geschnatter in der Presse, wird sie schon noch zu spüren bekommen. Die Krise ist zwar zunächst eine Finanzkrise. Sie ist
aber nicht auf den Finanzsektor beschränkt. Es ist eher so, dass der Finanzsektor die empfindlichste Stelle oder die Sollbruchstelle der ökonomischen Verhältnisse geworden ist. Insofern leitet die Finanzkrise
eine Wachstumskrise der Weltwirtschaft ein. Es handelt sich damit
auch um eine ganz gewöhnliche Konjunkturkrise der Weltwirtschaft,
die wie jede Krise besondere Ursachen und Anlässe und auch besondere strukturelle Auswirkungen hat. Viele Beobachter haben diese
Krise mit dem Ausbruch der Weltwirtschaftskrise 1929 verglichen, so
zum Beispiel Jochen Sanio, der Präsident der deutschen Finanzaufsicht BaFin. Leider ist dieser Vergleich nicht völlig aus der Luft gegriffen. Die Ähnlichkeit liegt vor allem darin, dass beiden Krisen ein alles
Bisherige übertreffender Boom des Finanzsektors vorausgegangen
ist. In beiden Fällen betrifft die Krise sowohl den Bankensektor als
auch den Finanzmarkt im engeren Sinne, den Markt der Wertpapiere.
Schließlich nahmen beide Krisen ihren Ausgangspunkt im Kernland
des Kapitalismus, den USA.

Der Vergleich mit der Weltwirtschaftskrise der 30er Jahre des vorigen Jahrhunderts legt zugleich einen anderen Gedanken nahe. Es
ist sinnvoll, die Finanzkrise, die im Sommer 2007 offen zutage trat, in
Verbindung zu sehen mit der Krise des Aktienmarkts 2000 bis 2003.
Beide Krisen hängen eng miteinander zusammen. Die Konjunktur-
flaute, die aus dem Aktien-Crash entstand, war beispielsweise in
Deutschland erst 2006 einigermaßen überwunden. Zwei Jahre (2006
und 2007) Konjunkturaufschwung, das ist außergewöhnlich kurz. Da
ist es treffender, nur von einem Zwischenhoch zu sprechen. Beide Krisen sind außerdem aufs Engste durch die Maßnahmen verbunden,
mit denen die US-amerikanische Notenbank Fed die erste Krise be-
kämpfte. Um nach dem Crash am Aktienmarkt die US-Konjunktur zu

retten, stimulierte die Notenbank mit rekordniedrigen Zinsen gezielt den Immobilienmarkt und sorgte dort für eine Preisblase, deren Platzen der unmittelbare Anlass für die 2007 offen ausbrechende Finanz- und Bankenkrise wurde.

Obwohl diese Finanzkrise – oder diese beiden schnell aufeinander folgenden Finanzkrisen – als eine unvermeidliche Konsequenz letztlich unhaltbar gewordener Entwicklungen angesehen werden muss, wäre es falsch, sie schlechthin für unvermeidbar zu halten. Vielmehr sind auch ökonomische Entwicklungen, noch viel mehr aber Entwicklungen an den Finanzmärkten veränderbar, aufhaltbar oder sogar umkehrbar. Anders gesagt, ökonomische Entwicklungen können von politischem Handeln beeinflusst werden. Das politische Handeln der entscheidenden Akteure hat aber – so eine weitere These dieses Buches – viel dazu beigetragen, die Bedingungen für die Finanzkrise erst herzustellen oder sie zumindest zuzulassen.

Auch hinsichtlich der negativen Auswirkungen der Finanzkrise sind die Wirtschaftspolitiker keineswegs hilflos, selbst wenn sie sich – speziell in Deutschland – gern so geben. Die Vergleiche, die mit der Weltwirtschaftskrise gezogen werden, sind auch deshalb möglicherweise nützlich. Erfreulich ist immerhin, dass sich wichtige Akteure wie beispielsweise der derzeitige Chef der US-Notenbank, Ben Bernanke, der Verantwortung bewusst zu sein scheinen, einen ähnlich tiefen Einbruch der effektiven Nachfrage, der Produktion und des Wohlstands zu vermeiden. Dies betrifft die Sorge um die konjunkturellen oder zyklischen Folgen der Finanzkrise.

Viel schwerer vorherzusagen sind die strukturellen Folgen des Krisengeschehens. Man kann nur einigermaßen sicher sein, dass die Rückkehr zum Status quo ante, also zu den Bedingungen vor Ausbruch der Krise, obwohl von vielen, vor allem den Profiteuren dieser Verhältnisse gewünscht, nicht wahrscheinlich ist. Insofern hat die Krise ihre durchaus positiven Momente. Sie bietet besondere Möglichkeiten, Veränderungen in der Regulierung des Kapitalismus durchzusetzen. Freilich sollte man sich auch bewusst sein, dass, worauf Naomi Klein mehrfach hingewiesen hat, die alten Profiteure schon viel Übung haben, in offenen Verhältnissen schockartig Veränderungen in ihrem

Sinne zu bewirken. In jedem Fall ist eine Ursachenanalyse notwendige, wenn auch längst nicht hinreichende Bedingung, um Chancen zur Veränderung wahrnehmen zu können.

Ein erster Blick auf Charakter und Ursachen der Krise

Zu den Ursachen der Krise wird man viele Antworten erhalten, je nachdem, wie grundsätzlich man die Frage stellt. Mit einer zu allgemeinen Antwort vom Kaliber, der Kapitalismus ist nun mal krisenanfällig, ist man zwar auf der richtigen Seite, doch ist einem damit wenig gedient. Schon etwas hilfreicher ist die Charakterisierung dieser Krise als einer typischen Spekulationskrise. Das ist sie in der Tat. Spekulationskrisen sind typische Finanzmarktphänomene. Ihre Besonderheit liegt darin, dass der Spekulationsgewinn im Verwertungs- und Zirkulationsprozess die Oberhand gewinnt. Am Markt wird nicht mehr vorwiegend gekauft und verkauft, um zu konsumieren oder zu investieren, sondern um wieder zu kaufen bzw. zu verkaufen in der durch Erfahrung gestützten Hoffnung, dass dabei ein erheblicher Geldgewinn herauskommt. Aktienmärkte leben davon, dass sich viele Spekulanten in ihnen tummeln. Sie leben von der Preisdifferenz zwischen Einkauf und Verkauf. In einem stagnierenden Markt ist damit der Gewinn des einen der Verlust des anderen. In einem steigenden Markt ist aber Gewinn für alle drin.

In einer wachsenden Wirtschaft werden die Unternehmen und damit die Aktien objektiv wertvoller. So lange die Kurse sich an diesen wie auch immer berechneten Werten grob orientieren, spielt die Spekulation zwar eine wichtige Rolle, sie dominiert aber nicht. Der Aktienkäufer kann damit rechnen, beim Verkauf der Aktie mehr zu erlösen, weil sie im Kalkül der Aktienanleger und Kapitalisten mehr wert ist oder mehr Ertrag verspricht. Anders ist die Situation, wenn der Aktienbesitzer nur noch deshalb mit einem Gewinn beim Verkauf rechnet, weil der Markt sich im Aufwärtstrend befindet. Der erfolgreiche Aktienhändler (Spekulant) verlässt sich dann darauf, einen noch dümmeren zu finden, der ihm einen noch höheren Preis bezahlt. Das Phänomen wird im Englischen treffend als die »Greater Fool Theory« bezeichnet. Die Tatsache, dass spekulative Exzesse sich entwickeln, dass sie in den Preisübertreibungen sehr weit gehen und ganze Gesellschaften erfassen können, hat sehr viel damit zu tun, dass in der Phase des Booms anscheinend alle die Gewinner sind. Die Gesellschaft wirkt insgesamt reicher. Das Gegenteil tritt ein, wenn die Spekulation zusammenbricht.

Das Auf und Ab der Spekulation, Boom und Bust waren schon vielfach Untersuchungsgegenstand der Ökonomen. Die Klassiker von Adam Smith über David Ricardo und Karl Marx bis John Maynard Keynes haben sich nicht genug über die Anfälle kollektiven Wahnsinns in kapitalistischen, zum Teil auch vorkapitalistischen Gesellschaften wundern können. In jüngerer Zeit hat Charles Kindleberger eine Komplettbeschreibung spekulativer Krisen vorgelegt (Charles P. Kindleberger, Manias, Panics and Crashes – A History of Financial Crises, 1978). Er begnügt sich dabei nicht damit, das Zustandekommen von Spekulationsblasen zu erklären, sondern legt eine komplette Blaupause für den Ablauf von spekulativen Finanzexzessen und Krisen in entwickelten kapitalistischen Gesellschaften vor. »Vorbild« dabei ist vor allem der Boom der 1920er Jahre, der Aktienmarkt-Crash von 1929 und die sich daran anschließende Depression der US- und der Weltwirtschaft.

Im Anstieg macht Kindleberger sechs Entwicklungsstufen aus: Zunächst ein positiver Anstoß, sozusagen ein realer Grund für die beginnende Spekulation. Als mittlerweile klassisches Beispiel fällt einem da die rasante Verbreitung der Computertechnik und des Internet in den 1990er Jahren ein. Die damit geschaffenen oder nur vermuteten Gewinnmöglichkeiten locken und vermehren das Geldangebot. Banken vergeben mehr Kredit. Tatsächlich im neuen Sektor entstandene Gewinne locken die Masse der Investoren und Spekulanten aus der Reserve. Die eigentliche spekulative Phase beginnt. Es wird gekauft, um teurer zu verkaufen. Die Verschuldung steigt, um an den sicheren Profitmöglichkeiten noch besser teilnehmen zu können. Viertens springt die Spekulation in andere Märkte und fünftens in andere Länder über. Sechstens dann bricht der Markt aus welchem Anlass auch immer zusammen.

Für den Absturz hat Kindleberger auch eine wichtige Lehre parat. Auch in dieser Phase gibt es sich selbst verstärkende Mechanismen. Mit dem Preisverfall (der Wertpapiere) schrumpft der Wert der Sicherheiten für die vergebenen Kredite. Die Banken verlangen Rückzahlung oder vergeben zumindest keine neuen Kredite mehr. Unternehmen und Privatpersonen müssen noch mehr Wertpapiere verkaufen. Andere Unternehmen geraten ohne Zugang zu frischem Geld in Schwierigkeiten, sie können ihre Schulden nicht mehr bedienen. Die Banken sitzen damit auf faulen Krediten, die Kundschaft zieht misstrauisch die Einlagen ab. Bankpleiten drohen. Die Kreditvergabe wird noch restriktiver usw. usf. Kindlebergers Beschreibung passt im Auf- und im Abschwung geradezu beängstigend gut auf das, was in der aktuellen Finanzkrise, die Thema dieses Buches ist, geschehen ist und noch geschieht.

Mit der Aussage, dass wir es mit einer klassischen Spekulationskrise zu tun haben, ist noch nicht die Frage beantwortet, was im vorliegenden Fall das bevorzugte Objekt der Spekulanten war. Die Antwort erscheint zunächst allerdings einfach. Erstaunlicherweise scheinen sich die globalen Finanzspieler an der trivialen und wenig aufregenden Finanzierung von Ein- oder Zweifamilienhäusern in der US-amerikanischen Provinz verhoben zu haben. Faul gewordene kleine Hypothekenkredite brachten große und kleine Banken und Fonds in Schwierigkeiten. Tatsächlich hieß diese Finanzkrise, als sie im Herbst 2007 noch einigermaßen jung und frisch war, zunächst noch »Subprime-Hypotheken-Krise«. Der etwas sperrige Ausdruck bezieht sich auf die in den USA massenhaft an schlechte, nicht zahlungsfähige Schuldner gewährte Hypotheken. Der Ausdruck »subprime« ist ein Euphemismus. Er entspricht ziemlich exakt dem deutschen Wort suboptimal und heißt also eigentlich miserabel schlecht.

Niemals hätten die faul gewordenen Kredite an schlecht verdienende US-amerikanische Eigenheimbesitzer Banken in aller Welt in Bedrängnis gebracht, wenn die Finanzbranche nicht innovative Wege gefunden hätte, die den Weiterverkauf der Kredite ermöglichten. Banken wie die deutsche IKB oder die SachsenLB gehörten zu den ersten Opfern der Krise, weil sie sich auf verschlungenen Wegen am

Hypothekengeschäft der US-amerikanischen Finanzbranche beteiligt hatten. Die zweite Besonderheit dieser Spekulationskrise ist demnach die in den letzten Jahren entwickelte Technik, Kredite oder überhaupt jede Art von Schulden zu verpacken und in aller Welt zu verkaufen. Banker nennen diese Technik »Verbriefung«. Aus einem individualrechtlichen Schuldkontrakt wie es zum Beispiel eine Hypothek ist, wird ein handelbares Wertpapier. Auch das ist nicht eigentlich neu. Der früher bekannte Wechsel oder der alte deutsche Pfandbrief sind Beispiele für dieselbe Sache. Neu war allerdings, dass solche Verbriefung so massenhaft geschah und dass im Zuge der Verbriefung aus einfachen Schuldkontrakten komplizierte Mischkonstruktionen gemacht wurden. Am Schluss war nicht mehr festzustellen, welchen Wert die Produkte noch darstellten. Die Verbriefung oder die Neuverpackung von Krediten ist also eine Besonderheit dieser Spekulationskrise. Sie hat das gewaltige Ausmaß des Spekulationsbooms erst ermöglicht und sorgte im Abschwung dafür, dass die Wertverluste die Gläubiger überraschten und dass sie überraschend hoch ausfielen.

Zwei weitere Besonderheiten sind kennzeichnend für diese Spekulationswelle und Finanzkrise. Sie beziehen sich auf die besondere Rolle, die die USA als immer noch bei weitem wichtigstes Land der Weltwirtschaft innerhalb derselben spielen. Zum begehrten und viel genutzten Anlageobjekt für das internationale Finanzkapital entwickelten sich die Schulden ganz gewöhnlicher US-amerikanischer Haushalte, vor allem ihre Hypotheken, aber auch ihre Kreditkarten- und Ratenkreditschulden. Diese Verschuldung der US-Haushalte erwies sich als ergiebige Anlagekategorie, weil sie außergewöhnlich lang zugelassen, ja von der Wirtschaftspolitik aktiv gefördert wurde. Extrem niedrige Zinsen der US-Notenbank ließen die Belastung auch ärmerer Haushalte durch hohe Schulden tragbar erscheinen. Zudem stiegen die Preise für die Wohnhäuser, die damit höher beliehen werden konnten. Der schuldenfinanzierte höhere Konsum der US-Haushalte schlug sich in höherer Gesamtnachfrage, in einer relativ munter laufenden Konjunktur, vor allem aber in einem kräftig steigenden Außenhandelsdefizit nieder. Die hohe Verschuldung der US-Privathaushalte wurde also durch die Kapitalzufuhr aus dem Ausland bezahlt. Zu einem wichtigen Financier entwickelten sich Länder mit starker Exportindustrie – zuletzt vor allem die Volksrepublik China. Deren Notenbank hielt, um den Absatz der eigenen boomenden Exportwirtschaft zu fördern, die eigene Währung, den Renminbi, niedrig und kaufte daher in massiver Form Dollar in Form von US-Staatsanleihen. Die Finanzspekulation ist somit vielfach verzahnt mit den internationalen Kapitalströmen und der unterschiedlichen Verfassung der Realwirtschaft in den Weltregionen.

Dennoch hieße es, diese Finanzkrise zu unterschätzen, wenn man sie nur auf das Geschäft mit US-Hypotheken und die Technik der Kreditverpackung bezöge. Sehr bald stellte sich heraus, dass praktisch alle Aspekte des Finanzsektors von der Krise erfasst wurden. Im Zentrum stand der Interbankenmarkt für kurzfristige Gelder. An ihm war abzulesen, dass der Finanzmarkt von einem Zustand der Überliquidität plötzlich in einen Zustand des Liquiditätsmangels geraten war. Die Preise an den Finanzmärkten für Aktien, Bonds und Kredite gaben in immer neuen Wellen auf breiter Front nach. Da auch Sachwerte wie Immobilien vom Preisrückgang betroffen waren, blieben nur Rohstoffe als handelbare Vermögenskategorie, deren Preise nicht einbrachen. Dies ist ein wesentlicher Grund, warum selbst angesichts einer schwächer werdenden Weltkonjunktur der Preisauftrieb bei Erdöl und anderen Rohstoffen bis in den Sommer 2008 hinein anhielt.

Wenn man sich das wahrhaft weltumspannende Ausmaß des Finanzbooms vor Augen hält, liegt es nahe, als die eigentliche Ursache für die der Krise vorausgehende Spekulationswelle die Größe und ökonomische Wucht des Finanzsektors selbst anzunehmen. Wie man auch immer rechnet, ist der Finanzsektor, relativ zur Gesamtwirtschaft, in den letzten 30 Jahren stark gewachsen. Der Gewichtszuwachs innerhalb der Gesamtwirtschaft hat sich in den letzten 10 Jahren weiter beschleunigt. Das ist kein auf ein einzelnes Land beschränktes, sondern ein internationales Phänomen. Ökonomen nehmen diese Entwicklung meist zustimmend zur Kenntnis und sprechen vom wachsenden tertiären Sektor, womit Dienstleistungen im Gegensatz zur industriellen Produktion, dem sekundären Sektor, gemeint sind. Das relativ stärkere Wachstum des Finanzsektors, also von Banken,

Versicherungen, Fonds und Börsen, im Vergleich zur übrigen Wirtschaft hat zur Folge, dass sich immer mehr Kapital auf der Suche nach Anlage in relativ spärlicher werdenden Realinvestitionen befindet. Das wiederum führt zu steigenden Preisen für solche Realinvestitionen, abzulesen an steigenden Aktienkursen. Es führt auch dazu, dass neue Anlagekategorien gesucht, gelegentlich auch gefunden und alte massiv ausgeweitet werden. Der Immobiliensektor in den USA ist ein Beispiel für letzteres – mit dem Ergebnis ebenfalls kräftig steigender Preise.

Die Folgen von Finanzkrisen

Der sich selbst verstärkende Regelkreis im Finanzboom wandelt sich, wie Kindleberger auch ausgeführt hatte, nach Ausbruch der Krise in einen sich selbst verstärkenden Negativeffekt. Die Finanzversprechen, als die man Kreditverträge, Aktien und Anleihen betrachten muss, verlieren an Wert oder werden wertlos, da die Schuldner ihre Zahlungsversprechen nicht einhalten können. Selbst die Schulden zahlungskräftiger Unternehmen, Banken oder Privathaushalte unterliegen dem Wertverlust, weil das Vertrauen in die Zahlungsfähigkeit aller nachlässt. Die zuvor muntere Verschuldung der Wirtschaftssubjekte stockt. Sie verkehrt sich ins Gegenteil. Wenn Wertpapiere und andere Vermögenswerte wie zum Beispiel Immobilien, die als Sicherheiten für Kredite dienen, an Marktwert verlieren, fordern die Gläubiger mehr Sicherheiten oder, was im Abschwung der Regelfall sein dürfte, eine vorfristige Rückzahlung der Schuld. Alle diese Mechanismen sind in zahllosen Finanzkrisen zuvor immer wieder durchgespielt worden. Es handelt sich um eine Kontraktion des Finanzsektors. Die Bilanzen der Unternehmen und Banken werden gekürzt, das Fremdkapital abgebaut. Wenn das nicht möglich ist, geschieht es durch Konkurs oder Ausverkauf an die Konkurrenz.

Entscheidend ist, wie weit der Schrumpfungsprozess des Finanzsektors sich in der Realwirtschaft auswirkt und aus der Finanzkrise eine veritable Wirtschaftskrise wird. Wahrscheinlich ist das allemal. Denn wenn Kredit weniger gut verfügbar ist, werden davon nicht nur die

Finanzinvestitionen, sondern auch die Realinvestitionen tangiert. Sie bestimmen in der Regel das Auf und Ab des Konjunkturzyklus. Man sehe sich die Entwicklung im Gefolge der im Frühjahr 2000 in Form eines Crashs am Aktienmarkt ablaufenden Finanzkrise an: Sie führte bereits im Herbst desselben Jahres zu einem statistisch erkennbaren Einbruch der Investitionen in Nordamerika und Europa. Vor allem die Tatsache, dass plötzlich am Aktienmarkt kein billiges Kapital mehr zur Verfügung stand, war für diesen Einbruch verantwortlich. Bekanntlich dauerte die sich daran anschließende wirtschaftliche Stagnationsphase einige Jahre – in den USA kürzer, in Deutschland dank unnötig restriktiver Wirtschaftspolitik der Regierung Schröder sehr viel länger.

Die Finanzkrise davor, die so genannte Asienkrise 1997/98 wirkte sich in den zunächst allein betroffenen Ländern wie Thailand, Südkorea, Taiwan, Hongkong und Indonesien verheerend aus. Die Investitionen gingen nicht nur zurück, vielmehr bedeutete der Abzug internationalen Kapitals, dass die Länder über Monate hinweg von der Einfuhr wichtiger Produktionsmittel abgeschnitten waren, vom Rückgang der Versorgung der Bevölkerung ganz zu schweigen. Krisenverschärfend wirkten sich auch die Programme des Internationalen Währungsfonds (IWF) aus, die darauf ausgelegt sind, dass die bestehenden internationalen Schulden zurückgezahlt werden. Als im Sommer 1998 auch Russland von der Krise erfasst wurde und sich ein großer Hedge-Fonds beim Handel mit russischen Anleihen verspekuliert hatte, bestand die Gefahr, dass auch die Finanzmärkte in den USA und Westeuropa und damit auch deren Volkswirtschaften in die Krise hineingezogen werden würden. Die Rettungsaktion der US-Notenbank für den betreffenden Hedge-Fonds sowie eine Serie von Leitzinssenkungen verhinderten das damals.

Die aktuelle Finanzkrise wird für die Weltwirtschaft nicht so harmlos verlaufen. Zum einen ist sie von vornherein mit einer beginnenden konjunkturellen Abschwächung in den USA verzahnt. Die langsame Abschwächung des Wohnimmobilienmarktes führte zum abebbenden Preisauftrieb bei Wohnhäusern, schließlich zu einem Rückgang der Preise und von da an zu nicht mehr bedienten Hypothekenkrediten, dem eigentlichen Auslöser der Finanzkrise. Der zweite Grund ist die einfache Tatsache, dass die Finanzkrise von der größten Volkswirtschaft der Erde, den USA ausgegangen ist und dass sie mit den besonderen Problemen gerade dieser Volkswirtschaft, namentlich ihrer hohen Verschuldung gegenüber dem Ausland aufs Engste verknüpft ist. Die USA haben in den jüngsten Jahren dank ihrer hohen Verschuldung die Konjunkturlokomotive auf dem Globus gespielt. Die Nachfrage aus den USA hat die Exportindustrie vieler Länder jahrelang stimuliert und so die Konjunktur auf dem ganzen Globus befeuert.

Es ist nicht vorstellbar, dass eine von der Finanzkrise ausgelöste Entschuldung der USA ohne Bremsspuren in den USA selbst und anderswo bleibt. Auch muss man angesichts des Ausmaßes dieser Finanzkrise mit erheblichen Verwerfungen rechnen. Ein halbes Jahr nach Ausbruch der Finanzkrise schätzte der IWF das erforderliche Ausmaß der Wertberichtigungen im Bankensektor weltweit auf etwa 1 Billion Dollar. Das ist etwa die Größenordnung von einem Drittel des Bruttosozialproduktes Deutschlands, der (mittlerweile zusammen mit China) drittgrößten Volkswirtschaft der Erde. Das war zum Jahreswechsel 2007/08. Allein der Umfang des US-amerikanischen Hypothekenmarktes ist gewaltig. Wenn die Konjunktur weiter nachlässt, werden auch mehr Unternehmen zahlungsunfähig werden. Das wiederum hinterlässt Spuren an den Finanzmärkten.

Ein weiterer Grund für die vermutlich nachhaltige Wirkung der Finanzkrise auf die Realökonomie liegt darin, dass die Mittel der Geld- und Fiskalpolitik zwar noch nicht erschöpft sind, die traditionellen Mittel der Konjunkturstimulierung aber jedenfalls keine wirklich durchschlagende Wirkung mehr versprechen. Die US-Notenbank hat nach Ausbruch der Krise sehr schnell reagiert und ihre Leitzinsen bis Frühjahr 2008 in einigen hektischen Schritten auf das Notstandsniveau von 2 Prozent gesenkt. Dieser Satz ist weniger als die aktuelle Inflationsrate in den USA von im Sommer 2008 um die 5 Prozent. Der Realzins ist damit deutlich negativ. Damit entstehen auch Probleme. So wertete der Dollar weiter ab. Außerdem heizte das die Spekulation in die einzig verbliebenen stabil wirkenden Sachwerte, in die Rohstoffe an. Hohe Rohstoffpreise entziehen Kaufkraft, was wiederum der Konjunktur schadet.

Rettungsversuche und Reregulierung

Einige Monate fort wirkender Finanzkrise später, kurz vor Ostern 2008, meldete sich Josef Ackermann zu Wort. Der Schweizer Chef der Deutschen Bank plädierte für das Eingreifen des Staates in der aktuellen Finanzkrise. Die Banken allein würden aus dieser Krise nicht mehr herausfinden. Die deutsche Öffentlichkeit reagierte überrascht. Ackermann wurde getadelt, Staatshilfe eingefordert und damit eingeräumt zu haben, dass freier Markt und freier Kapitalverkehr allein keine Lösung mehr sind. Das Versagen der Banken und des freien Marktes so offen zuzugeben, ist für den Vorstandsvorsitzenden der größten deutschen Bank in der Tat verblüffend. Noch merkwürdiger allerdings ist es, dass er fordert, was längst Realität ist. Seit die internationale Finanzkrise im August vorigen Jahres offen ausgebrochen ist, haben Staatsorgane in den betreffenden Ländern eine ganze Reihe von Maßnahmen ergriffen, um gegen die Krise vorzugehen, ihre Symptome zu lindern oder schließlich lädierte Banken vor der akuten Pleite zu bewahren.

Es ist ohnehin ein wenig absurd das Wirken des freien Marktes dem Staatshandeln gegenüberzustellen. Das ist ein beliebtes Spiel in der deutschen und angelsächsischen Presse, wohl auch in den volkswirtschaftlichen Instituten der Universitäten, hat aber mit der Realität nichts zu tun. Interessant ist nicht, ob staatliche Organe im Finanzmarkt eingreifen, sondern wie sie es tun. Ackermanns Ruf nach Staatseingriffen dürfte denn auch korrekt als Wunsch nach einer Subvention der gestressten Banken interpretiert werden. Auf diesem Wege ist vor allem der US-amerikanische Staat (gezwungenermaßen) gut vorangekommen. Die erste große Rettungsaktion betraf Bear Stearns. Um diese fünftgrößte Investmentbank des Landes zu retten, gab ihr die US-Notenbank kurz vor Ostern 2008 eine Risikoabsicherung von 29 Mrd. Dollar in die Ehe mit der größeren Geschäftsbank JP Morgan, die damit zum neuen Marktführer wurde. Im Sommer wurden die zwei wichtigsten Hypothekenbanken des Landes, Fannie Mae und Freddie Mac verstaatlicht und deren Schulden von über fünf Billionen Dollar materiell, wenn auch nicht rechtlich den Finanzschulden des Zentralstaates zugefügt. Es folgte die Quasi-Verstaatlichung der größ-

ten Versicherungsgesellschaft AIG, die in Form eines hochverzins-
lichen Kredits der Notenbank in Höhe von 85 Mrd. Dollar geschah.
Schließlich kündigte die Regierung im September eine groß angelegte
Rettungsaktion für die US-Banken an und ließ sich vom Kongress zu
diesem Zweck die Ausweitung der Staatsverschuldung um 700 Mrd.
Dollar genehmigen.

Der keynesianischem Denken zugewandte Ökonom und Kolumnist
der »New York Times« Paul Krugman hatte noch in der Anfangsphase
der Krise die Größenordnung einer solchen Rettungsaktion für die
Banken auf drei Billionen Dollar geschätzt, anders gesagt 3.000 Mrd.
Dollar oder 20 Prozent des US-Bruttosozialprodukts (NYT, 17.3.08).
Er hielt es zudem für unvermeidlich und jedenfalls für besser, riesige
Summen staatlicher Mittel einzusetzen, als den Finanzsektor unterge-
hen zu lassen und die US-Volkswirtschaft dazu.

Allen, die so argumentieren, schwebt die negative Erfahrung der
Weltwirtschaftskrise in den frühen 30er Jahren des vorigen Jahrhunderts vor. Sowohl in den USA als auch in Europa ließen die Regierungen Bankpleiten und die Schrumpfung des Kreditsektors mit verheerenden Folgen zu. Dazu trat eine restriktive Wirtschaftspolitik. Wer
heute gegen den Einsatz öffentlicher Gelder zur Rettung der Banken
argumentiert, muss sich mit dieser Erfahrung auseinandersetzen. Die
Frage ist weniger, ob Staatsknete fließen soll, sondern wie die Gelder
des Staates sinnvoll genutzt werden. Die Frage ist, welche Bank ist ret-
tenswert. An welchen Stellen sollen Notenbanken und Regierungen
stützend eingreifen? In der konkreten Situation sind diese Fragen
ohnehin schwer zu beurteilen. Noch schwieriger wird es dadurch, dass
die Fakten so gut wie nie vollständig auf dem Tisch liegen.

Die Interessenlage der Banker, Hedge-Fonds-Manager und ihrer
betuchten Geldgeber deckt sich dummerweise in Teilbereichen mit
derjenigen jener, die vor allem die Wirtschaft nicht abschmieren lassen
wollen. Wenn Josef Ackermann Rettungsaktionen des Staates fordert,
möchte er möglichst schnell den wunderbaren Zustand der Finanz-
und Kreditmärkte wieder hergestellt sehen, wie er vor dem August
2007 gegolten hatte. Es war ein Finanzmarkt in einer Boomphase. Die
Geschäfte der Banken brummten, das Anlage suchende Kapital war

im Überfluss vorhanden, Kredite jeder Art wurden bereitwillig und billig vergeben, Fonds aller Art kauften sie auf. Niemand machte sich Sorgen um die Bonität anderer Banken. Die Profite der Banken rasten nach oben. Die Boni der Banker ebenfalls. Ackermann hatte das noch kurz zuvor als »normale Zustände« bezeichnet. Dass diese Zustände die Ausgangssituation, man könnte auch sagen die geschichtliche Grundlage für die aktuelle Krise sind, will er nicht wahr haben. Als grobes Kriterium dafür, welche Rettungsmaßnahme sinnvoll ist, sollte man sich fragen, ob eine Rettungsmaßnahme vor allem die Folge haben würde, dass der Ackermannsche »Normalzustand«, also der Finanz-Boom wieder erreicht wird. Dann sollte sie unterbleiben und abgelehnt werden. Dient sie dazu, den kommenden konjunkturellen Abschwung zu mildern, sollte sie unterstützt werden.

Frühere Krisen des Finanzsystems haben zu einigen zaghaften Korrekturen bei der Regulierung geführt. Es ist zu erwarten, dass der öffentliche Druck dieses Mal ungleich größer sein wird. Nicht nur das Publikum ist unzufrieden. Auch die Vertreter des Kapitals sind überzeugt, dass Reformbedarf besteht. Der Zorn wendet sich gegen die außerordentlichen Summen, die Investmentbanker, Hedge-Fonds-Manager und ähnliche Personen im Zuge des Finanzbooms abgreifen konnten. Da sich diese Berufsgruppe nun als wenig weitsichtig erwiesen, sich auf geradezu alberne Weise verspekuliert hat und dann noch die kapitalistische Weltwirtschaft ruiniert, sprechen kühne Kritiker von falschen Anreizstrukturen. Da ist etwas Wahres dran. Wer nach ein oder zwei Jahren hohe Renditen erzielt hat und deshalb mit dreistelligen Dollar- oder Euro-Millionenbeträgen belohnt wird, kümmert sich vermutlich wenig um die langfristige Stabilität seiner Investments.

Deutlich radikaler fällt die Kritik einiger liberaler Ökonomen aus. Sie stellen fest, dass Banken große Geschäfte mit wenig Eigenkapital, aber mit viel Geld fremder Leute machen. Sie können das, weil der Staat – wie sich in dieser Finanzkrise wieder einmal zeigt – die Einlagen der Kunden sichert. Sie nutzen das Geld, um windige Geschäfte zu machen. Eine Eigenkapitalrendite von 25 Prozent, wie sie Deutsche-Bank-Chef Ackermann als Minimum für sein Institut in

Aussicht gestellt und für diesen Ehrgeiz Lob von allen Seiten bezogen hatte, ist nur mit sehr risikoreichen Geschäften möglich. Am Schluss zahlt der Steuerzahler dafür. Die Banken müssen in der Finanzkrise vom Staat übernommen werden. Warum also sie nicht gleich vom Staat betreiben lassen?

Viele Details im Bankensystem sind reformbedürftig. Das gilt besonders für die USA, die über eine chaotisch organisierte Bankenaufsicht verfügen und die Subprime-Kredite zugelassen haben. Es ist schon jetzt abzusehen, dass es eine Reform bei der Neuverpackung und dem Weiterverkauf von Krediten geben wird. Das ist schon deshalb so, weil die Banker selber ein Interesse daran haben. Ähnliches gilt für die Rating-Agenturen. Solche Reformen dienen letztlich dazu, die schönen Zeiten des Finanz-Booms wieder herbeizurufen.

Entscheidend wird sein, dass dem Finanzsektor seine dominierende Rolle in der Weltwirtschaft genommen wird. Die Finanzkrise zeigt, wie gefährlich und destruktiv ein unkontrollierter Finanzsektor ist. Jede kapitalistische Nation hat deshalb eine Banken- und Finanzaufsicht. Seit 1988 gibt es sogar ein internationales Abkommen, das die Bankenaufseher dazu verpflichtet, die Finanzinstitute in ihrem Land zu zügeln. Es gilt dabei die generelle Regel, dass das Volumen der von einer Bank ausgereichten Kredite höchsten das 12 ½-fache ihres Eigenkapitals betragen darf. Diese internationalen Eigenkapitalunterlegungsvorschriften, genannt das Basler Abkommen, sind dazu da, die Geschäfte und das Risiko der Banken zu begrenzen. Aus vielerlei Gründen ist im Boom der letzten 20 Jahre von diesen Grundregeln abgewichen worden. Sie wurden reformiert und damit aufgeweicht. Vor allem aber, die Bankenaufseher, zu denen die Zentralbanker gehören, haben wider besseres Wissen den Finanzsektor, die Kreditvergabe und die Verschuldung wuchern lassen.

Es ist nicht furchtbar schwer, das Finanzkapital zu kontrollieren. Bankenaufsicht funktioniert nicht sehr viel anders als die Gewerbeaufsicht. Beides ist möglich. Man muss es allerdings auch wollen.

Das weltweite Finanzsystem, besser das neoliberale Globalisierungsmodell stößt mit dieser Krise an seine Grenzen. Ganz so wie bisher wird der Kapitalismus nicht bleiben können. Und ganz so, wie vor der Krise werden sich die Zustände nicht wiederherstellen lassen. Die Krise selber stoppt oder unterbricht zumindest das wuchernde Wachstum des Finanzsektors. Zunächst jedenfalls schrumpfen die finanziellen Vermögenswerte, mit sinkenden Preisen und mit Abschreibungen geht der Umfang des Anlage suchenden Kapitals zurück. Hedge-Fonds und Private-Equity-Fonds werden aufgelöst. Einige Banken verschwinden oder werden von der Konkurrenz aufgekauft. Man könnte diese Prozesse als segensreich empfinden, wenn sie nicht von einer Krise der Realwirtschaft begleitet würden.

Aber auch jenseits der sich entfaltenden realökonomischen Krise wird es keine einfache Rückkehr zum alten Modell der globalisierten, vom Finanzmarkt dominierten Weltwirtschaft geben. Auch nach dem Schrumpfungsprozess dürfte der Finanzsektor nicht mehr wie zuletzt mit dem fünffachen Tempo der Realwirtschaft wachsen. Die Regulierung wird einen Teil dieser Geschäfte verboten haben. Die Beschäftigung des Finanzsektors mit sich selbst, die zu hohe und zu stark wachsende Zahl zu hoch verschuldeter Unternehmen und Fonds wird es im bisherigen Ausmaß nicht mehr geben. Da in der Krise die Profitmasse zurückgeht, wirft die Realwirtschaft nicht genug ab, um die kühnen Finanzkonstruktionen der Vergangenheit zu tragen. Die in der Krise verschwundenen Hedge- und Beteiligungs-Fonds werden so schnell nicht wieder auftauchen. Die hohe Verschuldung der Konsumenten in den USA und anderswo wird an das in den letzten Jahren erreichte Ausmaß nicht so schnell wieder herankommen. Sowohl die unangenehmen Erfahrungen, die die US-Bürger damit gemacht haben, als auch ein Verbot der krassesten Form der Kreditverführung werden das verhindern. Schließlich wird das hohe Leistungsbilanzdefizit der USA als Triebkraft für die Weltwirtschaft wegfallen. Für stark exportorientierte Länder wie China oder Deutschland bedeutet das wahrscheinlich eine Umstellung ihres Wirtschaftsmodells.

2. Als die Liquidität verschwand

Der offene Ausbruch der Finanzkrise hat ein eindeutiges Datum. Es ist der 9. August 2007. An diesem Tag hörten die Geldmärkte auf zu funktionieren. Der Zustand, in dem sich der globale Finanzmarkt befand, kippte jäh um – von Überfluss zu akutem Mangel an Liquidität. Liquidität ist nichts anderes als Geld, richtiges Geld, Bargeld, das sofort zur Verfügung steht, mit dem man jederzeit Rechnungen begleichen kann. Liquide können nicht nur Einzelpersonen oder einzelne Unternehmen bzw. Banken sein, sondern auch Märkte. Liquide Märkte sind solche, wo ich für meine Ware jederzeit einen liquiden Käufer finde oder wo ich jederzeit einen Kredit erhalte.

Illiquide wurden plötzlich die zentralen Märkte für Geld selbst. Dort, wo die Banken sich gegenseitig Kredit geben, am Geldmarkt, bestand plötzlich dazu keine Bereitschaft mehr. Der Geldmarkt ist normalerweise ein lautloses, wenig aufregendes und alles andere als spekulatives Geschäft. Je nachdem, welche Zahlungsverpflichtungen oder Bargeldzuflüsse die Banken an einem Tag haben, treten sie am Geldmarkt als Käufer oder Verkäufer von Geld auf. Dieses Geld wird auf kurze Sicht gehandelt. Es ist ein Kredit von einem Tag auf den nächsten (Tagesgeld) oder von einer Woche, einem Monat, drei Monaten usw. Die Handelsspannen in diesem Geschäft sind gering, die Laufzeiten der Kredite sind kurz, aber die Volumina sind hoch. Der funktionierende Geldmarkt bedeutet für die Banken, dass sie keine Reserven für ihre besonderen Zahlungsverpflichtungen vorhalten müssen, weil sie sich am Markt jederzeit liquide Mittel beschaffen können.

Wichtigster Handelspartner am Geldmarkt ist die Zentralbank. Sie versorgt die Geschäftsbanken mit Zentralbankgeld, das sie per Gesetz aus dem Nichts schöpft. Die Methoden der Geldschöpfung sind verschieden. Die großen Notenbanken der Welt, die US-amerikanische Fed, die Europäische Zentralbank EZB, die Bank von England und die Bank von Japan, sie alle teilen das Geld je nach dem Bedarf der Geschäftsbanken zu einem von der Zentralbank bestimmten Zins, dem Leitzins, und gegen die Einreichung von Sicherheiten zu. Die zugeteilten Gelder haben eine bestimmte Laufzeit – im Euro-Währungsgebiet ist es üblicherweise eine Woche. Danach werden die Beträge an die Notenbank zurücküberwiesen.

In normalen Zeiten, wenn es den Banken gut geht, schwanken die Zinsen am Geldmarkt unter Banken geringfügig um den von der Notenbank vorgegebenen Leitzins. An jenem Augusttag 2007 schossen die Zinsen, die die Banken untereinander für kurzfristige Geldgeschäfte verlangen, kräftig nach oben. Bei einem unveränderten Leitzins von vier Prozent wurden nun für Dreimonatsgeld fast fünf Prozent verlangt. Die Banken horteten Geld, das sie hatten, und waren nur zu hohen Zinsen bereit, eigentlich überschüssiges Geld abzugeben. Der Grund für dieses Verhalten lag zum einen im erhöhten Geldbedarf der Banken. Sie mussten ihre außerbilanziellen Zweckgesellschaften refinanzieren, die von anderen Investoren kein Geld mehr erhielten. Zum anderen grassierte die Furcht, die Geschäftspartnerbank könnte in Liquiditätsschwierigkeiten kommen und das geliehene Geld nicht zurückzahlen.

In dieser Lage taten die Zentralbanken, jedenfalls die Federal Reserve in Washington und die Europäische Zentralbank EZB, was ihre Aufgabe ist. Sie stellten den Geschäftsbanken deutlich mehr Geld zur Verfügung als zuvor. Dieses Mehr belief sich im Falle der EZB in diesem ersten Schub auf 90 Mrd. €. Sehr bald stellte sich heraus, dass diese Maßnahmen nicht ausreichten. Zunächst wurden kurz laufende Gelder von ein paar Tagen bis zu einer Woche zum üblichen Leitzins von vier Prozent zugeteilt. Später versteigerte die EZB auch Dreimonatsgeld. Die zur Verfügung gestellten Gelder sind Kredite. Sie fließen am Ende der kurzen Laufzeiten wieder zur Notenbank zurück. Es ist also nicht so, wie es gelegentlich in der Presse berichtet wird, dass die Zentralbanken die in die hunderte von Milliarden Dollar und Euro gehende Liquidität den Banken dauerhaft zur Verfügung stellt. Dennoch erhöhte sich das Volumen des im Umlauf befindlichen Zentralbankgeldes.

Man kann es auch anders ausdrücken. Die Banken brauchten plötzlich mehr Geld von der Zentralbank. Sie mussten Löcher stopfen. Die Liquiditätshilfen der Notenbanken haben einen Teil der spekulativen Kreditausweitung des Finanzsektors nachträglich finanziert. Zu rechtfertigen ist das zum einen damit, dass es der Praxis der Notenbanken entspricht, den Liquiditätsbedarf der Banken zu decken, ihn lediglich durch die Zinsvorgabe etwas zu steuern. Zum anderen sind diese Liquiditätshilfen Kredite, für die die Banken Zinsen zahlen und Sicherheiten geben.

Vor dem 9. August machten die Probleme der Banken noch einen eher harmlosen Eindruck. Es war allgemein bekannt, dass der zuvor boomende Immobilienmarkt in den USA langsam den Rückwärtsgang angetreten hatte. Jene Banken, die sich dort als Kreditgeber engagiert hatten, wurden an der Börse gemieden. Aufmerksamkeit erregte zum Beispiel die Gewinnwarnung der größten europäischen Bank, der britischen HSBC, dass ihre vor einigen Jahren teuer eingekaufte nordamerikanische Tochtergesellschaft den Quartalsgewinn erheblich drücken würde. In Deutschland wurde das Wort »subprime« dem Publikum ein Begriff, als die Düsseldorfer IKB im Juni 2007 bekannt gab, sie sei mit »einem einstelligen Millionenbetrag« von Abwertungen strukturierter Wertpapiere betroffen, die solche US-amerikanischen Hypotheken enthielten. Eine Woche später wurde daraus eine Milliarde Euro. Die Hauptaktionärin der IKB, die dem Bund gehörende KfW-Bank stellte in einem ersten Schritt über 8 Mrd. € an Liquidität zu Verfügung. Das sollte, wie sich später herausstellte, nicht ausreichen. Im Juli bekannte die SachsenLB, eine öffentliche Bank, dass sie ähnliche Probleme wie die IKB hatte. Sie wurde außerordentlich schnell an die Landesbank Baden-Württemberg verkauft.

Die großen Löcher in ihren Bilanzen, die die beiden deutschen Institute aufdeckten und die sie auf sich allein gestellt überlebens-

unfähig machten, sind typisch für die Probleme, die die Banken weltweit in dieser Krise hatten. Untypisch ist, dass es sich hier um zwei
kleine, unbedeutende Kreditinstitute handelte, die auf den globalen Finanzmärkten, abgesehen von dem Engagement, das schließlich ihren
Untergang bedeutete, keine Rolle gespielt hatten. Als das Jahr 2007
voranschritt, offenbarten immer mehr der wirklich großen Banken,
dass sie sich ebenso verzockt hatten wie die IKB und die SachsenLB
– nur eben mit sehr viel höheren Beträgen. Die bis zur Finanzkrise
– nach Börsenbewertung – größte Bank der Welt, die Citigroup, gehörte zu denen, die hohe zweistellige Milliarden-Dollar-Beträge ab-
schrieben. Der Chef der Bank, Chuck Prince, wurde entlassen. Die
Bank, die über die größte Vermögensverwaltung weltweit verfügt,
also bei den Betuchten der Welt besonders hohes Vertrauen genießt,
die Schweizer UBS, traf es besonders hart. In mehreren Wellen gab
die Großbank hohe Verlustbeträge bekannt. Sie waren mit umge-
rechnet 25 Mrd.€ zumindest zeitweise höher als bei jeder anderen
Bank. Nach zähem Machtkampf trat auch hier schließlich der lang-
jährige Chef Marcel Ospel als Verwaltungsratsvorsitzender zurück.
Die noch nicht ganz vergangene Größe der Citigroup und der UBS
ermöglichte es beiden Großbanken, gewaltige Kapitalerhöhungen
durchzuziehen, die von Investoren aus Saudi-Arabien und Singapur
gezeichnet wurden.

Die Probleme der großen und der kleinen Banken glichen sich.
Die Banken hatten sich an den strukturierten Wertpapieren beteiligt,
die vorwiegend aus US-Hypotheken, häufig von der »subprime«-
oder auch »Ramsch«-Kategorie, zusammengestellt worden waren.
Um ganz besonders clever zu sein und viel Rendite zu erzielen, ließen
sie ihr Engagement außerhalb der Bilanz, ohne den Einsatz eigenen
Kapitals und also auch außerhalb des normalen Bankgeschäfts laufen. Bei der UBS wurde die Form mehrerer Hedge-Fonds gewählt,
an denen sich auch die gute Kundschaft zu beteiligen die Ehre hatte.
Bei der IKB wurde im US-Bundesstaat Delaware eine Briefkastenfirma mit einem Eigenkapital von 500 Dollar gegründet, deren Name
»Rhineland Funding« dezent an den Hauptsitz der Bank in Düsseldorf
erinnerte. Diese Briefkastenfirma kaufte nun Kreditpakete, die von

US-Investmentbanken großenteils aus Hypotheken niedriger Bonität zusammengebastelt worden waren. Wegen dieser niedrigen Bonität waren die Renditen dieser Produkte mit einigen Jahren Laufzeit ansprechend hoch, jedenfalls höher als die Renditen sicherer Staatsanleihen.

Das Geld zum Kauf dieser Produkte sammelte Rhineland Funding vom US-amerikanischen Markt für Commercial Paper (CP) ein. Dieser Markt hat in den USA eine lange Tradition. Commercial Paper sind Schuldverschreibungen kurzer Laufzeit (bis zu zwei Jahren). Viele US-Unternehmen finanzieren sich über CP. Es funktioniert für sie ähnlich wie eine von einer Bank eingeräumte Kreditlinie. Der Markt ist – oder war bis zum Ausbruch der Kreditkrise – liquide. Versicherungen und Pensionskassen sind die Geldgeber. Sie treten regelmäßig als Käufer solcher CP auf. Rhineland Funding bekam Geld über die Ausgabe von Commercial Paper aber nur, wenn es Sicherheit bieten konnte. Das Portefeuille von aus schlechten Hypotheken zusammengesetzten Kreditpaketen hätten auch US-Anleger nie allein als Sicherheit akzeptiert. Deshalb brauchte es noch eine Garantie der Mutterbank. Die IKB gab eine Liquiditätsgarantie, Rhineland Funding erhielt dafür eine gute Note von einer Rating-Agentur und die Investoren stellten das erwünschte Geld zur Verfügung.

Was sagen Banker zu einer derartigen Konstruktion? Sie nennen es eine klassische Win-Win-Situation, wo es für alle nur Vorteile gibt. Die IKB vereinnahmte die Differenz aus den relativ hohen Zinsen der Hypotheken-Ramsch-Papiere einerseits und den relativ niedrigen der Commercial Paper, die Rineland Funding zahlen musste. Das ist der erste Vorteil. Der zweite besteht darin, dass die IKB – außer den lachhaften 500 Dollar beim Eintrag der Rhineland Funding – kein eigenes Geld einsetzen musste. Die Garantieerklärung kostete ja nichts.

Die Bank hatte also ohne Einsatz eigenen Kapitals eine munter sprudelnde Geldquelle gefunden. Leider nur musste die IKB, nachdem das Misstrauen in die Qualität der Hypotheken-Ramsch-Papiere entstanden war und die Pensionsfonds und Versicherungen der Rhineland Funding keine Commercial Paper mehr abkauften, die garantierte Liquidität auch leisten. Das ging über ihre Kräfte. Die Pleite wäre vollzogen worden, wenn nicht die staatliche KfW ihrerseits als Garant für ihre Beteiligungsbank eingesprungen wäre.

Erwähnenswert ist außerdem, dass diese außerbilanziellen Geschäfte von der Bankenaufsicht zugelassen worden sind. Mehrmals wurden von der Bundesanstalt für Finanzdienstleistungsaufsicht (BaFin) Sonderprüfungen zu den Risiken dieser Geschäfte veranlasst. Diese wurden auch moniert, nicht jedoch unter dem Aspekt, dass derlei außerbilanzielle Geschäfte prinzipiell nicht zulässig sind. Auch das ist erstaunlich, denn der wichtigste Grundsatz der Bankenaufsicht verlangt von den Banken, dass sie für alle Geschäfte angemessen Eigenkapital vorhalten müssen. Als die Katastrophe passiert war, erklärten BaFin und Bundesbank, die ebenfalls mit der Bankenaufsicht befasst ist, dass es Ausnahmeregelungen für kurzfristige Kredite gegeben habe.

Das Missgeschick der IKB wurde hier einigermaßen detailliert dargestellt. Es war sozusagen archetypisch. Es macht deutlich, warum die Banken im Sommer des Jahres plötzlich nicht mehr liquide waren und aufhörten, sich Gelder über einige Wochen zu leihen. Banken, die über keine Konstruktionen à la Rhineland Funding verfügten und nun erhebliche Bewertungsausfälle zu verkraften hatten, waren die Ausnahme. Die von den Instituten gesponserten Fonds oder Investment-Vehikel waren plötzlich abgeschnitten von der Liquidität. Der Commercial-Paper-Markt finanzierte derlei Konstruktionen nicht mehr. Während Industrieunternehmen sich über CP mit leichten Zinsaufschläge weiter Geld beschaffen konnten, gelang das den Finanz-Vehikeln nicht mehr. Das Volumen der umlaufenden CP sank von Woche zu Woche um Beträge zwischen 50 und 150 Mrd. Dollar. Diese Summen fehlten den Banken, die ihre Garantien einlösen mussten.

Chronologie der Finanzmarktturbulenzen

(erstellt von der Schweizerischen Nationalbank – SNB,
Auszüge aus dem Bericht zur Finanzstabilität, Juni 2008)

Phase 1: Vor dem 1. Januar 2007

Während mehrerer Jahre herrschen weltweit äußerst günstige finanziel-
le und makroökonomische Bedingen.

- Das Wirtschaftswachstum liegt zwischen Ende 2003 und 2006 in vielen Ländern über dem langjährigen Mittel, so auch in den USA und der Schweiz.
- Die Aktienpreise steigen in der EU, den USA und der Schweiz von 2003 bis 2006 stark an.
- Die Häuserpreise steigen in den USA zwischen 1996 und 2006 um mehr als 50 % und in Großbritannien um mehr als 100 %.
- Der Leverage (Verhältnis von Eigen- zu Fremdkapital; LZ) der Schweizer Großbanken steigt zwischen 1996 und 2006 von 11 auf 40.

Phase 2: 1. Januar bis 9. August 2007

Die Häuserpreise in den USA fallen und die Konkursraten im Sub-
prime-Segment des US-Hypothekarmarkts steigen. Die Marktteilneh-
mer bleiben bis Anfang August relativ optimistisch.

Anfang 2007 stagnieren die Häuserpreise in den USA – gemäß einigen Messmethoden sinken sie sogar. Dies führt im Frühling und Frühsommer zu einem Anstieg der Konkursraten im Subprime-Segment des US-Hypothekarmarkts. Die Preise für tiefer bewertete Komponenten von Wertschriften, die mit nicht erstklassigen Hypotheken gedeckt sind, beginnen zu fallen.

Im Juni und Juli beginnen auch die Preise für hoch bewertete Komponenten von Wertschriften, die mit nicht erstklassigen Hypotheken gedeckt sind, zu sinken. Bei den Finanzinstituten gibt es erste Opfer. Zu dieser Zeit ist das Ausmaß der Exposures (des Engagements; LZ) von großen internationalen Banken – namentlich derjenigen der Schweizer Großbanken – gegenüber dem Subprime-Segment des US-Hypothekarmarkts weitgehend unbekannt. Gesamthaft bleibt das Vertrauen in die Fähigkeit des Finanzsystems, diese Schocks abzufangen, jedoch noch erhalten.

In der ersten Augustwoche wächst die Besorgnis unter den Marktteilnehmern betreffend Ausmaß und Konzentration der Exposures von Banken gegenüber dem Subprime-Segment des US-Hypothekarmarkts. Am 9. August wird deutlich, dass sich der Interbankenmarkt in einer Vertrauenskrise befindet. In zahlreichen Märkten versiegt die Liquidität.

Februar 2007:
- Die Preise für Komponenten von Wertschriften mit Rating BBB, die mit nicht erstklassigen Hypotheken gedeckt sind, fallen um 20 %.

Mai 2007:
- Die UBS gibt die Wiedereingliederung eines ihrer Hedgefonds (Dillon Read Capital Management) in ihre Investmentbank bekannt, nachdem sie Verluste in Verbindung mit dem US-Hypothekarmarkt – insbesondere dem Subprime-Segment dieses Marktes – erlitten hat.

Juni 2007:
- Die Ratingagentur Moody's stuft verschiedene Anleihen herab, die mit nicht erstklassigen Hypotheken gedeckt sind. Die Preise für höher bewertete (AAA und AA) Komponenten von solchen Anleihen beginnen zu sinken. Die Indizes für Komponenten mit Rating BBB brechen um 18 % ein.

- Zwei Hedgefonds der US-Investmentbank Bear Stearns kollabieren aufgrund von Verlusten im Zusammenhang mit Subprime-Wertschriften.

Juli 2007:

- Die UBS ersetzt ihren CEO (Chief Executive Officer, Vorstandsvorsitzender; LZ).
- Weitere Hedgefonds implodieren aufgrund von Verlusten in Verbindung mit Subprime-Wertschriften.
- Ende des Monats gibt die britische Bank HSBC Verluste in diesem Bereich bekannt und auch die Deutsche Industriebank IKB meldet beträchtliche Einbußen im Zusammenhang mit Subprime-Wertschriften in einem ihrer Special-Investment-Vehicles (SIVs).

August 2007:

- In der ersten Augustwoche nimmt die IKB das betroffene SIV auf die eigene Bilanz, worauf die deutsche Regierung ein Rettungspaket schnürt.
- Gerüchte über die Schieflage anderer Institute verstärken sich – insbesondere betreffend die britische Hypothekenbank Northern Rock.
- Am 9. August friert BNP Paribas aufgrund von Verlusten in Verbindung mit dem Subprime-Segment des US-Hypothekarmarkts drei Fonds ein.

Phase 3: 9. August 2007 bis heute
Internationale Großbanken erleiden immer höhere Verluste im Zusammenhang mit Subprime-Wertschriften. In der Folge kommt es zu schubweisen Liquiditätsverknappungen auf dem Interbankenmarkt. Die Zentralbanken reagieren mit massiven und historisch einmaligen Maßnahmen zur Gewährleistung der Liquidität.

Während der nächsten Monate verschlechtert sich die Lage.

Die Häuserpreise in den USA sinken weiter. Die Preise für Wertschriften, die mit nicht erstklassigen US-Hypotheken gedeckt sind, fallen und erreichen unerwartet tiefe Werte. Die Risikoprämien steigen beträchtlich. Die Aktienpreise sinken gegen Ende 2007 leicht, brechen Anfang 2008 ein und erholen sich danach etwas.

Zwischen Herbst 2007 und Frühling 2008 geben Großbanken weltweit erhebliche Abschreibungen und Verluste bekannt, die vorwiegend durch Exposures gegenüber dem Subprime-Segment des US-Hypothekarmarkts entstanden sind.

Die Abschreibungen erreichen im März 2008 eine Gesamthöhe von 193 Mrd. Dollar. Zahlreiche Banken ergreifen in der Folge Maßnahmen zur Erhöhung der Eigenmittelausstattung. Bei Northern Rock (Großbritannien) und später bei Bear Stearns (USA) kommt es beinahe zum Zusammenbruch, da sie nach dem Vertrauensverlust im Markt Probleme haben, ihre Aktivitäten zu finanzieren. In beiden Fällen kann ein Ausfall durch Eingreifen der öffentlichen Hand vermieden werden.

Die UBS gibt eine Reihe von Verlusten bekannt. Diese stehen im Zusammenhang mit einem Einbruch der Marktwerte von Wertschriften, die mit nicht erstklassigen US-Hypotheken gedeckt sind. Die UBS hält umfangreiche Bestände an solchen Wertschriften. Im Mai 2008 belaufen sich die Verluste, welche die UBS auf diesen Positionen offenlegt, auf ungefähr 40 Mrd. Schweizer Franken (sfr) brutto. Als Folge davon erleidet die UBS einen Nettoverlust von rund 4,4 Mrd. sfr für das Jahr 2007 und von rund 12 Mrd. sfr im ersten Quartal 2008. Gleichzeitig ergreift sie in diesem Zeitraum Maßnahmen zur Stärkung ihrer Eigenkapitalbasis, indem sie neue Mittel in der Höhe von etwa 28 Mrd. sfr beschafft. Außerdem stößt die UBS einen Teil ihrer verbleibenden Exposures gegenüber dem US-Hypothekarmarkt ab.

Die CSG (Crédit Suisse; LZ) kann im Jahr 2007 zwar noch einen Gewinn erwirtschaften, erleidet im ersten Quartal 2008 jedoch einen Verlust von 2,1 Mrd. sfr. Im Mai 2008 zeigt sich, dass sich die Verluste und Abschreibungen im Zusammenhang mit der Subprime-Krise, welche die CSG nach und nach offengelegt hat, gesamthaft auf rund 9 Mrd. sfr brutto belaufen.

Es wird hingegen auch klar, dass inlandorientierte Schweizer Banken keine großen Exposures gegenüber dem Subprime-Segment des US-Hypothekarmarkts haben. Das Ausmaß der von den Banken offengelegten Exposures gegenüber dem Subprime-Segment des US-Hypothekarmarkts und die Unsicherheit hinsichtlich weiterer Exposures, die noch nicht offengelegt worden sind, lösen in diesem Zeitraum eine Vertrauenskrise im Geldmarkt aus. Der Vertrauensverlust auf dem Interbankenmarkt erfolgt in den zehn Monaten zwischen August und Mai in drei massiven Schüben – zusammen mit einer starken Ausweitung der Credit-Spreads (Risikoprämien oder Zinsaufschläge für höheres Risiko; LZ) im Geldmarkt. Der erste Schub trifft die internationalen Geldmärkte im August und September, der zweite im November und Dezember 2007. Im Januar und Februar 2008 sind die Geldmärkte relativ ruhig. Ende Februar beginnt sich dann ein dritter Schub immer stärker abzuzeichnen. Er erfasst Mitte März mit der Rettung von Bear Stearns durch das Fed die Wall Street. Dieser dritte Schub klingt im Verlauf des Monats April ab. Danach bleiben die Geldmärkte wieder relativ ruhig.

Alle Schübe haben außerordentliche Maßnahmen der Zentralbanken zur Gewährleistung der Liquidität zur Folge. Um das Funktionieren der Geldmärkte aufrechtzuerhalten, bieten einige Zentralbanken dem Bankensektor zusätzliche Liquidität über längere Zeitspannen und gegen ein breiteres Spektrum von Sicherheiten als üblich an. Im Fall von Bear Stearns im März 2008 entscheidet die Federal Reserve Bank of New York, die Wertschriften-Händler (indirekt) mit Liquidität zu versorgen. Des Weiteren stellt die SNB im Dezember 2007 – zum ersten Mal in ihrer Geschichte – den Marktteilnehmern als Teil einer von mehreren Zentralbanken koordinierten Aktion US-Dollar-Liquidität zur Verfügung. Solche Liquiditäts-Operationen in US-Dollar werden im Januar, März und April wiederholt und ab Mai 2008 zweimal monatlich durchgeführt.

August 2007:
- Am 9. und 10. August beginnen die SNB und andere Zentralbanken mit der außerordentlichen temporären Liquiditätsversorgung der Märkte.

September 2007:
- Die britische Bank Northern Rock ist – nachdem sich Gerüchte verbreitet haben, sie sei von der Bank of England mit außerordentlicher Liquidität unterstützt worden – mit einem Ansturm auf ihre Schalter konfrontiert. Ein paar Tage später übernimmt die Regierung für alle Northern-Rock-Einlagen die Garantie und der Ansturm ist vorbei.

Oktober 2007:
- Die UBS gibt eine Gewinnwarnung heraus und meldet später einen Verlust von 726 Mio. sfr für das dritte Quartal und Abschreibungen in Verbindung mit Exposures gegenüber dem US-Subprime-Markt in der Größenordnung von 4,2 Mrd. sfr.
- Die Ratingagentur Standard & Poor's (S&P) stuft die UBS herab.

November 2007:
- In der ersten Novemberhälfte melden wichtige US-Banken erhebliche Verluste aufgrund von Exposures gegenüber dem Subprime-Markt. Einige kündigen außerdem Maßnahmen zur Stärkung der Kapitaldecke an.
- Moody's stuft die UBS herab.

- Die Crédit Suisse gibt trotz Abschreibungen von rund 2,2 Mrd. sfr einen Gewinn von etwa 1,3 Mrd. sfr für das dritte Quartal bekannt.

Dezember 2007:

- Die UBS meldet weitere Abschreibungen in der Höhe von 10 Mrd. sfr im Zusammenhang mit Exposures gegenüber dem US-Subprime-Markt und ergreift Maßnahmen, um durch die Ausgabe von Pflichtwandelanleihen (von den UBS-Aktionären im Februar 2008 akzeptiert) neue Mittel in der Höhe von 13 Mrd. sfr zu beschaffen.
- Die Ratingagentur Fitch stuft die UBS herab.
- Am 12. Dezember werden koordinierte Liquiditäts-Operationen der wichtigsten Zentralbanken bekanntgegeben. Die SNB stellt den Schweizer Geldmärkten zeitlich begrenzt US-Dollar-Liquidität in der Höhe von 4 Mrd. Dollar zur Verfügung.
- Bear Stearns meldet für das vierte Quartal Verluste und damit zum ersten Mal überhaupt einen Quartalsverlust.

Januar 2008:

- Die SNB stellt den Schweizer Geldmärkten zeitlich begrenzt US-Dollar-Liquidität in der Höhe von 4 Mrd. Dollar zur Verfügung.
- Die Aktienkurse fallen weltweit.
- Die Société Générale legt einen Handelsverlust von rund 4,9 Mrd. Dollar offen.
- Wichtige US-Banken melden für 2007 Verluste und Abschreibungen, einige kündigen in diesem Zusammenhang auch Maßnahmen zur Stärkung der Kapitaldecke an.
- Ende des Monats warnt die UBS vor weiteren Abschreibungen und kündigt implizit einen Nettoverlust für das vierte Quartal von rund 12,5 Mrd. sfr sowie einen Nettoverlust für das Jahr 2007 in der Größenordnung von 4,4 Mrd. sfr an.

Februar 2008:

- Die UBS bestätigt einen Nettoverlust für das Jahr 2007 in der Höhe von rund 4,4 Mrd. sfr.
- Die Crédit Suisse meldet einen Gewinn von 8,5 Mrd. sfr für das Jahr 2007. Kurze Zeit später legt sie vorläufige Ergebnisse offen, die von zusätzlichen Abschreibungen in Verbindung mit dem Subprime-Markt in der Höhe von 2,7 Mrd. Dollar (rund 2,9 Mrd. sfr) ausgehen.

März 2008:

- Die SNB und andere G10-Zentralbanken geben koordinierte Maßnahmen zur Gewährleistung der Liquidität bekannt. Die SNB stellt den Schweizer Geldmärkten zeitlich begrenzt US-Dollar-Liquidität in der Höhe von 6 Mrd. Dollar zur Verfügung.
- Mitte des Monats gerät Bear Stearns in Bedrängnis und die Aktienkurse der Investmentbank brechen ein. Sie hat Schwierigkeiten, ihre Aktivitäten zu finanzieren. Dies sogar, wenn sie hochwertige Sicherheiten auf dem besicherten Geldmarkt anbietet. Die Bank wird am darauf folgenden Tag vom Fed und von JPMorgan Chase gerettet.
- Einige Tage später gibt das Fed zeitlich begrenzte Sondermaßnahmen bekannt. Diese ermöglichen Primärhändlern Zugang zur Fed-Kreditfazilität.
- Die Crédit Suisse meldet durch Verluste im Zusammenhang mit dem US-Subprime-Segment verursachte Korrekturen in der Höhe von rund 1,18 Mrd. sfr für das vierte Quartal 2007 und 1,68 Mrd. sfr für das erste Quartal 2008. Der Nettogewinn für das Jahr 2007 wird auf 7,76 Mrd. sfr revidiert und der Nettogewinn für das vierte Quartal auf 0,54 Mrd. sfr.

April 2008:

- Wichtige US-Banken melden für das erste Quartal 2008 Verluste und Abschreibungen im Zusammenhang mit der

Subprime-Krise. Einige Banken kündigen auch Maßnahmen zur Stärkung der Kapitaldecke an.

- Die UBS gibt Bruttoverluste und Abschreibungen in der Höhe von rund 19 Mrd. Dollar (etwa 19 Mrd. sfr) auf Positionen in Verbindung mit US-Hypothekarkrediten und verwandten strukturierten Produkten bekannt. Außerdem meldet sie für das erste Quartal einen Nettoverlust von etwa 12 Mrd. sfr.
- Die UBS informiert gleichzeitig über eine ordentliche Kapitalerhöhung von rund 15 Mrd. sfr (von einem Bankenkonsortium vollumfänglich gezeichnet) sowie über den Abgang ihres Verwaltungsratspräsidenten.
- S&P, Moody's und Fitch stufen die UBS herab.
- Die Crédit Suisse gibt einen Nettoverlust in der Höhe von 2,1 Mrd. sfr für das erste Quartal und Abschreibungen in der Größenordnung von 5,3 Mrd. sfr bekannt.
- Die SNB erneuert ihre US-Dollar-Repo-Operation und stellt den Schweizer Geldmärkten zeitlich begrenzt US-Dollar-Liquidität in der Höhe von 6 Mrd. Dollar zur Verfügung.

Mai 2008:
- Die SNB erhöht den Umfang von US-Dollar-Repo-Auktionen auf 12 Mrd. Dollar.
- Die UBS verkauft Vermögenswerte in der Höhe von 15 Mrd. Dollar, die im Zusammenhang mit dem US-Hypothekarmarkt stehen, an den US-amerikanischen Vermögensverwalter BlackRock.

Noch ein kurzer Blick auf das, was die Banken da einkauften. Es waren »strukturierte Wertpapiere«, die von der innovativen Finanzbranche in den USA hergestellt worden waren. Das Ausgangsprodukt ist meist ein Kredit, vielfach ein Hypothekenkredit, der von einem einfachen Hauseigentümer bedient werden muss. Die Bank, die den Kredit ver-

geben hat, begibt nun Wertpapiere, die mit diesem Kredit, gebündelt
mit anderen ähnlichen Krediten, besichert sind. Einfacher formuliert,
verkauft die Bank das Bündel an Krediten. Denn nun hat der Käufer
des von der Bank ausgegebenen Wertpapiers den Anspruch auf die
Zahlungen von Zinsen und Tilgungsleistungen seitens des Hypothe-
kenschuldners. Diese Verbriefung von Hypotheken ist in den USA
seit vielen Jahren gängige Praxis.

Die eigentliche Innovation kommt aber noch. Die Investmentbanken gingen dazu über, Kredite unterschiedlicher Qualität und
Laufzeit zu Paketen zusammenzustellen. Es wurde eine kleine Schein-
gesellschaft gegründet, die als Anlaufstelle für die Zahlungen der
Kreditnehmer dient. Die gab nun ihrerseits wieder Wertpapiere aus,
aber diesmal nicht nur eine Sorte sondern mehrere. Diese Wertpapiere unterschieden sich nach Laufzeit, Zinshöhe und anderen Merk-
malen. Das Wichtigste aber war, dass vorrangige und nachrangige
Wertpapiere begeben wurden. In ausführlichen Verträgen wurde fest-
gehalten, was im Falle des Ausfalls eines oder mehrerer Kredite zu
geschehen habe. Der Ausfall würde auf die risikoreiche Sorte Wertpapier sofort durchschlagen, auf die sicherste Kategorie aber erst ganz
zuletzt. Die Investmentbanken bezahlten die Rating-Agenturen dafür,
diese Risikoklassen dann zu zertifizieren. Auf diese Weise gelang es
ihnen, auch aus einem Bündel schlechter subprime-Kredite noch eine
Tranche als sicher bewerteter Finanzprodukte zu machen.

Als im Sommer 2007 – auch weil die Rating-Agenturen einige mit
Top-Rating versehene strukturierte Wertpapierpakete abwerteten – das
Misstrauen um sich griff, weil mehr und mehr Hypotheken faul wurden, sackte das ganze Gebäude in sich zusammen. Die in der ganzen
Welt untergebrachten Papiere wollte keiner mehr haben. Selbst wenn
die zugrunde liegenden Kredite artig bedient wurden, konnten die
Banken und Fonds, die die komplizierten Wertpapiere im Portefeuille
hatten, diese nicht zu Bargeld machen. Insofern stellte sich die Finanzkrise in dieser ersten Phase als reine Liquiditätskrise dar. Das Vermögen der Banken war nicht verschwunden, es ließ sich nur nicht auf
dem Markt verkaufen und damit realisieren. Es ließ sich auch nicht
mehr beleihen. Die Produkte waren so kompliziert gestrickt, dass eine

Bewertung ziemlich willkürlich war. Das erklärt auch, dass die Abschreibungen bei den Banken im Lauf der Zeit wuchsen.

Die Aktienkurse der Banken brachen seit dem Sommer 2007 in immer neuen Wellen tief ein. Von den fünf großen Broker- oder Investmentbanken der USA waren im Frühherbst 2008 nur noch zwei übrig. Die kleinste, Bear Stearns, wurde schon im Frühling von der breit aufgestellten Geschäftsbank JP Morgan geschluckt. Dieser Verkauf wurde von der US-Notenbank eingefädelt und mit einer Garantieerklärung in Höhe von 29 Mrd. Dollar zugunsten der neuen Eigentümerin gefördert. Die zweitkleinste der fünf, Lehman Brothers, erwischte es Ende des Sommers 2008. Sie meldete regulär Konkurs an. Weder Notenbank noch Regierung griffen mit irgendwelchen Stützungsmaßnahmen ein. Zur gleichen Zeit, also Anfang September, wurde Merrill Lynch von der Bank of America übernommen. Im Gegensatz zur Übernahme von Bear Stearns gab es keine Garantieerklärung der Notenbank. Außerdem wurde ein nennenswerter Preis bezahlt, wenn auch nur in Form von Aktien der Bank of America. Es blieben übrig Morgan Stanley und Goldman Sachs. Aber auch diese beiden gerieten nach der Pleite des Konkurrenten Lehman Brothers in Konkursgefahr. Sie hatten große Schwierigkeiten, ihre laufenden Geschäfte zu finanzieren. Morgan Stanley suchte zuletzt nach einem starken Partner.

Reine Investmentbanken wie diese fünf sind eine angelsächsische Spezialität. Sie nehmen in der Regel keine Einlagen der Privatkundschaft entgegen und vergeben kaum Kredite an Unternehmen. Statt dessen konzentrieren sie sich auf das Wertpapiergeschäft. Sie handeln mit Aktien, Anleihen, Devisen und Finanzderivaten. Wichtiger noch, sie beraten die Unternehmen, wenn diese Aktien oder Anleihen an der Börse oder generell im Finanzmarkt unterbringen wollen. Schließlich beteiligen sie sich beratend oder mit eigenem Geld am Kauf und Verkauf von Unternehmen. Im Zuge des Booms an den Finanzmärkten der letzten zwei Jahrzehnte erhöhte sich die Bedeutung der Investmentbanken. Ihre Gewinne wuchsen. Andererseits erweisen sie sich in dieser Finanzkrise als sehr anfällig. Zum einen bricht bei fehlenden Aktien- und Anleiheemissionen ihr eigentliches Geschäft weg. Gefährlicher für sie aber ist, dass sie sich auf dem Kapitalmarkt nicht mehr finanzieren können, auf den sie angesichts fehlender Privatkundeneinlagen angewiesen sind.

Im Sommer 2008 begannen sich die Folgen der Finanzkrise auch in den volkswirtschaftlichen Daten niederzuschlagen. In den USA ging der Konsum zurück, der Absatz von Autos brach ein. Die Immobilienpreise fielen unverändert weiter. In Europa rutschten Spanien, Großbritannien und Irland in die Rezession. Alle drei Länder hatten einen mit den USA vergleichbaren Immobilienboom erlebt. In Deutschland, wo Regierung, Bundesbank und volkswirtschaftliche Institute davon schwärmten, wie konjunkturstabil die Wirtschaft, wenig abhängig von den USA und überhaupt in grandioser Verfassung sei, gingen die Auftragseingänge aus dem Ausland zurück. Die Inlandsnachfrage blieb so schwach wie in all den Jahren seit 1999/2000. Der Dollar nahm seine Talfahrt wieder auf. Der Euro stieg in der Spitze bis über 1,60 Dollar, was in Europa wachstumsdämpfend wirkte. Der schwache Dollar hatte zudem die Folge, dass die Preise für Rohstoffe, insbesondere für Öl stark stiegen, obwohl abzusehen war, dass die Weltwirtschaft sich abschwächen werde. Rohstoffe werden in Dollar gehandelt. Die Aussicht, einen abwertenden, niedrig verzinsten Dollar für reelle Sachwerte einzutauschen, spornte die Rohstoffproduzenten nicht gerade an, ihr Angebot auszuweiten. Jedenfalls zogen die Inflationsraten an, was einen zusätzlich dämpfenden Effekt auf die Nachfrage hatte.

So war ein Jahr nach dem offenen Ausbruch der Krise im Sommer 2008 die Phase erreicht, da ihre eigene negative Wirkung und die durch die Krise verursachte Dämpfung der Realwirtschaft sich gegenseitig verstärkten. Auch die europäischen Länder wurden vom zweiten Quartal 2008 an von den Folgen der Finanzkrise erfasst. Die Banken schränkten ihre Kreditvergabe ein. Der Zwang für das Finanzsystem, Kredite und Verschuldung zurückzuführen, schwächte die Unternehmen und Haushalte. Deren Nachfrage wurde dadurch weiter gedämpft. Die Unternehmen begannen über sinkenden Auftragseingang, mäßige Umsätze und verschwindende Gewinne zu klagen. Das Bruttoinlandsprodukt in der Eurozone gab im 2. Quartal 2008 um 0,2 Prozent, in Deutschland sogar um ein halbes Prozent nach. Eine Phase der Stagnation, vielleicht sogar der Rezession wurde eingeläutet.

3. Der wuchernde Finanzsektor

Anfangs wurde diese Finanzkrise als »Subprime«-Krise bezeichnet. Die Benennung schien sinnvoll, weil sie von faul werdenden Hypothekenkrediten des US-amerikanischen Immobilienmarkts ausging, die die US-Banker beschönigend als »subprime« oder wörtlich übersetzt »suboptimal« bezeichnet hatten. Mittlerweile hat sich der Name Kredit- oder Finanzkrise eingebürgert. Es ist mit bloßem Auge erkennbar, dass es sich nicht um ein begrenztes Kriselchen in einem begrenzten Sektor des US-amerikanischen Häusermarktes handelt. Es ist vielmehr eine Krise, die eine globale Krise ist, und eine Krise, die den Typus der Globalisierung bei einem dominierenden Finanzsektor in Frage stellt.

Der wichtigste Aspekt dieser Krise ist der Finanzsektor selber. Anders ausgedrückt: der eigentliche Grund für diese Krise liegt in dem Missverhältnis zwischen dem Finanzsektor und dem realwirtschaftlichen Teil der Weltwirtschaft. Der Finanzsektor hat 30 Jahre lang stärker expandiert als die Realwirtschaft. »Realwirtschaft« ist ein Begriff, den die Banker selber erfunden haben und nutzen. Sie meinen damit, einfach ausgedrückt, die Welt außerhalb der Bank. Das ist die Welt der Produktion, des Handels, der Landwirtschaft, des Verkehrs und der realen Dienstleistungen wie etwa einem Haarschnitt und einer Opernaufführung. Selbst die virtuellen Welten aus dem Internet sind Teil der Realwirtschaft. Im Gegensatz dazu ist »Irrealwirtschaft« die Welt der Finanzen. Dazu zählen als wichtigste Institutionen Banken und Versicherungen, außerdem Fonds, die Börsen und schließlich die relativ jungen Institutionen wie Hedge-Fonds und Private-Equity- oder Beteiligungs-Fonds. (Für letztere hat sich Franz Müntefering folgend in Deutschland der Ausdruck Heuschrecken eingebürgert.)

Während auf realwirtschaftlichen Märkten Waren (und Dienste) gegen Geld getauscht werden, wird in der irrealwirtschaftlichen Finanzwelt Geld gegen Geld getauscht. Das ist nur auf den ersten Blick absurd. Es sind die verschiedenen Formen des Geldes, die getauscht werden, zum Beispiel also eine Aktie gegen Bargeld oder Versicherungsprämien gegen das Versprechen einer Rente oder eine Währung gegen eine andere.

Man braucht kein Marxist zu sein, um zu erkennen, dass in der Finanzwirtschaft kein Wert geschaffen wird. Die Finanzwirtschaft konstruiert und tauscht vielmehr Ansprüche oder juristische Titel auf die in der Realwirtschaft produzierten Werte. Oder um es am konkreten Beispiel zu erläutern: Die Bank gibt dem Unternehmen einen Kredit und sichert sich damit mit dem Zins auf diesen Kredit einen Teil des vom Unternehmen erzielten Gewinns. Geld, Kredit und Finanzen sind dennoch essenzielle Sektoren für den Kapitalismus. Wenn jedoch der Finanzsektor dauerhaft schneller wächst als die Realwirtschaft, gerät die Volkswirtschaft in eine Krise.

Genau dieses relativ stärkere Wachstum des Finanzsektors als das der Realwirtschaft ist ein typisches Merkmal für die Form der internationalen kapitalistischen Entwicklung, die viele sich angewöhnt haben als Neoliberalismus zu bezeichnen. Es handelt sich dabei um eine längerfristige Entwicklung. Sie beginnt etwa in den siebziger Jahren, nachdem das alte Währungssystem fester Wechselkurse (das System von Bretton Woods) durch die Krise des Dollars aufgegeben wurde. Dieses stärkere Wachstum der Finanzwirtschaft relativ zur Realwirtschaft ist eine internationale Erscheinung. Sie tritt besonders stark in den reifen, voll industrialisierten Volkswirtschaften Europas, Nordamerikas und Japans auf. Der Prozess verlief nicht kontinuierlich, sondern wurde von Krisen unterbrochen.

Diese Finanzkrisen sind sozusagen das notwendige Gegenstück zum überproportionalen Wachstum des Finanzsektors. Sie entstehen, wenn Spekulationswellen einen bestimmten Teil der Realwirtschaft erfassen, die Ansprüche und Erwartungen bezüglich der aus diesem Sektor abzuzweigenden Profite ganz außergewöhnlich hoch werden und diese Hoffnungen sich dann meist ziemlich plötzlich zerschlagen. Die letzte Finanzkrise vor der aktuellen liegt nur wenige Jahre zurück. Es war ein Crash am Aktienmarkt, der von Frühjahr 2000 bis Frühjahr 2003 dauerte.

Die Schätzungen darüber, um wie viel stärker auf dem Globus das Finanzvermögen gewachsen ist als die Realwirtschaft, sind unterschiedlich. Das hängt davon ab, welche Daten herangezogen werden. Aber an der Tatsache als solcher besteht kein Zweifel. Es scheint ebenso sicher, dass sich der Prozess des relativ schnelleren Wachstums des Finanzsektors in jüngerer Zeit noch einmal beschleunigt hat. David Roche, Chef der privaten Forschungsfirma Independent Strategy in London schätzt, dass zuletzt für jedes Prozent Wachstum des Weltbruttosozialproduktes fünf Prozent Kreditwachstum nötig waren (Financial Times, 19.8.08).

Die Deutsche Bundesbank drückt sich so aus: »Die Finanzmärkte sind in den letzten Jahren stürmisch gewachsen. Nach Angaben des IWF summierten sich die weltweit ausstehenden Finanzaktiva (Bankaktiva, Schuldverschreibungen, Aktien) Ende 2006 auf 194 Billionen US-Dollar, verglichen mit 106 Billionen US-Dollar vier Jahre zuvor. Die bereits für Ende 2007 vorliegenden Daten zu Aktien und Schuldverschreibungen deuten darauf hin, dass inzwischen die Marke von 200 Billionen US-Dollar überschritten wurde. Zudem ist das Verhältnis der globalen Finanzaktiva zum Weltsozialprodukt seit 2002 um mehr als 75 Prozentpunkte gestiegen und lag Ende 2006 bei über 400 %. Das Weltfinanzsystem ist damit deutlich schneller gewachsen als die Weltwirtschaft.« (Monatsbericht 7/08 der Deutschen Bundesbank)

Der im Vergleich zur Realwirtschaft zu groß geratene Finanzsektor, seine Disproportionalität zeigt sich in einer Vielzahl von Erscheinungen. So hat sich der Wert der Finanzfirmen am Gesamtwert der Börse in den letzten zwanzig Jahren von einem Anteil von 15 auf etwa 30 Prozent verdoppelt. Wenig überraschend entspricht der gestiegene

Anteil am Börsenwert dem ebenfalls deutlich gestiegenen Anteil des Finanzsektors an den Gewinnen des Gesamtkapitals. In den USA hat der Nettogewinn der im Finanzsektor tätigen Kapitalgesellschaften 2006 einen Wert von 2,7 Prozent des Nationaleinkommens erreicht – ein bis vor Kurzem als unmöglich erachtetes Niveau. Zwischen 1929 und 2000 lag das Mittel in den USA, wo es entsprechend lang zurückreichende statistische Daten gibt, bei 0,9 Prozent. Der Höchstwert aus dieser langen Periode lag bei 1,5 Prozent und stammt bezeichnenderweise aus dem Jahr 1929. (zitiert nach Financial Times Deutschland, 3.6.08, Das Kapital)

Natürlich ist auch die Zahl der Beschäftigten im Finanzsektor relativ zur Zahl der im Verarbeitenden Gewerbe und im Handel Beschäftigten gestiegen. Ein anderer Indikator ist die hohe Bewertung der Börse selbst. Nicht nur die Preise für Aktien, auch die für andere Wertpapiere und überhaupt Vermögensgegenstände wie zum Beispiel Immobilien sind enorm gestiegen. Kein Wunder, dass Volkswirte unentwegt Preisblasen an den verschiedenen Vermögensmärkten wie Aktien, Bonds, Immobilien feststellten.

Kein Wunder auch, dass die Notenbanker in ihren jeweiligen Währungsräumen über Jahre hinweg deutlich über dem Nominalwachstum liegende Wachstumsraten für die Menge an Geld im Umlauf konstatierten. Die Kreditvergabe steigt Quartal für Quartal um ein Mehrfaches dessen, was das Wachstum des Sozialprodukts unter Einschluss der Inflation beträgt. Eigentlich hätte das überproportionale Wachstum der Geldmenge zu einem Anstieg der Inflation führen müssen. Dann jedenfalls, wenn man sich der im Grundsatz auch von der Deutschen Bundesbank und der Europäischen Zentralbank vertretenen ökonomischen Glaubenslehre anschließt. Beide berufen sich auch heute implizit auf den marktradikalen Milton Friedman, den Begründer des so genannten Monetarismus. Für ihn erklärte sich Inflation ausschließlich über einen relativen Überschuss des umlaufenden Geldes über die in einer Volkswirtschaft geschaffenen Güter und Dienstleistungen.

Für Monetaristen waren die letzten zwanzig Jahre ideologisch eine unerquickliche Periode. Das dauerhaft über, und zwar deutlich über den Wachstumsraten der Realwirtschaft liegende Wachstum der Geldmenge in allen wichtigen Industrieländern hätte nach ihrer Theorie eigentlich zu galoppierender Inflation führen müssen. Davon war in diesen zwanzig Jahren nichts zu erkennen. Im Gegenteil, die in den 70er Jahren des vorigen Jahrhunderts noch hohen Inflationsraten bildeten sich wellenförmig zurück. In Japan war in den 90er Jahren der Zustand erreicht, dass das Preisniveau sogar zurückging. Zu Beginn des Jahrhunderts, nach dem großen Aktienmarkt-Crash fürchtete auch die US-Notenbank Fed eine ähnliche, als »Deflation« bezeichnete Entwicklung und bereitete Maßnahmen vor, um in einen Zustand leichter Inflation zu treten.

Die einfache Erklärung dafür, dass Milton Friedmans monetaristischer Lehrsatz sich in der Wirklichkeit einfach nicht bestätigen wollte, findet sich darin, dass wesentliche Teile des Zuwachses am Geldumlauf in der Realwirtschaft einfach nicht angekommen sind. Der Geldzuwachs erscheint eben nicht auf den Marktplätzen, wo durchschnittliche Verbraucher Gegenstände des allgemeinen Bedarfs nachfragen. Vielmehr taucht dieses Geld an den Börsen und Kapitalmärkten dieser Welt auf, wo es die Preise der Aktien, der Anleihen, der Unternehmen, der Immobilien nach oben treibt. Die Preissteigerung dieser Vermögenswerte geht allerdings nicht in den Index der Lebenshaltungskosten mit ein. Sie zählt somit nicht zur Inflation. Der Anstieg dieser Vermögenspreise löst auch nicht die Abwehrreflexe der Notenbanken aus. Tatsächlich haben wir es mit einem Aspekt des wuchernden Finanzsektors zu tun.

Der Boom des Finanzsektors, die hohen Preise für Vermögenswerte führen im Lauf der Zeit dazu, dass der Markt für Unternehmensübernahmen enorm in Schwung kommt. Es wird einfacher, das Geld für den Kauf von Unternehmen zusammenzubekommen. Bei steigenden Preisen am Aktienmarkt und damit für Unternehmen, erscheint das Risiko gering. Es entsteht eine neue Branche, die sich auf Unternehmenskäufe und -verkäufe spezialisiert. Es sind die »Private-Equity-Fonds«, die nicht wie die einfachen Groß- oder Kleinanleger nur an der Börse spekulieren – billig kaufen und teuer verkaufen –, sondern das mit ganzen Unternehmen tun.

Geschäftsmodell Verschuldung

Um den Boom im Finanzsektor zu verstehen, lohnt sich ein genauerer Blick auf das, was Private-Equity-Fonds tun, also auf das, was man als ihr Geschäftsmodell bezeichnet. Dass Franz Müntefering diese Sorte Finanzinvestoren mit »Heuschreckenschwärmen« verglichen hat, die über Unternehmen herfallen, sie abgrasen und dann weiterziehen, war vermutlich eine der wenigen klugen und gleichzeitig kritischen Feststellungen, wofür man diesen Vorsitzenden der SPD in Erinnerung behalten wird. Tatsächlich ist das Engagement der Heuschrecken bei den Unternehmen kurzfristig. Als Standard gilt in der Branche eine Periode von drei Jahren. Wenn die Gelegenheit günstig ist, kann natürlich auch schon vorher verkauft werden. In dieser Hinsicht verhalten sich diese Fonds wie klassische Aktienspekulanten. In zweierlei Hinsicht unterscheiden sie sich aber von diesen: Erstens, sie greifen, anders als gewöhnliche Aktionäre nach der Macht im Unternehmen. Sie arbeiten, zweitens, mit hoher Verschuldung, um die Rendite auf ihr Engagement zu erhöhen.

Da ihr Investitionshorizont bei den erworbenen oder mit Mehrheit erworbenen Unternehmen sich auf einige Jahre beschränkt, wird das von ihnen installierte Management angewiesen, keine mittel- oder langfristigen Investitionen zu tätigen. Das Unternehmen wird vielmehr auf schnelle Rendite getrimmt. Das heißt vor allem Senkung der Kosten, Lohndruck, Reduzierung des Personals. Häufig ist auch die Methode, das Unternehmen in Einzelteile zu zerlegen, um die Summe dieser Teile für einen höheren Gesamtpreis zu verkaufen als das Unternehmen als ganzes.

Über die rücksichtslosen und für die Unternehmen und ihre Beschäftigten schädlichen Management-Methoden der »Heuschrecken« ist seit 2005, als sie in großem Stil auf dem europäischen Kontinent einfielen, viel geschrieben worden. Weniger allerdings über ihren wichtigsten Trick, mit dem sie die eigenen Renditen hochtreiben. Der Trick besteht darin, mit hoher Verschuldung zu arbeiten. Der Punkt ist wichtig, denn er ist symptomatisch für den Zustand der Weltwirtschaft und für den Boom am Finanzmarkt, der der Krise vorausging.

Verschuldung wird im Banker-Englisch als Leverage (Hebelwirkung) bezeichnet. Es ist eine plastische Bezeichnung, denn es geht um den entscheidenden Hebel, mit dessen Hilfe die Rendite auf das eigene, vorgeschossene Kapital erhöht werden kann. Weil das im wenig verschuldungsaffinen Deutschland vielleicht nicht jedem geläufig ist, hier anhand einer Beispielrechnung eine kurze Erläuterung:

Der Finanzmarktinvestor »Locust« erwirbt einen privaten Fernsehsender »Langweilig« für 100 Mio. €. Seit jeher wirft das Unternehmen, um die Rechnung einfach zu gestalten, pro Jahr 10 Mio. € Gewinn ab. Locust hat also bezogen auf seinen Kapitaleinsatz 10 Prozent Rendite zu erwarten. Natürlich sollen noch Redakteure entlassen und das Niveau der Shows gedrückt werden, um Gewinn und damit Rendite zu steigern. Davon wird in diesem Beispiel aber noch abgesehen. Hier geht es um reine Finanztechnik. Locust setzt zum Kauf von Langweilig nicht 100 Mio. € sondern nur 10 Mio. € ein. Die restlichen 90 Mio. € besorgt sich der Fonds von einer Bank als Kredit. Sofern der Zins, der dafür gezahlt werden muss, unter den kalkulierten 10 Prozent Rendite bleibt, erhöht diese Fremdfinanzierung als Hebel die Eigenkapitalrendite. Nimmt man also zum Beispiel an, der vereinbarte Zins auf den Kredit betrage 5 Prozent, ergibt sich für Locust folgende Kalkulation: Vom unveränderten Jahresgewinn der Firma Langweilig in Höhe von 10 Mio. € müssen 4,5 Mio. € (5 Prozent von 90 Mio. €) Zinsen an die Bank gezahlt werden. Die verbleibenden 5,5 Mio. € sind, bezogen auf das eingesetzte Kapital von 10 Mio. €, immerhin recht ansehnliche 55 Prozent. Das ist erheblich mehr als die ursprünglich kalkulierten 10 Prozent.

Man wird einwenden, die jährlich an Locust fließende Gewinnsumme sei durch die Finanzierung über den Bankkredit erheblich geringer geworden. Ein richtiger Einwand. Allerdings wird auch Kapital frei, das zum Kauf anderer Unternehmen zur Verfügung steht. Mit Hilfe des Einsatzes von Fremdkapital kann somit aus einigen wenigen, von Investoren eingesammelten Milliarden Euro oder Dollar ein Vielfaches an Unternehmenskäufen realisiert werden. Dieses Geschäftsmodell funktioniert allerdings nur unter zwei Voraussetzungen. Zum einen müssen genügend Unternehmen zum Kauf auf dem Markt vorhanden sein. Zum anderen müssen Kredite reichlich und zu relativ mäßigen Zinsen angeboten werden.

Das Beispiel war fiktiv, aber keineswegs weit von der Wirklichkeit entfernt. Tatsächlich sammeln die Heuschrecken-Fonds die Gelder von betuchten Investoren mit dem Versprechen ein, jährliche Renditen von 25 bis 40 Prozent erzielen zu können. In der Realität werden oder wurden auch weit höhere Renditen erreicht. Nur gehen Private-Equity-Fonds in der Realität noch viel phantasievoller auch bei der Finanzierung ihrer Operationen vor. Die wichtigste Variante der Schuldenfinanzierung ist es, dem erworbenen Unternehmen die Schulden aufzubürden, die beim Kauf gemacht wurden. Wenn man die Mehrheit des Aktienkapitals, also die Macht im Unternehmen übernommen hat, sind solche Veränderungen in der Unternehmensfinanzierung einfach. Auch entfallen ja weitgehend die Gründe, weshalb sich Unternehmen üblicherweise verschulden, nämlich die Investitionen.

Der Verschuldungshebel hat für die Fonds nicht nur die Wirkung, dass er ihre Rendite erhöht, er vervielfacht auch ihren Wirkungsgrad. Im Beispiel reichte es aus, mit eigenem Kapital von nur einem Zehntel des Kaufpreises das Unternehmen zu kaufen. Im Durchschnitt konnten Private-Equity-Firmen 2006 mit Fremdkapital das 15fache des eigenen Kapitaleinsatzes mobilisieren. (Finanzkapitalismus, Geldgier in Reinkultur, Verdi Bundesvorstand 2007)

Neben den Private-Equity-Fonds ist es die im Kapitalismus noch relativ junge Branche der Hedge-Fonds, die den Finanzsektor und seine Dominanz charakterisiert. Hedge-Fonds gibt es in den USA schon seit dem 2. Weltkrieg. Allerdings waren sie viele Jahrzehnte lang Randerscheinungen der Finanzszene und eigentlich gehört das Nischendasein zu ihrem wichtigsten Charakterzug. Das »Hedge« in ihrem Namen sollte ursprünglich nämlich darauf hinweisen, dass sich der Anleger mit einer Investition in einen solchen Fonds gegen Schwächeanfälle des gewöhnlichen Kapitalmarktes absichern kann. »To hedge« heißt im Englischen absichern und hat ursprünglich mit der Hecke (englisch hedge) zu tun, die eine Wiese oder einen Acker sichert und begrenzt. Ein Hedge-Fonds war demzufolge ein Fonds, der nicht in die üblichen Anlageklassen wie Aktien, Anleihen oder Immobilien investiert. Bei in der Regel gleichzeitig schlecht laufenden Aktien-, Anleihe- und Immobilienmärkten hätte man sein Geld in einem Hedge-Fonds wie das Schäfchen im Trockenen abgesichert untergebracht.

Nun ist es gar nicht so einfach, viel Geld außerhalb der drei wichtigsten Vermögensklassen anzulegen. Eine Alternative sind Gold oder überhaupt Rohstoffe. Eine andere sind exotische Währungen und überhaupt Länder, die vom Finanzkapitalismus noch weniger stark erschlossen sind. In diese Randgebiete des Kapitals investierten Hedge-Fonds zunächst. In der Regel sind sowohl die Risiken in diesen Anlagen hoch als auch die durchschnittlichen Renditen. Einen Entwicklungsschub erlebten die Hedge-Fonds, als Finanzmarktderivate und der Handel damit auch dank der Verbreitung elektronischer Handelsmethoden und dank computergestützter Börsen zu einer Massenerscheinung wurden. Investoren konnten nun viel leichter als zuvor auf fallende Kurse setzen oder überhaupt kompliziertere Wetten eingehen. Hedge-Fonds hatten nun viel breitere Möglichkeiten, ihre Anlagen so zu tätigen, dass sie bei schlecht laufenden Hauptmärkten davon gar nicht berührt wurden oder sogar profitierten.

Weil Hedge-Fonds auf risikoreiche, exotische und gegen den Haupttrend gerichtete Anlagen setzen, sind sie als Anlagen für Witwen und Waisen nicht zugelassen. Versicherungen dürfen in Hedge-Fonds auch heute nur mit kleinen Quoten investieren. Diese Art Anlage ist also nicht für das breite Publikum gedacht, sondern richtet sich an Personen und Institutionen, die große Beträge übrig haben. Sie sind fast immer als geschlossene Fonds konzipiert. Es werden, anders als bei offenen Publikumsfonds nach dem Einsammeln der Gelder keine weiteren Investments in den Fonds zugelassen. Wichtiger ist noch, dass das in den Fonds gesteckte Geld in der Regel auch für einen längeren Zeitraum festgelegt ist und nicht vorfristig wieder zurückgegeben werden kann. Die Regeln ermöglichen es den Hedge-Fonds-Managern, viel flexibler mit den ihnen anvertrauten Mitteln umzugehen. Sie treten am Kapitalmarkt wie Raubritter überraschend auf und verschwinden auch ebenso plötzlich.

Zwei Dinge haben Hedge-Fonds mit Private-Equity-Fonds gemein. Erstens verlangen sie von den Investoren extrem hohe Gebühren plus Erfolgsprämien. Zweitens verdanken auch sie die überdurchschnittlichen Renditen, die sie erzielen, in erster Linie der hohen »leverage« alias Verschuldung, mit der sie ihre Investitionen tätigen. Das mittlerweile klassische Beispiel ist der gut dokumentierte Fall des Hedge-Fonds LTCM (Long-Term Capital Management), der 1998 zahlungsunfähig wurde, worauf die US-Notenbank ein Konsortium von Gläubiger-Banken dazu zwang, den Fonds zu übernehmen und seine Handelspositionen zu garantieren. LTCM hatte auf eine relative Preisverbesserung russischer und anderer Staatsanleihen aus Schwellenländern im Vergleich zu denen westlicher Staatsanleihen spekuliert. Dabei war das eingesetzte Eigenkapital von 5 Mrd. Dollar mit 125 Mrd. Dollar aufgenommener Schulden ergänzt worden. Die Schulden wurden vorwiegend in japanischen Yen aufgenommen – eine übliche Praxis, weil das Zinsniveau in Japan extrem niedrig ist. Im August 1998 erklärte die russische Regierung sich für zahlungsunfähig. Der Markt für russische Staatsanleihen brach zusammen. Die Verluste bei LTCM übertrafen bei weitem das Eigenkapital. Der Fonds konnte seinen Verpflichtungen aus Finanzgeschäften in einer Gesamthöhe von 1,3 Billionen Dollar nicht nachkommen. Die Notenbank befürchtete den Zusammenbruch weiterer Finanzinstitute und eine dann folgende Kettenreaktion. Sie sorgte nicht nur dafür, dass LTCM aufgefangen wurde, sondern senkte zudem in rascher Folge ihre Leitzinsen.

Der Fall der LTCM-Krise macht deutlich, wie gefährlich der hohe Verschuldungsgrad der Hedge-Fonds sein kann. Die von den Fonds-Managern eingesammelten Gelder von 5 Mrd. Dollar waren auch damals nicht mehr als die Bilanzsumme einer mittleren deutschen Sparkasse. Als die Spekulation des Hedge-Fonds nicht aufging, gerieten durch seine extreme Schuldenaufnahme nach Meinung der US-Notenbank Handelspositionen vom 300fachen der ursprünglichen Summe und damit das Weltfinanzsystem in Gefahr.

Das Wachstum der Hedge-Fonds in den letzten zwei Jahrzehnten war enorm hoch. Seit 1990 soll das Volumen des von diesen Fonds verwalteten Vermögens pro Jahr um 25 Prozent gewachsen sein. Das sind Schätzungen. Ebenso ist man auf Schätzungen angewiesen, wie hoch das von den Fonds aktuell verwaltete Vermögen tatsächlich ist. Ende 2007 dürfte es 2,68 Billionen Dollar oder etwa 1,8 Billionen Euro betragen haben. Bemerkenswert ist, dass der Zufluss von Geldern an Hedge-Fonds durch die Kreditkrise und die damit zusammenhängende Vernichtung von Hedge-Fonds kaum gelitten hat. Mittlerweile ist der Zufluss höher als der in normale Fonds. Viele Länder, unter anderem auch Deutschland, haben ihre Gesetzgebung geändert, um auch das breite Publikum in bescheidenem und immer noch reguliertem Rahmen in die hochriskanten Hedge-Fonds investieren zu lassen.

Die Kreditverpackungsbranche

Eng verknüpft mit dem wundersamen Wachstum von Hedge- und Private-Equity-Fonds in den letzten Jahren ist die Entstehung einer weiteren Teilbranche des Finanzsektors. Es handelt sich dabei um die Neuverpackung von Krediten zum Zwecke ihres Weiterverkaufs. Auch dies ist eigentlich eine schon lange übliche Praxis, jedoch ist sie zuletzt mit besonderem Schwung betrieben worden. Die Kreditverpackungsindustrie, wie man den Geschäftszweig nennen kann, hat sehr direkt zum Ausbruch dieser Krise geführt.

Wie die meisten Finanzinnovationen ist der Grundgedanke bei der Kreditverpackung denkbar einfach. Ein Kredit muss nicht bis zum Ende der Laufzeit vom Kreditgeber, beispielsweise einer Bank, gehalten werden. Die Bank kann ihn weiterverkaufen. Es ist dasselbe Prinzip, nach dem der Anleihemarkt und der Wechsel funktionieren. Der Kredit wird nicht mehr von einem bestimmten Gläubiger gewährt, sondern von jedermann, der Geld und Neigung dazu verspürt. Der Kredit wird dadurch zum Wertpapier. Der Anspruch auf Zahlung von Zins und Tilgung besteht nicht einem bestimmten Gläubiger, sondern demjenigen gegenüber, der gerade Eigentümer des Wertpapier-Kredits ist. Der Eigentümer einer Bundesanleihe zum Beispiel hat wie ein Kreditgeber Ansprüche gegenüber dem deutschen Staat auf Zahlungen.

Hier sind die Verhältnisse klar. Der Schuldner selber ist Emittent des Wertpapiers. Für den Käufer des Wertpapiers kommt es allein auf die Zahlungsfähigkeit dieses Emittenten an. Anders ist die Situation, wenn nicht der Schuldner das Wertpapier begibt, sondern wenn die Bank die Kredite, die sie vergeben hat, an Dritte weiterreicht. Die Käufer dieser Kredite können die Zahlungsfähigkeit oder Bonität des Schuldner dann schlecht einschätzen. Dennoch ist diese Art der Kreditverpackung in Form des Pfandbriefs in Deutschland zum Beispiel seit dem späten 19. Jahrhundert üblich. Bei dieser Form bündelt eine Pfandbrief- oder Hypothekenbank Immobilienkredite, die sie vergeben hat. Diese Kredite dienen dann als Sicherheit für den Pfandbrief, den die Hypothekenbank allerdings selbst emittiert. Der ganze Prozess wird ziemlich strikt reguliert, sodass seit über hundert Jahren noch kein Pfandbrief notleidend wurde. Die Pfandbriefe herausgebenden Hypothekenbanken gehen allerdings leichter unter. Zuletzt erwischte es Anfang 2008 die Düsseldorfer Hypothekenbank, die vom Rettungsfonds des privaten Bankgewerbes aufgefangen werden musste.

Die in Deutschland übliche Praxis wurde unter dem Gattungsnamen ABS für »Asset Backed Security«, was als besichertes Wertpapier übersetzt werden kann, auch anderswo gern geübte Praxis. In den USA wurden statt der deutschen Hypothekenbanken von den Banken Zweckgesellschaften gegründet, in die Hypotheken oder auch Konsumentenkredite oder Kreditkartenforderungen eingebracht wurden. Die Zweckgesellschaft emittiert nun ABS. Die Käufer der ABS sind nun indirekt Gläubiger der Kredite, die in der Zweckgesellschaft verbucht sind. Denn diese Zweckgesellschaft hat keine anderen Forderungen als die aus den bei ihr deponierten Krediten. Ausfälle schlagen sofort bei den ABS-Käufern durch. Denn anders als beim deutschen Pfandbriefrecht wird beim ABS der Kredit mit dem kompletten Risiko tatsächlich weiterverkauft.

Der eigentliche Clou der modernen Verpackungsindustrie kommt aber erst danach. Wenn schon mit den ABS Kredite verschiedener Sorten und an höchst unterschiedliche Schuldner zusammengefasst wurden, so besteht der nächste Schritt darin, diese Kreditpakete wieder in verschiedene Teile zu zerlegen. Dazu erfanden US-amerikanische

Banker die so genannten »Collateralized Debt Obligations – CDO«, was so viel heißt wie »mit Nebenpfandrechten ausgestattete Schuldscheine«. Tatsächlich wird dabei ein Paket aus gemischten Krediten in verschiedene Teile oder Tranchen zerlegt. Diese Tranchen unterscheiden sich danach, welche Vorrangigkeit die Käufer/Gläubiger im Falle von Zahlungsschwierigkeiten genießen. Dabei trägt die unsicherste Tranche alle Ausfallrisiken, während die sicherste Tranche von einem Kreditausfall erst getroffen wird, wenn alle anderen schon vom Zahlungsausfall betroffen sind und das Kreditpaket gar nicht mehr bedient wird. Es versteht sich von selbst, dass die sicherste Tranche die geringste, die unsicherste aber die höchste Rendite abwirft. Juristisch ausgedrückt, werden über die zu erwartenden Zahlungen aus den Kreditverträgen Nebenabreden unter den verschiedenen Gläubigern getroffen. Diese Nebenabreden sind oft umfangreiche, buchdicke Verträge. Sie betreffen neben Vorrangig- und Nachrangigkeit auch Abreden über unterschiedliche Kündigungsrechte und Vertragslaufzeiten.

Das Schnüren von CDO-Kreditpaketen und die Aufgliederung in verschiedene Tranchen ermöglicht es den Investmentbanken, die den ganzen Zauber veranstalten, die Kredite maßgeschneidert an die Bedürfnisse der Anleger anzupassen. Der größte Vorteil ist aber, dass durch die Neuverpackung aus einer Ansammlung bonitätsmäßig mittlerer und schlechter Kredite Tranchen gewonnen werden können, die von den Ratingagenturen mit deren Spitzennote »AAA« versehen werden. Ohne Rating-Agenturen wären der Verpackungsprozess und Weiterverkauf der Kredite nicht möglich. Die beiden Rating-Agenturen Moody's und Standard & Poor's bieten in den USA schon seit vielen Jahrzehnten eine Bewertung für Wertpapieremissionen, vor allem Anleihen, an. Sie werden von den Unternehmen bezahlt, die ihre Wertpapiere im Markt unterbringen wollen. Die Agenturen bewerten die Ausfallwahrscheinlichkeit der Zahlungen aus den Wertpapieren mit einer tief gegliederten Skala, die mit AAA als bester Qualität beginnt und mit E aufhört, was signalisiert, dass die Zahlungsunfähigkeit schon eingetreten ist.

Bei der Kreditneuverpackung werden die Rating-Agenturen im Auftrag der Investmentbanken tätig. Sie bewerten die Ausfallwahrscheinlichkeit der verschiedenen Tranchen und etikettieren diese Tranchen dann mit derselben Skala von AAA bis E, die die Anleger ja schon aus den Emissionsprospekten einfacher Unternehmensanleihen kannten. Tatsächlich aber ist ein AAA für eine CDO-Tranche eher ein Urteil über die relative Vorrangigkeit der Tranche gegenüber anderen, weniger dagegen eines über die Qualität der im ganzen Paket versammelten Kreditverträge. Dies mag als Finesse erscheinen. Es gab jedoch Vorstände von Banken, die sich in CDO-Kreditpakete mit einem AAA-Rating eingekauft haben, die den Unterschied zur Bewertung einer einfachen Anleihe nicht kannten oder nicht zur Kenntnis genommen hatten.

Schließlich sei noch weiterer Teilnehmer beim Handel mit Krediten gedacht. Zunächst begegnen wir wieder den Hedge-Fonds. Kein Wunder, denn ihre Manager werden ja deshalb von den Reichen der Welt mit Geld überschüttet, um neue Geschäftsmöglichkeiten auszuspähen. Die Hedge-Fonds haben sich eines Zweiges der Versicherungswirtschaft bemächtigt. Genauer gesagt: Sie haben seit einigen Jahren begonnen, Kredite und/oder Anleihen gegen Ausfall zu sichern. Da die Investmentbanken aus Krediten immer neue Pakete schnürten und aus Anleihen schlechter Qualität gute machen wollten, konnten sie die von den Hedge-Fonds angebotenen Kreditversicherungspolicen gut gebrauchen. Für die Policen kreierten Banken und Hedge-Fonds einen eigenen Markt. Kurz bevor die Finanzkrise im Sommer 2007 ausbrach, war dieser Markt der am schnellsten wachsende Teilmarkt. Er wurde 2007 auf einen Umfang von 3 Billionen Dollar geschätzt. Nach Ausbruch der Krise waren die Kosten für die Kreditversicherung der brandaktuellste Krisenindikator. Die Kredithändler hatten einen Index gebildet (mit dem hübschen Namen »iTraxx Crossover«, der angibt, welche Summe erforderlich ist, um ein 10 Mio. € schweres Portfolio von Anleihen europäischer Unternehmen gegen Ausfälle zu versichern). Dieser Index schnellte mit Beginn der Kreditkrise nach oben und erreichte Anfang 2008 ungefähr den 10fachen Wert wie zu Beginn der Krise.

Als das große Versicherungsunternehmen AIG (American International Group) im Spätsommer 2008 von der Fed gerettet wurde, war dieser Markt dem Zusammenbruch nahe. AIG war dank seines sehr guten Ratings ein beliebter Kontraktpartner in dem Spiel gewesen. Das wesentliche Motiv dafür, dass die Notenbank eine Pleite von AIG nicht riskieren wollte, sondern statt dessen AIG einen Kredit von 85 Mrd. Dollar gewährte und eine neue Führung einsetzte, die das Unternehmen abzuwickeln hat, dürfte die herausragende Bedeutung des Versicherers für den Kreditversicherungsmarkt gewesen sein.

Aus ganz anderer Richtung stießen noch andere Marktteilnehmer auf dieses Terrain vor. Es waren eine kleine Gruppe hochspezialisierter US-amerikanischer Versicherungsgesellschaften. Sie waren in den achtziger Jahren des vorigen Jahrhunderts entstanden, um die Anleihen, mit denen sich US-Kommunen, Bundesstaaten und andere öffentliche Institutionen finanzierten, gegen Ausfall zu versichern. Weil die Unternehmen nur in diesem eng begrenzten Versicherungszweig tätig waren, hießen sie »Monolines«. Das war ein wenig aufregendes und wenig ertragreiches Geschäft. Die Prämieneinnahmen aus dieser Versicherung waren bescheiden. Die geringen Ausfallraten machten es möglich, dass die Monolines mit relativ wenig Kapital den ganzen kommunalen Anleihenmarkt der USA gegen Ausfall versichern konnten. Auch hier waren die Rating-Agenturen im Spiel. Die Versicherungsgesellschaften selber brauchten und erhielten die AAA-Note. Nur mit dieser Note wirkte ihre Zahlungsgarantie bei einem Ausfall kommunaler Anleihen glaubhaft.

Vor wenigen Jahren wagten die Monolines sich jedoch in das Geschäft mit strukturierten Kreditpaketen. Das machte die Unternehmen sofort profitabler. Allerdings führten die Ausfälle aus versicherten Krediten sofort nach Ausbruch der Kreditkrise zu einem erheblichen Mittelabfluss. Die Reserven und später das Eigenkapital der Gesellschaften wurden angekratzt, die Rating-Agenturen drohten mit dem Entzug der Höchstnote. Damit gerieten auch die Preise der öffentlichen, von den Monolines garantierten Anleihen ins Rutschen. Die Refinanzierungsmöglichkeiten der Kommunen waren plötzlich verstopft.

An all diesen Einzelerscheinungen wird erkennbar, wie stark der Finanzsektor expandiert, indem er neue Verschuldungsmöglichkeiten ausprobiert. In der Vielfalt liegt die Kraft oder besser der enorme Umfang. Der massenhaft betriebene Kreditverkauf hat es möglich gemacht, dass immer neue Kredite vergeben wurden. Die Bank, die den Kredit verkauft hat, hat nun Mittel frei, um neuen Kredit zu vergeben. Die Kredite und ihre Risiken wurden auf der anderen Seite über den ganzen Globus verteilt. In den Monaten vor Ausbruch der Kreditkrise galt dies bei Bankern, Zentralbankern und Aufsehern als stabilisierendes Element. Wenn eine Branche, Region oder gar nationale Volkswirtschaft in Schwierigkeiten geriete, so die Argumente, hätte das in früheren Zeiten die eng durch Kredit damit verbundenen Hausbanken in Schwierigkeiten gebracht. Nun seien diese Risiken breiter verteilt. Die ganze Welt werde weniger Probleme mit Kreditausfällen an einer bestimmten Stelle haben. Zudem, so hieß es, seien die Käufer solcher Kreditprodukte in der Mehrheit institutionelle Anleger und reiche Individuen, die sich einige Kreditausfälle besser leisten können sollten als beispielsweise kleine regionale Banken.

Die Realität sah erstaunlich anders aus.

4. Was den Finanzsektor fett macht

Dass der Finanzsektor im Verhältnis zur Realwirtschaft zu groß geworden ist, zeigt sich an vielen Erscheinungen. Die Verschuldung der Industrie, des Handels, der Konsumenten und des Staates wächst. Ganz entsprechend steigen die Forderungen, die als finanzielle Vermögenstitel erscheinen. Es treten neue Akteure auf den Plan – es wächst die Zahl der Investmentbanken, der Fonds aller Arten. Der Handel mit Unternehmen wird zur Alltäglichkeit. Der Erfolg eines Unternehmens wird von den Kapitalisten selbst nicht mehr an der Höhe des Profits, sondern an der Entwicklung des Aktienkurses gemessen. Es treten zahllose weitere Akteure auf, die Hilfsdienste anbieten: Vermögensberater, Rechtsanwälte, Kommunikationsprofis, Rating-Agenturen, Börsengang-Berater. Sie alle finden im Finanzsektor Beschäftigung.

Wie ist es überhaupt möglich, dass der Finanzsektor dauerhaft stärker wächst als die übrigen Sektoren der Volkswirtschaft? Bevor diese aktuelle Krise offen ausbrach, wurde das stärkere Wachstum des Finanzsektor von der herrschenden Volkswirtschaftslehre als quasi natürliche Erscheinung begrüßt. Der tertiäre Sektor nehme seit Jahrzehnten an Gewicht zu, stellte man fest. Tatsächlich weisen die Beschäftigungsstatistiken für alle Industrieländer einen relativen Bedeutungsverlust der in der Produktion, also dem sekundären Sektor beschäftigten Personen aus. Die britische Gesellschaft, wo die industrielle Produktion in der Ära Thatcher stark zurückgefahren worden war und wo London sich als Finanzzentrum der Welt etabliert hat, galt

als weit fortgeschrittene, reife Gesellschaft, der sich Nachzügler wie
Frankreich oder Deutschland anschließen würden.

Das ist die eher soziologisch beschreibende Sicht der Dinge. Ökonomisch betrachtet ist ein relativ stärker wachsender Finanzsektor
eine Konsequenz ungleicher werdender Einkommensverhältnisse.
Umgekehrt fördert ein größer werdender Finanzsektor die ungleiche
Einkommensverteilung. Richtig ist es wahrscheinlich, wenn man sagt,
ungleiche Einkommensverteilung und wuchernder Finanzsektor sind
zwei Aspekte der gleichen Erscheinung. Der Grund für den Zusammenhang ist einfach: Hohe Einkommen dienen in viel geringerem
Maße dem Konsum als niedrige.

Kredit und seine Verwendung

Man kann das im Modell durchspielen: Man gehe von einer gleichgewichtig wachsenden Wirtschaft aus. Gleichgewichtig soll dabei hei-
ßen, dass alle wesentlichen Aggregate wie Produktion, Einkommen,
Investitionen mit derselben Rate wachsen. Unterschieden werde zwischen Profiteinkommen einerseits und Lohneinkommen andererseits.
Erstere werden vollständig gespart. Im Modell nehmen wir an, dass
aus Profiteinkommen Anleihen oder Bonds gekauft werden, was nur
ein anderer Ausdruck dafür ist, dass diese Einkommen komplett als
Kredit vergeben werden. Der Kredit seinerseits dient vollkommen
der Finanzierung der Investitionen. Die Lohneinkommen werden im
Modell ohne Zwischenschritt komplett für Konsumzwecke ausgege-
ben. Wenn man nun annimmt, dass die Wachstumsrate der Gewinneinkommen dauerhaft höher ist als die der Lohneinkommen, bleibt
einerseits der Konsum hinter der allgemeinen Wachstumsrate zurück.
Andererseits entsteht ein schneller wachsendes Kreditangebot. Die
Volkswirtschaft läuft in eine klassische Unterkonsumptionskrise.

Nehmen wir nun an, dass der Überschuss an Ersparnis bzw., was
dasselbe ist, das Überangebot an Kredit einige Unternehmer dazu
animiert, anstatt in die Ausweitung der Produktion zu investieren, die
Kredite dazu zu verwenden, andere Unternehmen zu kaufen. Damit

würde der Kredit zwar verwendet, die Produktion aber nicht erhöht, die Wachstumsrate der Produktion also der niedrigeren Wachstumsrate des Konsums angepasst. Die Unterkonsumptionskrise, die ja darin besteht, dass ein Teil der produzierten Waren nicht verkauft werden kann, wäre vermieden. Jedoch ist – leider – der Kredit nicht verschwunden. Er erscheint im selben Moment, da er das Konto des Unternehmenskäufers verlässt, auf dem Konto des Unternehmensverkäufers. Das viele Geld steht, ganz wie vorher als Ersparnis zur Kreditvergabe zu Verfügung.

Oder ist der Unterschied zur Realinvestition vielleicht doch nicht so hoch? Bei Investitionen in Maschinen und Fabriken beispielsweise fließt ja auch das Geld aus dem Kredit den im Bau und Maschinenbau tätigen Unternehmern zu. Diese bezahlen damit ihre Unterlieferanten und ihre Arbeiter. Das Geld verschwindet nicht, wenn es die Produktion anregt. Allerdings wird es bei einer Realinvestition tatsächlich über eine gewisse Zeitdauer für einen Zweck festgelegt. In dieser Zeit steht das Geld nicht gleichzeitig für eine andere Verfügung bereit. Der Unternehmer muss seine Lieferanten und Arbeiter bezahlen. Tatsächlich dauert auch ein Unternehmenskauf seine Zeit. Er beschäftigt auch einige Menschen. Er trägt also wenigstens ein bisschen zur Lösung des perversen Problems bei, das darin besteht, möglichst viel Kredit für unproduktive Zwecke in der Volkswirtschaft zu absorbieren.

Die geeignete Lösung für das perverse Problem sind Finanzinnovationen und die Gründung neuer Banken. Wenn es sie nicht gäbe, müssten sie erfunden werden. Der Aufbau einer Bank erfordert finanzielle Mittel. Wenn die bei der Bank Beschäftigten sich nicht nur darauf beschränken, den reichlichen Kredit, der in der Volkswirtschaft entsteht, an investitionswillige Unternehmer weiterzuleiten, sondern wenn sie Wettspiele erfinden, wie das üppig zur Verfügung stehende Geld vervielfacht oder auch verloren werden kann, dann sind sie genau das, was diese Wirtschaft braucht: Ein unproduktiver, wuchernder Finanzsektor. Man kann annehmen, dass auf diese Art und Weise eine Art gleichgewichtiges Wachstum eine ganze Weile aufrecht erhalten werden kann. Ein relativ schnell wachsender Banken- oder Finanzsektor absorbiert einen größer werdenden Teil der schneller als

die Gesamtwirtschaft wachsenden Gewinneinkommen. Das Hauptproblem besteht in dieser Volkswirtschaft dem Anschein nach darin,
wie ein Überangebot an Geldmitteln profitabel angelegt werden kann.
Das Sonderbare an diesem Arrangement ist es ja auch, dass trotz des
Überflusses an Anlage suchendem Kapital die Gewinnrate nicht zurückgeht. Der Bankenapparat unternimmt ja nichts anderes, als einen
möglichst großen Teil der in der Gesamtwirtschaft anfallenden Gewinne in den Finanzsektor umzuleiten.

Um zu zeigen, warum ihm das gelingt, hier eine weitere Modell-
betrachtung. Es werden zwei Volkswirtschaften konstruiert, von denen die eine einen niedrigen, die andere aber einen hohen Verschuldungsgrad aufweist. Natürlich ist dabei die kumulierte, gegenseitige
Verschuldung der Wirtschaftsakteure gemeint. Denn netto betrachtet,
saldieren sich die Schulden einer Volkswirtschaft. Des einen Schulden
sind immer eines anderen Guthaben. Im einen, dem klassischen In-
vestitionsfall erhält ein Unternehmer A von der Bank einen Kredit von
1 Mio. €, um die Kapazität seiner Fabrik zu verdoppeln. Als Sicherheit
dient der Bank die schon bestehende Fabrik im (geschätzten) Wert
von ebenfalls 1 Mio. €. Neben Unternehmer A gibt es auch noch Unternehmer B. Er nimmt keinen Kredit auf, um zu expandieren, sondern produziert so viel wie zuvor.

In der anderen Volkswirtschaft erhält Unternehmer A einen Kredit (von 1 Mio. €), um die Fabrik von Unternehmer B zu übernehmen.
Als Sicherheit dient B's Fabrik im geschätzten Wert von 1 Mio. €. Wie
zuvor verdoppelt A aber auch die Kapazität seiner alten Fabrik, nimmt
dafür einen weiteren Kredit von 1 Mio. € auf, den die Bank ihm bereitwillig gewährt, denn seine alte Fabrik dient in gewohnter Weise als
Sicherheit. Aus einem einfachen Beispiel die einfache Schlussfolgerung: Die Produktionskapazitäten sind in beiden Volkswirtschaften in
gleicher Weise gestiegen. Die Bank hat im zweiten Fall aber doppelt
so viel Kredit wie im ersten vergeben. Sie erhält unter ansonsten gleichen Annahmen also auch doppelt so viel Zinsen wie im ersten Fall.

Noch einfacher ausgedrückt heißt die Schlussfolgerung: Es kommt
nicht darauf an, wie viel Kredit vergeben wird, sondern was mit dem
Kredit geschieht. Gezeigt werden sollte aber umgekehrt, dass Kredit-

vergabe an sich noch nicht heißt, dass sie zu produktiven Ergebnissen führt. Vielmehr zeigt sich, dass die Kreditvergabe in einer Volkswirtschaft massiv ausgeweitet werden kann, ohne dass produktive Investitionen folgen. Das Ergebnis ist allerdings eine Umverteilung zunächst der Gewinne in Richtung Finanzsektor. Weil ein größerer Teil der Gewinne für Zinszahlungen aufgewendet werden muss, erhöhen die Unternehmer den Druck auf die Löhne. Die Spreizung der Einkommen wird damit noch stärker.

Kapitalgedeckte Altersvorsorge

Eine der bedeutendsten, wenn nicht sogar die bedeutendste Erfindung zur Aufblähung des Finanzsektor ist die kapitalgedeckte Altersvorsorge. Es wird damit erreicht, dass große Teile der Bevölkerung nennenswerte Beträge ihrer Lohneinkommen nicht zum Konsum nutzen, sondern sparen. Das aber heißt, sie stellen den Banken und Versicherungen Geld zur Verfügung, die damit Kredite vergeben und spekulieren können. In der Praxis gelingt es meist nicht, die lohnabhängigen Bevölkerungsschichten zu wirklichen nennenswerten Sparleistungen zu veranlassen. Am ehernen Gesetz, dass die, welche nichts haben, auch nichts sparen können, wird sich nichts ändern. Es müssen deshalb Formen des Zwangssparens oder besondere Anreize entwickelt werden, um die kapitalgedeckte Altersvorsorge in Gang zu bringen.

In Deutschland gibt es immer noch ein Rentensystem für die breite Masse der Bevölkerung, das auf Umlagezahlungen beruht. Aus der Lohnsumme für die Beschäftigten wird vorab Geld abgezweigt, das direkt an die aktuellen Rentner ausgeschüttet wird. Die arbeitende Generation ernährt damit die aus dem Arbeitsprozess ausgeschiedene Generation. Der Finanzsektor wird dabei allenfalls insofern eingeschaltet, indem er die Zahlungsvorgänge vornimmt und weil die staatliche Rentenverwaltung eine Schwankungsreserve vorhält. Beides sind wegen der Höhe der Summen nette kleine Geschäfte für die Banken, aber nichts im Vergleich zur Kapitalisierung der Rente.

Nach massiven und intensiven Kampagnen der deutschen Banken und Versicherungen hat die Regierung Schröder einen ersten Schritt zum Übergang zum Kapitaldeckungsverfahren vorgenommen. Die Zwangszahlungen der Arbeitgeber in die Rentenkasse wurden gekürzt. Entsprechend gestutzt wurden auch die Rentenansprüche künftiger Rentner, bei den Ansprüchen der Arbeitslosen besonders stark. Sozusagen zum Ausgleich wurden staatliche Gelder aufgewendet, um von Versicherungen und Banken entwickelte Rentensparmodelle zu fördern.

Wenig überraschend haben diese Maßnahmen nicht dazu geführt, dass die Wenigverdiener ihre geringeren Rentenansprüche durch Sparleistungen mittels »Riester«-Verträgen aufgestockt hätten. Wie sollten sie auch? Statt dessen haben die Bezieher mittlerer und höherer Einkommen ihre Spartätigkeit angepasst und in staatlich geförderte Riester- und Rürup-Renten umgeschichtet. Insgesamt dürfte der von der Finanz-Lobby erstrebte Zweck erreicht worden sein. Die Spartätigkeit in Deutschland ist weiterhin kräftig. Bei geringeren Realeinkommen entsparen die Menschen nicht, um ihren Lebensstandard zu halten. Fazit: der Finanzsektor hat von einer schmaler werdenden Summe der Lohneinkommen durch die Reform einen höheren Anteil abzweigen können.

Eleganter ist es freilich, wenn die Sparleistungen wie bei der gesetzlichen Rentenversicherung als Vorwegabzug vom Lohn gleich in den Finanzsektor geleitet werden können. Da bietet sich ein Betriebsrentensystem an. Nur war es aus Sicht heutiger Banker und Versicherungsmanager so konstruiert, dass es die Industrieunternehmen selbst gestärkt hat, nicht aber dem Finanzsektor zur freien Verfügung gestellt wurde. Das System funktionierte einfach und war zum Zwecke der schnellen Kapitalakkumulation bei hohen Wachstumsraten im kapitalistischen Westdeutschland sehr geeignet. Die Unternehmen behielten, meist durch Tarifvertrag abgesegnet, einen Teil des Lohnes ein. Dafür erhielten die Beschäftigten Betriebsrentenzusagen. In der Höhe dieser Ansprüche wurden Rückstellungen gebildet, die so genannten Pensionsrückstellungen. Die einbehaltenen Gelder waren nichts anderes als akkumulierter Gewinn, also Eigenkapital mit dem entscheidenden Vorteil, dass es steuerlich begünstigt war. Die Unternehmen betätigten sich also selber als Versicherer.

Wenn Umsatz, Gewinn und die Belegschaft wachsen, funktioniert das System bestens. Leider sieht es in Deutschland in der Beziehung nicht mehr ganz so gut aus. Vor allem die Zahl der Beschäftigten wird in den großen Unternehmen zurückgefahren. Die in die Pensionsrückstellungen fließenden Beträge werden damit geringer, während die Zahl der Rentner und vor allem der Frührentner zunimmt. Was früher Akkumulationstreiber war, wird jetzt zur Zukunftssorge. Nun bevorzugen die Unternehmen und ihre Verbände die Auslagerung der Pensionslasten. Netterweise helfen ihnen dabei die Regierungen. Vor allem die reformfreudige rotgrüne Regierung Gerhard Schröder hat (für die Unternehmen) steuerlich günstige Möglichkeiten geschaffen, um außerhalb des Unternehmens, aber in seinem Auftrag Pensionsfonds zu etablieren.

Die Erfindung der Pensionsfonds

Wie in so vielen Dingen waren auch hierbei die USA ein leuchtendes Vorbild. In den Vereinigten Staaten sind Pensionsfonds sowohl bei den kapitalistischen, privaten Großkonzernen als auch im öffentlichen Sektor seit langem etabliert. Die erste Etappe dieser erfolgreichen Geschichte begann 1940 mit einem Tarifvertrag zwischen General Motors und der Automobilarbeitergewerkschaft, der einen Teil der erkämpften Lohnanhebung für den Fonds zur Alterssicherung etablierte. Die Pensionsfonds gediehen von da ab. Für die Arbeiter boten die Fonds die Aussicht auf eine akzeptable Rente im Alter, für die Gewerkschaftsfunktionäre waren die Fonds ideale, gut bezahlte Ehrenposten, für die Arbeitgeber waren die Fonds attraktiv, weil sie die Belegschaft ruhig stellten und weil sie viele Gelder bevorzugt in die eigene Firma investierten.

Der zweite Schritt geschah, als zwischen 1967 und 1974 der US-amerikanische Staat die wild agierenden Fonds endlich regulierte. 1974 wurde eine Behörde eingerichtet, die im Falle eines fallierenden

Pensionsfonds die Zahlungen an die Rentner übernahm. Das Bemerkenswerte an der US-Entwicklung ist es, dass auch der öffentliche Sektor die privat organisierten Pensionssysteme adaptierte. Der größte Pensionsfonds der USA und der Welt ist heute der Rentenfonds der öffentlichen Bediensteten im Staat Kalifornien, Calpers. Er verwaltete Ende 2007 ein Vermögen von etwa 240 Mrd. Dollar. Die Mehrzahl der Pensionsfonds investiert einen großen Teil ihres Vermögens in Aktien. Es gibt Schätzungen, dass umgekehrt 40 Prozent der in den USA emittierten Aktien sich in den Händen dieser Pensionsfonds befinden. Die Summe der von Pensionsfonds verwalteten Gelder wird von Aktuar Watson Wyatt auf 25 Billionen Dollar geschätzt. (Financial Times, 19.5.08)

Mag sein, dass diese Summe sogar noch höher ist. Jedenfalls ist unbestritten, dass die unglaublich lange Aufwärtsphase der internationalen Aktienmärkte seit 1982 in starkem Maße von den Geldern der US-Pensionsfonds angetrieben wurde. Offensichtlich ist jedenfalls, dass der Charakter der Rentensysteme wesentlich darüber mitbestimmt, welche Rolle der Finanzsektor in einer Volkswirtschaft einnimmt. Die Pensionsfonds in den USA sind und waren deshalb für die Finanz-Lobby in Deutschland (sowie in anderen europäischen Ländern) Vorbild. Für die Herausbildung des heute vom Finanzmarkt dominierten Kapitalismus haben die Pensionsfonds eine wichtige Rolle gespielt.

Die Sünden der Deregulierer

Schließlich sei noch eines weiteren Grundes gedacht, warum es zur zügellosen Aufblähung des Finanzsektors gekommen ist. Es ist die Praxis der Deregulierung. Begrenzungen, die es gab, wurden abgelegt. Die Politik hat – meist auf Wunsch der Finanzbranche – eine Restriktion nach der anderen gelockert. In der EU ist die Freiheit des Kapitalverkehrs sogar zur Grundcharta erhoben worden.

Nicht zu Unrecht datieren Wirtschaftshistoriker den Beginn der großen Deregulierung auf den Zusammenbruch (besser, die Aufkündigung) des Systems von Bretton Woods. In diesem, in dem Dörfchen

Bretton Woods an der US-amerikanischen Atlantikküste im Jahr 1944 etablierten System von Vereinbarungen zwischen den wichtigsten kapitalistischen Staaten wurde der Handel mit Währungen nicht dem freien Markt überlassen. Vielmehr waren die Währungen in einem festen, von den Regierungen und ihren Zentralbanken garantierten Verhältnis aneinander gebunden. Das bedeutete auch, dass Kapital (oder überhaupt große Geldmengen) nicht ohne weiteres von einem Land in ein anderes transferiert werden konnten. So wurde erreicht, dass die Wirtschaftspolitik der einzelnen Länder nicht durch den Verfall oder die Aufwertung der eigenen Währung konterkariert werden konnte.

Durch das Ende des Systems von Bretton Woods änderte sich auch das Verhältnis des Finanzsektors eines jeden Landes zu der Volkswirtschaft, aus der er entstanden ist. Dienten zuvor der Kredit und überhaupt alle Finanzierungsmaßnahmen vorwiegend dazu, eine produktive, besser profitliche Verwendung (im Inland) zu finden, so wird bei offenen Währungsgrenzen das Finanzinvestment selber zum Zweck der Kapitalbewegung. Die Allokation der Ressourcen nimmt einen spekulativeren Charakter an. Es ist denn auch konsequent, dass in den Folgejahren der Kapitalverkehr über die Grenzen hinweg in vielen Einzelschritten freigegeben wurde. Zwischen 1974 und 1994 hoben die OECD-Länder die Grenzkontrollen für den Kapitalverkehr auf. Dies erhöhte den Aktionsradius der großen Unternehmen. Sie konnten sich freizügig bei der Wahl ihrer Produktionsstandorte und ihrer Absatzwege zwischen den Ländern bewegen.

Gegen die negativen Wirkungen erratisch schwankender Wechselkurse etablierte die Mehrheit der Länder der Europäischen Wirtschaftsgemeinschaft (EWG) und heutigen Europäischen Union eine System der Stabilisierung der Wechselkurse ihrer Währungen. Dieses Europäische Währungssystem (EWS) mit Interventionsverpflichtungen der Zentralbanken führte schon in den 80er Jahren des vorigen Jahrhunderts dazu, dass nicht nur die Kurse zwischen den europäischen Währungen selber stabil blieben. Auch die Schwankungen dieser Währungen zu den anderen beiden wichtigen, frei konvertierbaren Währungen Dollar und Yen waren weniger exzentrisch als das Verhältnis dieser beiden Währungen zueinander. Aus dem EWS entstand – nicht ohne Konflikte – die heutige Europäische Währungsunion mit der gemeinsamen Währung Euro.

Die gemeinsame europäische Währung war zunächst nicht, wie es heute aussieht, ein Projekt, das die Freizügigkeit des Kapitals fördern sollte. Vielmehr war es das Bestreben europäischer Regierungen, bis 1982 auch der deutschen Regierung unter Helmut Schmidt, durch einen Währungsverbund für das europäische Kapital sichere, von Währungsschwankungen unbehelligte Verwertungsmöglichkeiten herzustellen und die Handlungsmöglichkeiten der Wirtschaftspolitik zu erhöhen. Die französische Variante mit stärkeren Staatseingriffen konnte sich gegen das von den deutschen Regierungen favorisierte Dogma der Abstinenz staatlichen Handelns nicht durchsetzen. Heute sind die EU und speziell die Eurozone, also jene Länder der EU, wo der Euro offizielle Währung ist, die Region der Erde, wo die Freiheit des Kapitalverkehrs höchster wirtschaftlicher Grundsatz ist.

Besonders eigenartig ist dabei die Konstruktion des Euro. Er wird zwar von einer staatlichen Behörde emittiert und betreut, der Europäischen Zentralbank (EZB). Diese ist aber nur indirekt den staatlichen demokratischen Institutionen der Einzelstaaten unterworfen, weil sie eine gemeinsame Tochtergesellschaft der Notenbanken der Einzelstaaten ist. Die Geldpolitik dieser hohen Behörde ist sogar per Vertrag (von Maastricht) allein dem Expertenurteil oder der Willkür dieser Institution vorbehalten. Auch im Außenverhältnis dieser Währung, also seinem Wechselkurs zu den anderen Weltwährungen hat die EZB mehr mitzureden als andere Zentralbanken.

Nachzügler der Globalisierung

Die Internationalisierung des Kapitals, eine Entwicklung, die gerne als Globalisierung bezeichnet wird, hat entgegen dem äußeren Anschein den Finanzsektor zuletzt erfasst. Während Rohstoffkonzerne schon zu Beginn des Kapitalismus international tätig waren, während Unternehmen, die Kapitalgüter und langlebige Konsumgüter produzieren, im Laufe des 20. Jahrhunderts in mehrerer Wellen sich zu multinationalen Konzernen mit weltweitem Absatz und weltweit organisierten Produktionsstätten entwickelten, während schließlich sogar die Konsumgüterindustrie weltweit tätig wurde, sind Finanzkonzerne, Banken und Versicherungen bis heute noch wenig internationalisiert. Der Grund dafür ist einfach. Der Finanzsektor ist eine eng mit staatlicher Macht verknüpfte Branche. Das fängt beim Geld an, das als nationale Währung dank der staatlichen Garantie akzeptiertes Zahlungsmittel ist. Der Finanzsektor ist für das übrige Kapital von herausragender Bedeutung. Denn es geht dabei unmittelbar um die Verteilung von Eigentum. Wie, mit welchen Fristen, unter welchen Auflagen Schulden gemacht oder beglichen werden können, wer, wie, mit welchen Mitteln die Macht in einem Unternehmen übernehmen kann, das sind die wichtigsten Regularien für Bürger und Kapital. Vom Konkursrecht ganz zu schweigen.

Im Ergebnis sind noch heute, obwohl der freie Binnenmarkt innerhalb der EU längst Realität sein sollte, viel Strukturen des Finanzmarktes national geprägt. Erst gerade jetzt wird ein einheitliches Zahlungssystem in der EU geschaffen, das es dem Bürger erlaubt, Geld in ein anderes EU-Land zu ähnlichen Konditionen zu transferieren wie innerhalb seines eigenen Landes. So sind auch heute noch die Rechtsverhältnisse zum Abschluss von Versicherungsverträgen in den EU-Ländern sehr unterschiedlich. Das ist auch kein Wunder. Auch die sozialen Einrichtungen, Krankenkassen, Rentenansprüche, Beamtenrecht, all das ist unterschiedlich. Fonds und Sparverträge unterscheiden sich von Land zu Land. Am markantesten aber ist es, dass die Kreditbeziehungen ganz stark national geprägt sind. Auch heute noch liegt der Anteil der Kredite, den sich Unternehmen von ausländischen Banken besorgen, in allen europäischen Ländern (außer Großbritannien) unter 10 Prozent.

Die Finanzierung von Unternehmen ist ein engmaschiges Geschäft. In Deutschland sind die Sparkassen immer noch die größte Bankengruppe. Ihr Prinzip ist es, lokal organisiert zu sein. Damit sind die Sparkassen erfolgreich, obwohl die EU-Kommission unter der Anleitung der privaten Banken-Lobby alle Hebel in Bewegung setzt, um die nach ihrer Meinung systemwidrige Betätigung der Kommunen, also des Staates in dieser Branche zu beenden. Bemerkenswert ist auch, dass bei der Verteidigung dieses öffentlichen Bankensektors viele CDU- und SPD-Politiker, die ansonsten für Neoliberalismus und Privatisierung eintreten, in diesem Konflikt für den Erhalt öffentlicher Sparkassen eintreten. Aber auch abgesehen davon ist die Herausbildung internationaler Finanzkonzerne verglichen mit der von Industrieunternehmen noch relativ wenig weit fortgeschritten. Die Versicherungen sind etwas weiter internationalisiert als die Banken. So sind die in Europa führenden Versicherungen Allianz, Axa und Generali mit Tochtergesellschaften in den meisten EU-Ländern vertreten. Bei den Banken hat vor einigen Jahren die Übernahme der damals zweitgrößten Bank Deutschlands, der Hypovereinsbank, an die italienische Bank Unicredit Aufsehen erregt. Ansonsten tummeln sich Auslandsbanken hierzulande nur in Nischen. Auch in anderen Ländern sind ausländische Institute die absolute Ausnahme. Lediglich in den osteuropäischen Ländern wird der Bankenmarkt von Gesellschaften aus dem Westen dominiert.

Eine wichtige Ausnahme sind die Investmentbanken. Und eine weitere wichtige Ausnahme ist die Stadt London. Um diese Branche und um diese Stadt herum haben zwei Deregulierungs- und Internationalisierungsschübe stattgefunden, die das Gesicht des heutigen globalen Finanzsektors prägen. Der erste Schub entstand durch die Herausbildung des Euromarktes. Der zweite geschah im Gefolge des so genannten »Big Bang« am Ende der achtziger Jahre.

Der Euromarkt, ursprünglich eigentlich Eurodollarmarkt, ist als Ausweichreaktion der international tätigen Banken und Spekulanten entstanden. Ausgewichen wurde vor dem Zugriff der US-Behörden. Das im Gefolge der Weltwirtschaftskrise strikt gewordene US-Aufsichtssystem veranlasste zu dieser Flucht. Der Ausdruck »Euro« im Begriff Eurodollarmarkt bezeichnete denn auch nur den Ort, wo diese Dollargeschäfte getätigt wurden, nämlich außerhalb der USA, das war Europa, genauer gesagt zunächst London, in Maßen auch Zürich. Ab den 80er Jahren wurden »Eurogeschäfte« auch in Luxemburg und den Niederlanden abgewickelt. Zu diesem Zeitpunkt hatte der Euromarkt sich schon zu einem Finanzmarkt entwickelt, der auch vor den mäßig strikten Regularien in anderen Ländern geflohen war. Das »Euro« im Wort Euromarkt hieß damals also schlicht »ausländisch«. Der Eurodollarmarkt hatte sich zum einfachen Euromarkt fortentwickelt.

Im wesentlichen wurden auf dem Eurodollarmarkt Kredite vergeben und aufgenommen, sowie Anleihen emittiert und plaziert. Das Geld, das dort angelegt wurde, kam aus allen Richtungen und in allen Währungen. Der Euromarkt war damit nebenbei auch der wichtigste Umschlagsplatz für den Devisenhandel. Seinen stärksten Aufschwung erfuhr der Markt nach den kräftigen Preiserhöhungen für Rohöl. Die Einnahmen der Opec-Länder wurden über den Euromarkt in die kapitalistische Weltwirtschaft, insbesondere die USA zurückgeleitet. Schon in den 70er Jahren wurden große Teile dieser Gelder in die weniger entwickelten Länder geschleust. Daraus entwickelte sich die Schuldenkrise der Länder der Dritten Welt der 80er Jahre. Vor allem die lateinamerikanischen Länder saßen in der Schuldenfalle.

Eine im Rückblick wichtige Weichenstellung zur Gestaltung des internationalen Finanzsektors war die Reform der Londoner Börse im Oktober 1986. Die Regierung Thatcher und die Londoner Banken nannten diese Reform mit Sinn für Marketing »Big Bang«, also den englischen Ausdruck für die astronomische These von der Entstehung des Universums, den Urknall. Im Vordergrund wurden nur die Gebühren für die Makler an der Börse freigegeben, und der Computerhandel löste den Handel auf dem Parkett ab. Entscheidend aber war, dass die Börsenmitgliedschaft freigegeben wurde. Jede in London niedergelassene Bank, also auch jede Auslandsbank konnte gleichberechtigt am Aktienhandel teilnehmen. Die City von London erlebte einen Ansturm ausländischer Banken. Deutsche, japanische, französische, niederländische, Schweizer Banken, vor allem aber die US-Banken kauften die altehrwürdigen Broker-Banken auf. Der neben New York größte Finanzplatz der Welt veränderte sein Gesicht und seine Eigentümer.

Die Bedeutung des Ereignisses ist zwiefach. Zum einen hat die britische Regierung den alten, nationalen Finanzsektor praktisch aufgegeben. Die Übernahme der heimischen Investmentbanken durch Ausländer wurde zugelassen. Der Zugriff ausländischen Kapitals auf das Börsengeschehen wurde toleriert und sogar begrüßt. Zum anderen bildete der Big Bang einen Startpunkt für einen gewaltigen Schub in der Internationalisierung des Aktienhandels. Der Handel mit Aktien war selbst nach der weitgehenden Abschaffung von Kapitalverkehrskontrollen eine weitgehend lokale, höchstens nationale Angelegenheit gewesen. US-Pensionsfonds investierten in US-Aktien. Deutsche Versicherungen und Fonds kauften deutsche Aktien, durch einschlägige Gesetze waren sie sogar dazu gezwungen. In anderen Ländern waren die Verhältnisse ähnlich.

Der Internationalisierung des Aktienhandels folgte die Internationalisierung des Handels mit Unternehmen. Die lebhaften Aktivitäten der heutigen Private-Equity-Firmen auf dem europäischen Kontinent sind ohne den Stützpunkt London gar nicht vorstellbar. Ihre europäischen Aktivitäten betreiben sie von London aus. Von dort aus werden die Firmen ausgeguckt, auf Tages- oder Zweitagestrips die wichtigsten Strippenzieher kontaktiert und angeheuert. Die Details der Deals, der Firmenübernahmen und die Finanzierung werden durchweg in London arrangiert. Dort besteht die Infrastruktur dafür. Alle Investmentbanken haben dort entweder ihr wichtigstes oder nach New York zweitwichtigstes Zentrum.

Krisenmodell Japan

Zu einer der wichtigsten Wachstumsquellen für den Finanzsektor entwickelte sich in den 1990er Jahren Japan. Der dortige Aktien- und Immobilienmarkt hatte sich in der zweiten Hälfte der 1980er Jahre zu einer schier unglaublichen Spekulationswelle aufgebaut. Sie fußte auf dem festen Glauben der Investoren der Welt, dass Japan wie bis dahin ein industrielles Wachstumswunderland bleiben werde. In der Tat war das fernöstliche Land viel besser durch die Krisen der Jahre zuvor gekommen als Europa oder gar die USA. Auf dem Höhepunkt des Immobilienbooms war die Innenstadt Tokios schließlich so hoch bewertet wie die Gesamtfläche der USA. Am Aktienmarkt Tokios spekulierte die ganze Welt. Zum Jahreswechsel 1989/90 platzte die Blase. Es dauerte eine Weile, bis sich die verheerenden Folgen durch die japanische Wirtschaft fraßen. Von 1992 an stagnierte die Volkswirtschaft. Viele Banken mussten verstaatlicht werden. Nur weil die Regierung riesige Ausgabenprogramme beschloss, gab es keine allzu scharfe Rezession. Die Notenbank reagierte langsam. Erst als die Krise auch zu sinkenden Preisen führte, senkte sie ihre Leitzinsen. 1999 war der Null-Zins erreicht.

Schon vorher hatten sich die Investoren dieser glänzenden Gelegenheit bemächtigt. Sie verschuldeten sich in japanischen Yen, zahlten dafür Zinsen von unter ein Prozent. Das Geld wurde irgendwo in der Welt in anderen Währungen angelegt. Egal wo, in Dollar, D-Mark oder türkischer Lira. Sogar in der mit Geld überschwemmten Schweiz waren höhere Zinsen zu erhalten als in Japan. Sofern der Yen am Devisenmarkt nicht scharf aufwertete, war das ein sicheres Geschäft. Genannt wurde es »Carry-Trade«, was im Banker-Englisch eigentlich dafür stand, dass die Bank (bei der Notenbank) Geld billig leiht und es (an Unternehmen und breites Publikum) teuer verleiht. Die Bezeichnung ist also treffend. Alle Welt beteiligte sich. Hedge- und Private-Equity-Fonds konnten damit billig ihre zum Geschäftsmodell gehörende hohe Verschuldung finanzieren. Deutsche und belgische Zahnärzte arrangierten mit ihrer Hausbank billige Yen-Kredite, um ihren Porsche oder BMW zu finanzieren. Großkredite für Entwicklungsprojekte wurden von den Banken mit Vorliebe in Yen finanziert. Sprichwörtlich haben die japanischen Hausfrauen Geld, das sie nicht bei der Postsparkasse liegen hatten, an den Aktienmärkten außerhalb Japans angelegt. Die Vergangenheitsform für Carry-Trades aus Japan ist fehl am Platze. Das Geschäft läuft immer noch auf vollen Touren. Der Notenbankzins liegt nur bei 0,5 Prozent. Japan war und ist der größte Kapitalexporteur der Welt. Es alimentiert die Weltfinanzmärkte.

Fortsetzung des Sündenregisters

Im Obigen wurden einige Etappen bei der Internationalisierung des Finanzsektors geschildert. Dass diese Etappen gleichzeitig erheblich dazu beitrugen, den Finanzsektor im Vergleich zur Realwirtschaft größer und mächtiger zu machen, versteht sich von selbst. Ohne den Stützpunkt London hätten die Investmentbanken vom Schlage Morgan Stanley, Merrill Lynch und Goldman Sachs gar keine Chance gehabt, die großen Privatisierungsaktionen auf dem europäischen Kontinent zu steuern.

Zu den strukturell weit ausgreifenden Ereignissen kommen eine Vielzahl von Einzelregelungen, die in den letzten Jahrzehnten der herrschenden Ideologie zufolge im Sinne der größeren Freiräume für das Finanzkapital ausgefallen sind. Um das nicht ganz im Abstrakten zu lassen, folgt hier eine – beileibe nicht vollständige – Liste von Regelungen, die zum ungezügelten Finanz-Boom und zum ungezügelten Wachstum des Finanzsektor beigetragen haben:

• In den USA wurde in den 90er Jahren auf Betreiben der Banken, vor allem der größten, der Citigroup, das Trennbankensystem aufgehoben. Die strikte Trennung von Kreditbanken einerseits und Investment- oder Brokerbanken andererseits war wie viele sinnvolle Restriktionen im Zuge von Präsident Franklin D. Roosevelts Reformen nach der großen Weltwirtschaftskrise eingeführt worden. Wertpapier- und Unternehmenskäufe sollten weniger leicht von den Spargeldern der US-amerikanischen Bevölkerung finanziert werden. Dasselbe galt für die Finanzierungsmaßnahmen durch die Notenbank, zu denen im US-System nur die Kreditbanken Zugang hatten. Die Aufhebung der Trennung hat den Spielraum der größten US-Banken im Sinne des spekulativen Spiels der »global player«, der weltweiten Finanzspieler, beträchtlich erweitert.

• In Europa wurde eine wichtige Antispekulationsregel aus den Zeiten nach dem großen Crash von 1929 ebenfalls beseitigt. Es fiel das für die Unternehmensführung geltende Verbot, umlaufende Aktien des Unternehmens auf Rechnung des Unternehmens zurückzukaufen. Ein solcher Rückkauf vermindert die Zahl der handelbaren Aktien und treibt daher den Aktienkurs nach oben. Das ist auch der Zweck der Übung, von der die Unternehmen massiv Gebrauch gemacht haben. Das Verbot hatte den Zweck, das Management davon abzuhalten, den Aktienkurs zu manipulieren, anstatt langfristig sinnvolle Investitionen zu tätigen.

- Notenbanken und Regierungen sahen tatenlos zu, wie Hedge-Fonds durch Kreditkäufe in großem Stil ins Bankgeschäft eingestiegen sind. Eigentlich hätten sie als Quasi-Banken sofort der Bankenaufsicht unterstellt werden müssen.

- Gesetzgeber und Finanzaufseher haben es zugelassen, dass sich Banken außerhalb ihrer Bilanz Risiken eingekauft haben, die die Minimalanforderungen an ihr Eigenkapital krass überschritten. Sie haben damit die von ihnen selbst aufgestellten Standards zur Überwachung der Banken verletzt. Die Grundregeln zur Kontrolle des Bankensektors, entwickelt, um einen zu hohen Verschuldungsgrad der Banken zu vermeiden, sind in einer Reihe von Punkten unbeachtet blieben. Die eigens dafür verabredeten und in nationale Bankgesetze umgesetzten Regeln wurden umgangen, ohne dass die Aufsicht eingeschritten ist.

- Das Treiben der Private-Equity-Fonds wurde hingenommen. Deren Methode, aufgekaufte Unternehmen immer stärker zu verschulden, um die Rendite für die Eigentümer zu steigern, wurde zusätzlich durch steuerliche Erleichterungen gefördert.

- In Ländern wie in den USA, Spanien, Großbritannien und Irland haben es die Regierungen und Notenbanken versäumt, einen außergewöhnlich kräftigen Immobilienboom zu bremsen. Sie haben ihn sogar gefördert, indem sie laxe Finanzierungsmethoden zuließen.

- Der so genannten Selbstregulierung des Marktes haben Notenbanker und Politiker wider besseres Wissen das Wort geredet. Sie haben gewusst, dass Rating-Agenturen über Kredite und Kreditderivate im Auftrag der Emittenten in aller Regel ebenso günstige Urteile fällen wie Bankanalysten über Aktien. Dennoch haben sie das Urteil über Kreditqualität an die Rating-Agenturen abgetreten. Ohne günstige Ratings wären weder der berüchtigte Subprime-Hypothekensektor noch die nach Ausbruch der Krise unverkäuflichen Kreditmischprodukte ins Laufen gekommen.

5. Krisenherd USA

Die Krise, von der dieses Buch handelt, wäre es kaum wert, lange darüber zu schreiben, wenn sie nicht außer einer Finanzkrise auch eine Krise der US-Ökonomie wäre. Die USA stehen im Zentrum dieser Krise. Anlass und Ursachen sind im wesentlichen in der immer noch bei weitem größten Volkswirtschaft der Erde zu suchen. In den USA hatte die Finanzkrise zunächst am meisten unmittelbar spürbare realwirtschaftliche Folgen. Und vor allem, weil die USA im Gefolge der Krise eine kräftige konjunkturelle Abwärtsphase erleben, wird die Wirtschaft des Globus ebenfalls eine Schwächephase durchmachen, von der auch diejenige Europas betroffen ist.

Die im vorigen Kapitel konstatierte generelle Wachstumsschwäche der Realwirtschaft in den entwickelten kapitalistischen Ländern gilt auch für die USA. Auch dort sind die Lohneinkommen im Vergleich zur Produktion zurückgeblieben. Noch stärker als in den meisten Ländern Europas haben in den USA die Gewerkschaften an Handlungsmacht verloren. Gewerkschaftsfreie Betriebe, Konzerne oder sogar Regionen sind häufig. Die relativ schlechte soziale Absicherung bei Krankheit, Arbeitslosigkeit und Alter hat die Tendenz verstärkt, auch schlecht bezahlte Jobs anzunehmen. Notorisch ist in den USA der Trend zum Zweit- oder Drittjob, weil die Bezahlung aus einem Job zum Überleben nicht ausreicht. Die zum Teil illegale Einwanderung aus Mexiko und anderen Staaten Lateinamerikas übt zusätzlichen permanenten Druck auf die Löhne aus.

Obwohl die Nachfrage nach Konsumgütern angesichts solcher Umstände und angesichts fehlender Kaufkraft eigentlich stagnieren müsste oder allenfalls mit der Zunahme der Bevölkerung leicht steigen dürfte, hat in den USA aber die Nachfrage nach Konsumgütern in den letzten zwanzig Jahren fast jedes Jahr stärker zugenommen als in den meisten Ländern Europas und sogar deutlich stärker als in der von Konsumschwäche geplagten deutschen Volkswirtschaft. Vor allem wegen dieser Nachfragestärke war das Wirtschaftswachstum in den Jahren der Regierung Clinton (1992 bis 2000) außergewöhnlich hoch. Die in der Regel USA-freundlichen Volkswirte bei Banken und Wirtschaftsforschungsinstituten führten das starke Wachstum auf die angeblich besonders hohen Produktivitätsfortschritte und die hohe Flexibilität der US-Wirtschaft zurück. In Wirklichkeit war es die fast durchweg kräftige Nachfrage der US-amerikanischen Konsumenten, die der US-Industrie, aber auch den Importeuren hohen Absatz und gute Gewinne bescherten.

Die Differenz zwischen zurückbleibenden Masseneinkommen und zügig steigenden Konsumausgaben wurde in den USA durch eine stetig steigende Verschuldung der Privathaushalte geschlossen. Technisch geschah das durch die Einführung der Kreditkarten, die in den USA anders als in Deutschland als laufender Kredit der Bank an den Karteninhaber ausgestaltet sind. Dazu kamen intensive Anstrengungen der Konsumgüterproduzenten, vor allem der Autokonzerne, mit Lockvogelangeboten scheinbar kostenloser Vorfinanzierung ihre Waren über Konsumentenkredite zu verkaufen. Auch die Verschuldung der Hauseigentümer stieg, wenn auch zunächst noch mäßig.

In einer kapitalistischen Volkswirtschaft ist es der Normalfall, dass sich die Unternehmen und der Staat verschulden, um Investitionen zu finanzieren, während die Haushalte die Sparleistungen erbringen. Wenn nun der Haushaltssektor immer weniger spart, Staat und Unternehmen aber unverändert Kredite brauchen, wird die Sparleistung vom Ausland erbracht werden müssen. Tatsächlich ist es den USA ganz vorzüglich gelungen, eine solche Kapitalzufuhr vom Ausland zu erhalten. Mit dem Versprechen dauerhaft hohen Wachstums, einer Politik des starken Dollars unter Bill Clinton (und seinem Finanzminister Robert Rubin) und generell dem Eindruck einer außerordentlich dynamischen Wirtschaft gelang es in den 90er Jahren, genügend Kapital aus anderen Ländern anzuziehen.

Die Manager deutscher, europäischer und japanischer Unternehmen kauften in den USA Konkurrenten auf, um auf diesem wichtigsten Markt der Erde vertreten zu sein. Der Löwenanteil der Kapitalzufuhr fand in den 1990er Jahren in Form von Unternehmens- und Aktienkäufen statt. Auch in neue Fabriken investierte das Ausland. Der infolge des Kapitalzustroms tatsächlich steigende Dollar machte für Ausländer US-Investitionen zusätzlich attraktiv, denn der erwartete Profit erhöhte sich mit jedem Kursanstieg am Devisenmarkt zusätzlich.

Die Lage wurde schwieriger, als der Aktienmarkt vom Frühjahr 2000 an zusammenbrach. Die Investitionsausgaben gingen zunächst in den USA, dann aber auch sofort in Europa drastisch zurück. In Deutschland wie in den USA verringerte sich zwischen 2000 und 2003 der Anteil der Investitionen an der Gesamtnachfrage um drei Punkte. Zugleich führten die Unternehmen unter dem Eindruck der Finanzierungsschwierigkeiten ihre Verschuldung drastisch zurück. Um der realen Gefahr einer tiefen Rezession vorzubeugen, senkte die US-Notenbank die Leitzinsen von Anfang 2001 an in schneller Abfolge von 6,5 Prozent bis zu einem Minimalzinsniveau von 1 Prozent, das im ersten Halbjahr 2003 erreicht wurde. Zusätzlich senkte die Regierung Bush die Steuern. Zusammen mit den zusätzlichen Militärausgaben wegen der Kriege gegen Afghanistan und den Irak erhielt die US-Wirtschaft durch die Fiskalpolitik einen kräftigen Schub. Schließlich aber – und das sollte sich als der wichtigste Faktor herausstellen – stockte trotz zunächst steigender Arbeitslosigkeit die Konsumnachfrage nur kurze Zeit. Schon 2002 begann sich die US-Wirtschaft zu erholen. Die Konsumnachfrage war der entscheidende Faktor dabei. In Deutschland beispielsweise war die Entwicklung völlig gegensätzlich. Die Stagnation der Gesamtnachfrage dauerte von 2001 bis 2005. Selbst als das Wachstum danach exportgetrieben anzog, bremste der schleppende Konsum den Wirtschaftsaufschwung erheblich.

Anschub für den Immobilienboom

Für die starke Endnachfrage in den USA und damit die schnelle Überwindung der Rezession spielten die massiven Steuerkürzungen der

Regierung, die vor allem den reicheren Bürgern zugute kamen, eine wichtige Rolle. Wichtiger aber war es, dass die US-Bürger sich wesentlich höher verschuldeten als zuvor. Diese Verschuldung konzentrierte sich ganz stark auf den Immobilienmarkt. Der Kauf eines Haus oder einer Wohnung ist für einen normal abhängig Beschäftigten die größte Anschaffung, die er in seinem Leben tätigt. Ohne Kredit kann er das normalerweise nicht. Von der Bank aus gesehen, sind Haus oder Wohnung die einzigen Sicherheiten, die ein Lohnabhängiger zu bieten hat, will er sich verschulden. Volkswirtschaftlich heißt das, dass die Privathaushalte sich mit nennenswerten Beträgen, wenn überhaupt, dann über den Kauf von Immobilien und über mit Immobilien gesicherte Hypothekenkredite verschulden.

Seit 2001 kamen nun einige Faktoren zusammen, die einen ganz außergewöhnlich rasanten Aufschwung des Wohnimmobilienmarktes und eine massive Erhöhung der Verschuldung der Hauseigentümer mit sich brachten. Der erste dieser Faktoren waren die rapide sinkenden Zinsen. Der große Vorteil für die Hauseigentümer war es, dass diese Zinssenkungen auch bei ihnen ankamen. Denn in den USA ist es übliche Praxis, die Zinsen auch lang laufender Hypothekenverträge an das jeweilige Marktniveau anzupassen. Bei sinkendem Zinsniveau haben die Banken keine Probleme, ihre Margen zu halten, da sie ja damit rechnen können, sich, je länger sie warten, desto billiger im Bankensystem oder bei der Zentralbank refinanzieren zu können. Den Hauseigentümern verleiht die niedrigere Zinsbelastung die Möglichkeit, weitere Schulden aufzunehmen.

Der zweite Faktor war der bereits in Gang befindliche Preisboom bei Wohnimmobilien. Steigende Preise für Wohnhäuser bedeuten, dass sich Hauskäufer, aber auch Hauseigentümer höher verschulden können. Denn die Bank erhält eine höherwertige Sicherheit. Sowohl Bank als auch Hauskäufer haben bei steigenden Immobilienpreisen auch jeden Anreiz, den Hauskauf und den Hypothekenvertrag eher früher als später abzuschließen. Alle Faktoren tragen so dazu bei, dass mehr Häuser gekauft werden, was wiederum die Preise weiter steigen lässt. Der Anteil des Wohnhausbaus an den Gesamtinvestitionen ist in den USA damit zwischen 2000 und 2005 von 4,5 auf 6,5

Prozent gestiegen. *(Anton Brender, Florence Pisani, Global Imbalances, Brüssel 2007, Seite 96).*

Viele Hausbesitzer nutzten die komfortable Verschuldungsmöglichkeit, um den Erwerb anderen Konsums zu finanzieren. Die Methode ist einfach. Wenn mein Haus am Markt doppelt so viel wert ist wie zuvor, erlaubt mir die Bank auch die doppelte Hypothekenschuld auf dieses Haus als Sicherheit. Bei sinkenden Zinsen kann ich zudem die doppelt so hohe Verschuldung auch bei gleich bleibendem Lohneinkommen bezahlen. Bis 2005 haben die US-Haushalte auf diese Weise jährlich ca. 500 Mrd. Dollar an zusätzlicher Verschuldung aufgenommen. Dazu kamen 350 Mrd. Dollar, die im Zuge eines Hausverkaufs jährlich für den übrigen Konsum frei wurden.

Der dritte Faktor war die außergewöhnlich innovative Finanzbranche in den USA. Darüber ist im Kapitel 3 über die Aufblähung des Finanzsektors schon einiges gesagt worden. Im Prinzip gelang es, massenhaft Schuld- bzw. Kreditverträge weiterzuverkaufen. Die Erfindung an sich ist kein bisschen neu. Neu ist allenfalls, dass der Verkauf in alle Welt in so massenhaftem Stil geschah. Der Wechsel, ein Schuldschein, der weitergereicht werden kann, ist ein Beispiel für eine seit Jahrhunderten übliche Weitergabe von Schulden. Der Weiterverkauf von Hypotheken in alle Welt, wie es in den USA in den letzten Jahren üblich wurde, ermöglichte es Banken und Hauseigentümern, mehr Hypotheken aufzunehmen bzw. zu vergeben.

Normalerweise kann eine Bank nur eine begrenzte Menge Kredit vergeben. Zum einen, weil es die kaufmännische Vorsicht gebietet, zum anderen weil es die Aufsicht verlangt. In allen kapitalistischen Staaten verlangt die staatliche Bankenaufsicht, dass nur ein bestimmtes Vielfaches des haftenden Eigenkapitals der Bank als Kredit vergeben werden darf. Als Standard hat sich dabei das 12,5fache des Eigenkapitals herausgebildet. Anders ausgedrückt heißt das, dass die Bank für jeden Kredit, den sie vergibt, mindestens 8 Prozent an Eigenkapital in ihrer Bilanz stehen haben muss. In dem Maße, wie es den US-Banken nun gelang, die von ihnen vergebenen Hypothekenkredite in Form von »asset backed securities – ABS« und »Collateralized Debt Obligations – CDO« weiterzugeben, hatten sie

Kapital frei, um neue Kredite zu vergeben. Sie fungierten also nicht mehr als Kreditinstitute, sondern als Kredithändler, Makler oder Kreditvermittler. In die Rolle des Kreditgebers schlüpfte statt dessen der gesamte Finanzmarkt der Welt, der sich mit diesem Kreditboom aus Hypotheken weiter aufblähte. Die damit schier grenzenlose Verfügbarkeit von Kredit für US-amerikanische Immobilienbesitzer und -käufer hatte den weiteren, zunächst angenehmen Effekt, dass die Zinsen niedrig blieben. Das wiederum trieb die Immobilienpreisblase weiter nach oben.

Noch ist dabei von »Subprime« gar nicht die Rede, jenem Phänomen, das der Finanzkrise in den ersten Monaten ihren Namen gab. Das englische Wort »subprime« ist, wie gesagt, im deutschen mit »suboptimal« angemessen übersetzt. Es ist eine ähnlich verharmlosende Vokabel und ähnlich jung wie die deutsche Entsprechung. Auch die mitschwingende Bedeutung von miserabel schlecht ist im deutschen wie im englischen Wort zu finden.

Bei Ausbruch der Finanzkrise Mitte 2007 waren nur etwa 8 Prozent der in den USA ausgereichten Hypotheken als »subprime« eingestuft. Die Vermittler der Hypothek oder die Banken hielten es mit dieser Einstufung für nicht sicher, dass der Schuldner die aufgenommene Hypothek ordnungsgemäß würde bedienen können. Entweder weil sein Einkommen zu gering war oder – weitaus der häufigere Fall – weil man sich erst gar nicht die Mühe gemacht hatte, seine Einkommensverhältnisse einer kritischen Prüfung zu unterziehen.

In Deutschland sind solche ungeprüften Hypothekendarlehen ausgesprochen selten. Deshalb gossen deutsche Medien nach Ausbruch des Subprime-Desasters angesichts der lockeren Zustände in den USA Hohn und Spott über die dortigen Verhältnisse aus. Dabei sollte man sich aber an Dr. Jürgen Schneider erinnern. Er holte sich bei einer Reihe großer deutscher Banken viel Geld für Bauprojekte und verschwand 1994 unter Zurücklassung ungedeckter Schulden in Höhe von ca. 5 Mrd. DM. Die Kredit gebenden deutschen Banken hatten in der Tat versäumt, Schneiders wirkliche Vermögens- und Einkommensverhältnisse zu prüfen. Die professionell agierenden Banken versäumten auch, die aufwändigen Sanierungsprojekte in den

Innenstädten von Leipzig, Frankfurt und anderswo zu prüfen. Nicht einmal die von Schneider falsch angegebenen Quatratmeterzahlen der vermietbaren Flächen wurden überprüft. Die Schneider-Affäre markierte übrigens das Ende des deutschen Immobilienbooms, der von der Regierung Kohl mit viel öffentlichen Geldern anlässlich der DDR-Übernahme angeregt worden war. Es dauerte mehr als zehn Jahre, bis die Folgen der Immobiliendepression, die danach folgte, in der Bauwirtschaft und im Bankgewerbe in Deutschland überwunden wurden. Eine Ursache für die spezifische Wachstumsschwäche Deutschlands bis Mitte des laufenden Jahrzehnts liegt im seit damals darniederliegenden Bausektor.

Die Vergabe von Subprime-Hypotheken fußt immerhin auf einer gewissen kalkulatorischen Logik. Zunächst können die Hypothekenbanken davon ausgehen, dass die große Mehrheit auch dieser schlechten Hypotheken dank der Anstrengungen der Schuldner ordnungsgemäß bedient wird und ausreicht, um die Verluste aus ausgefallenen Krediten abzudecken. Bei einem steigenden Immobilienmarkt kann die Gläubiger-Bank sich mit Aussicht auf Gewinn an dem als Sicherheit dienenden Haus schadlos halten. Drittens und sicher am wichtigsten, muss der Nehmer einer subprime-Hypothek natürlich einen höheren Durchschnittszins für die Laufzeit des Kredits in Kauf nehmen. Die höhere Zinsbelastung gilt auch für die zahlreichen Sonderangebote, mit der die US-Kreditvermittler die werdenden Hausbesitzer erfreuten. Solche Sonderangebote waren zum Beispiel besonders niedrige Zinszahlungen bei null Tilgungsleistung zu Beginn der Laufzeit (was später zu umso höheren Belastungen führt) oder die Zins- und Tilgungsleistung im Belieben des Kreditnehmers. Er kann, je nach aktuellen Einkommensverhältnissen den Kredit mit höheren, niedrigeren oder gar keinen Raten bedienen (was die Gesamtbelastung über die ganze Laufzeit des Kredits hinweg natürlich nicht ändert).

Die hohen kalkulatorischen Zinszahlungen, die aus Subprime-Hypotheken zu erwarten sind, machten diese Verträge trotz ihres schlampigen Zustandekommens für den Weiterverkauf sehr geeignet. Subprime-Hypotheken fanden sich weit über ihren Anteil am Hypothekenvolumen hinaus in den Kreditpaketen, genannt ABS oder CDO, die dann von Investoren in aller Welt gekauft wurden. Auch deshalb trug das Subprime-Segment des US-Immobilienmarktes überdurchschnittlich stark zum Wachstum des Marktes und zur weiteren Ausdehnung des Booms bei.

Bereits Mitte 2006 verlangsamte sich der Anstieg der Hauspreise in den USA. Je nachdem, welchen Index man betrachtet, dürfte der Immobilienboom Ende 2006/Anfang 2007 endgültig gekippt sein. Der Immobilienmarkt ist in den USA wie überall auf der Welt ein äußerst heterogenes Gebilde. In einigen Städten steigen die Preise, in manchen Landstrichen fallen sie. Auch nach Art der Immobilien unterscheidet sich die Marktentwicklung. In den sehr großen Vereinigten Staaten gilt diese Diversität umso mehr. Die Warnungen vor einer Preisblase und einem Zusammenbruch des Immobilienmarktes wurden deshalb auch gern von als kompetent angesehenen Ökonomen abgetan mit dem Argument, der Markt sei viel zu unterschiedlich, um in eine einheitliche Boom- oder Bust-Phase zu gehen. Als prominentester Warner vor dem Immobilienboom gilt Robert J. Shiller, Professor an der Universität Yale, der bereits 2004 auf die Gefahren aufmerksam und sich die Mühe machte, einen mehrere Städte umfassenden Preisindex für Wohnimmobilien zu entwerfen, der heute zur Beschreibung der Situation weitgehend Verwendung findet.

Die Bewegung an Immobilienmärkten vollzieht sich in der Regel langsam. Die Entwicklung bei Gewerbeimmobilien hängt am Investitionszyklus und damit am normalen Konjunkturzyklus und beeinflusst umgekehrt beide Zyklen stark. Der Markt für Wohnimmobilien dagegen ist träge. Ein Grund dafür ist seine Diversität. Wenn in München die Hauspreise schnell steigen, gilt das noch lange nicht für Leipzig, geschweige denn für Emden oder Hoyerswerda. Wohnungen sind Einzelstücke, die schlecht substituierbar sind. Die Ansteckungsgefahr von Preisschüben ist gering. Ein weiterer Grund für die Unbeweglichkeit des Marktes für Wohnungen besteht darin, dass die Konsumnachfrage in einer Volkswirtschaft sich ebenfalls nur langsam ändert. Erst wenn im Aufschwung die Leute dauerhaft mehr Geld in Tasche haben, wachsen auch ihre Ausgaben. Dieses Wachstum bleibt zunächst hinter dem des Realeinkommenzuwachses zurück. Im Abschwung halten die Konsumenten das Ausgabenniveau zunächst, sodass der Konsum langsamer zurückgeht als die Realeinkommen. Der Wohnungsimmobilienmarkt reagiert eher noch langsamer, unterliegt aber ähnlichen Gesetzen.

Shiller stellt fest, dass die Hauspreise, real gerechnet, also unter Abzug der Inflation, in den USA zwischen 1997 und 2004 im Durchschnitt um 52 Prozent gestiegen sind *(Robert J. Shiller, Irrational Exuberance, Princeton, 2005)*. Angesichts der üblichen Trägheit dieses Marktes sei das ein Ausnahmephänomen. In den letzten hundert Jahren hat es Vergleichbares nur kurz nach dem Ende des Zweiten Weltkrieges gegeben. Damals allerdings gab es sehr reale Gründe für den steilen Anstieg. Zum einen korrigierte der Immobilienmarkt den Preisverfall aus den Jahren der großen Depression. Zum anderen erlebten die USA damals eine markante Wachstumsperiode mit stark steigenden Reallöhnen.

Davon kann in dem Jahrzehnt 1997 bis 2007 keine Rede sein. Der Grund für den Boom der Hauspreise ist vielmehr in der einfachen und zunächst billigen Finanzierung zu suchen. Die Apologeten des Wirtschaftsmodells sprachen davon, dass die moderne und effiziente Finanzbranche der USA ihre Produkte praktisch allen US-Amerikanern zugänglich gemacht und damit den Immobiliensektor erst richtig wachgeküsst habe. Treffender beschreibt man den Vorgang damit, dass sich das Anlage suchende Kapital die Hausimmobilien als Investment ausgesucht, entwickelt und aufgebläht hat.

Die jüngste und heftigste Periode des Hauspreisanstiegs wurde durch den Crash am Aktienmarkt (2000 bis 2003) eingeleitet. Dieser Crash lenkte Anlage suchendes Kapital aus der Aktienanlage in andere Investments. Dazu senkte die US-Notenbank ihre Leitzinsen auf ein seit dem II. Weltkrieg nicht gekanntes Niveau von nur noch 1 Prozent. Die niedrigen und noch dazu sinkenden Zinsen kurbelten die Nachfrage nach Hypotheken an. Für die Banken war es einfach, durch die Hereinnahme von möglichst viel Geschäft hohe Gewinne zu machen.

Andererseits wurde auch das Ende des Immobilienbooms von der veränderten Zinssituation eingeleitet. Seit 2004 verschärfte die US-Notenbank langsam und äußerst behutsam die Finanzierungskonditionen. 2006 war ein Leitzins von sechs Prozent erreicht. Allerdings wirkte sich diese Zinserhöhung der Notenbank auf das Zinsniveau am Hypotheken- und übrigen Kreditmarkt außergewöhnlich langsam aus. Die Hauptursache dafür war die in den USA besonders hohe Verfügbarkeit von Kapital. Die ohnehin zaghaft betriebene Zinserhöhungspolitik wirkte also doppelt verspätet. Die Spitze des Immobilienbooms dürfte Ende 2006 erreicht worden sein.

Die Finanzkrise brach im August 2007, also etwa neun Monate später offen aus. Schlagartig verschlechterten sich die Finanzierungskonditionen. Da die Banken ihre Kredite nicht mehr weiterverkaufen konnten, da sie außerdem Schwierigkeiten hatten, sich auf dem Kapitalmarkt oder dem Interbankenmarkt zu finanzieren, vergaben sie fast keine Wohnungsbaukredite mehr. Aus einem stagnierenden Häusermarkt mit allenfalls leicht nachgebenden Preisen wurde ein Markt mit fallenden Preisen. Ein Jahr später dürfte das Preisniveau USA-weit um 15 bis 20 Prozent nachgegeben haben. Ähnliches haben die USA nach dem Krieg schon zwei Mal erlebt: Zu Beginn der achtziger Jahre, als die Notenbank unter Paul Volcker und die Regierung Ronald Reagan die schärfste Konjunkturkrise des Landes seit dem Krieg inszenierten. Fast so schlimm kam es in der Konjunkturkrise, die wegen der Massenpleite der Bausparkassen (Saving-and-Loan-Institute) am Immobilienmarkt besonders deutliche Spuren hinterließ. Es sieht allerdings so aus, als sei dieses Mal der Rückgang der Immobilienpreise noch schlimmer. Jetzt rückt der geschichtliche Vergleich mit der Depression Anfang der dreißiger Jahre in den Vordergrund.

Der Unterschied zum Keynesianismus

Zusammenfassend lässt sich sagen, dass wir es zwar mit einer internationalen Finanzkrise zu tun haben. In ihrem Zentrum steht jedoch ein spezifisches Problem der US-Ökonomie. Das Problem besteht in der außerordentlich hohen Verschuldung der US-Haushalte. Und es besteht darin, dass das Wachstum von Konsum und Gesamtwirtschaft auf steigenden Preisen für Vermögenswerten, vor allem Wohnhäusern, basierte. Es besteht schließlich darin, dass dieses Wachstumsmodell an seinem Ende angekommen zu sein scheint. Diese Analyse klingt, als wäre sie aus dem Lehrbuch der Angebotsökonomie entnommen. Die Kritik an schuldenfinanzierten Wachstumsimpulsen kommt schließlich im Regelfall von den Erzkonservativen, die überall zu hohe Verschuldung und Inflation wittern. Sie werfen im Regelfall der Bevölkerung, d.h. den privaten Haushalten vor, »über ihre Verhältnisse zu leben«, was die US-Haushalte zweifellos getan haben.

Man sollte allerdings berücksichtigen, dass diese schuldenfinanzierte Nachfragestimulierung sich von der von Keynes und den Keynesianern propagierten Makrosteuerung in einem wesentlichen Punkt unterscheidet. Bei der keynesianischen Nachfragestimulierung ist es der Staat, der sich verschuldet, um die Nachfragelücke auszugleichen. Der Staat kann dabei antizyklisch handeln. Gerade dann, wenn die Konsumenten sich zurückhalten, weniger ausgeben und mehr sparen, wenn die Unternehmen nicht investieren und daher weniger Kredite nachfragen, tritt der Staat als Schuldner, Konsument und Investor auf. Der Staat kann, wenn dank seiner Ausgaben die Konjunktur an Fahrt gewinnt, das höhere Steueraufkommen zur Bedienung der zuvor höheren Schuldenaufnahme nutzen. Die Lage der hoch verschuldeten US-Konsumenten ist grundsätzlich anders. Sie können nicht antizyklisch handeln. Was sie tun, ist der Zyklus. Sie erhöhten ihre Verschuldung, während die Konjunktur brummte. Sie waren kreditwürdig, weil die Preise ihrer einzig nennenswerten Vermögensgegenstände, ihrer Wohnhäuser, stiegen. Wenn die Preise sinken und die Konjunktur kippt, können sie keinesfalls mehr Schulden aufnehmen. Bei sinkenden Immobilienpreisen hilft es auch nicht, das Wohnhaus zu verkaufen, um sich zu entschulden. Der niedrige Preis deckt die Schulden nicht. Das Resultat sind Zwangsversteigerungen und private Pleiten. In den USA werden 2008 vorsichtig geschätzt 1,4 Mio. Zwangsversteigerungen erwartet.

Anders als in Deutschland gilt wirtschaftspolitische Abstinenz in den USA nicht als Tugend. Ohne Zögern reagierte zunächst die Notenbank. Sie senkte schon im September die Leitzinsen, nur wenige Wochen, nachdem das Wort Finanzkrise zum ersten Mal die Runde machte. Notenbank, Regierung und Kongress überboten sich mit Überlegungen, wie das Abrutschen des Landes in eine Rezession zu verhindern sei. Die Regierung legte ein Programm für unverschuldet in Zahlungsverzug geratene Hausbesitzer auf. Dieses Programm war schiere Kosmetik. Viel zu wenig Personen profitierten davon.

Von anderem Kaliber war eine Steuerrückzahlung in Volumen von ca. 160 Mrd. Dollar. Dieses Programm wurde zwischen dem von den Demokraten dominierten Kongress und der republikanischen Bush-Regierung in Rekordzeit ausgehandelt. Es sah im wesentlichen die Erstattung bereits bezahlter Einkommensteuern vor, was in den Monaten Mai und Juni 2008 in Form so genannter Steuerschecks geschah. Das Programm begünstigte Personen mit hohen Einkommen und entsprechend hohen Steuersätzen und hohen Steuern nicht überproportional. Auch Personen, die keine Steuern bezahlt haben, profitierten. Um den Konsum und die Konjunktur zu stützen, wären Sozialprogramme oder ganz gleichmäßig verteilte Schecks vermutlich noch geeigneter gewesen. Um den Konsum zu stützen, ist es generell am besten, den ärmsten Bevölkerungsschichten Zusatzeinkommen zu gewähren, denn die höheren Einkommensschichten geben zusätzliche Einkommen erfahrungsgemäß nicht für Konsumzwecke aus, sondern erhöhen nur ihre Sparleistung. Dennoch war dieses Programm umfangreich genug und kam auch den weniger begüterten Bevölkerungsschichten in so ausreichendem Maß zugute, dass es erhebliche Wirkung erzielte. Anders als in Westeuropa schrumpfte die US-Wirtschaft im 2. Quartal 2008 deswegen nicht. Gegenüber dem Vorjahresquartal wurde sogar ein Wachstum des BIP von 1,8 Prozent erzielt.

Die Notenbank Fed schließlich setzte ihre Zinssenkungspolitik weniger konsequent als etwas hektisch fort. Man befürchtete dort, dass die Illiquidität am Geld- und Kapitalmarkt das Finanzierungssystem zusammenbrechen lassen würde. Im Februar und März 2008 geriet der Aktienmarkt stärker unter Druck. Die Fed wartete in dieser Situation nicht einmal die üblichen Sitzungstermine für ihre Zinssenkungen ab, sondern senkte außer der Reihe. Sie änderte auch die Methoden,

mit der sie Dollar in den Finanzmarkt schleuste. Diese Maßnahmen
waren notwendig. Ohne sie wären Pleiten größerer Banken unvermeidlich gewesen. Schließlich ging die Fed in Zusammenarbeit mit
dem Finanzministerium dazu über, Banken direkt zu stützen. Während kleinere Institute in einem gewöhnlichen Konkursprozess vom
Einlagensicherungssystem FDIC abgewickelt wurden, genossen große
eine Sonderbehandlung. Bei zwei der fünf großen Investmentbanken
des Landes, Bear Stearns und Merrill Lynch, trugen Fed und Finanzministerium viel dazu bei, dass sie von anderen Banken erworben
werden konnten. Aus Sorge um den Markt für Kreditversicherungen
wurde die größte Versicherung des Landes mit Hilfe eines Kredits
von 85 Mrd. Dollar vor dem Zusammenbruch gerettet, zugleich aber
unter Staatsaufsicht gestellt. Die riesigen Hypothekenbanken Fannie
Mae und Freddie Mac wurden verstaatlicht.

Der Finanzmarkt führte im September auch vor, was es bedeutet,
wenn staatliche Rettungsaktionen ausbleiben. Fed und Ministerium
ließen Lehman Brothers, die zweitkleinste der fünf bedeutenden Investmentbanken des Landes, in die geordnete Liquidation gehen. Danach gerieten die Finanzmärkte erst recht ins Rutschen. Bankaktien
verloren an der Börse mit zweistelligen Prozentsätzen. Schuldpapiere
von Banken sackten auf Ramschniveau ab. Die Geldmärkte froren
komplett ein. Die zwei verbliebenen Investmentbanken Goldman
Sachs und Morgan Stanley drohten ebenfalls pleite zu gehen, da ein
Run auf sie begann und sie als Gegenpartei zu Finanzgeschäften nicht
mehr akzeptiert wurden. Aus dieser Situation heraus entwickelten die
staatlichen Stellen in den USA den Plan eines Fonds, der alle faulen
Investments der Banken (mit gewissen Abschlägen) aufkaufen sollte.
Da Finanzminister Henry Paulson deutlich machte, dass hier nicht
gekleckert, sondern geklotzt werden sollte, kehrte erst da ein gewisses
Vertrauen zurück, dass der Staat die Banken des Landes ab einer gewissen Größenordnung auffangen werde.

6. Globales Ungleichgewicht

Selbst wenn man diese Finanzkrise samt vorausgegangener Spekulationsblase als Produkt der Globalisierung, also auch als eine den ganzen Globus umfassende Krise des Neoliberalismus begreift, so ist diese Krise auch, wie im vorigen Kapitel gezeigt, ein spezifisches US-Phänomen. Die spekulativen Exzesse fanden überall statt, die wesentlichen Spekulationsobjekte waren aber US-Erzeugnisse, vornehmlich Schulden einfacher US-amerikanischer Haushalte. Auch die Auswirkungen der Krise zeigen sich zunächst in den USA. In den USA führt die Überschuldung großer Teile der Bevölkerung zu einer Krise der Realökonomie. Vor allem weil die Vereinigten Staaten wegen der Schwäche ihres inneren Marktes nun weniger Waren importieren, werden andere Länder von der Krise beeinträchtigt. Die USA sind immer noch die bei weitem größte Ökonomie der Welt. Sie macht ungefähr noch 30 Prozent des Weltsozialprodukts aus. Trotz ihres sehr kräftigen Wachstums werden die bevölkerungsreichen Länder China und Indien noch schätzungsweise zwei Jahrzehnte brauchen, bis ihre Volkswirtschaften die Größenordnung der USA erreicht haben werden. Da diese Länder mittlerweile dank eigener Liberalisierungsschritte in die globalisierte Weltökonomie stark integriert sind, werden sie auch von der Krise betroffen. Weil sie eine Krise der größten Volkswirtschaft der Erde ist, ist sie zugleich globale Finanzkrise.

Die Krise brachte zugleich ein unhaltbares Ungleichgewicht zwischen der US-Ökonomie und dem Rest der Welt zur Auflösung. Das Wort Ungleichgewicht ist eines, das die Finanzinstitutionen, der IWF, die Notenbanker und Finanzminister selbst für den sonderbaren Zustand der Weltwirtschaft sich angewöhnt haben zu verwenden. In den Kommuniqués der G-7- oder G-8-Tagungen, der Treffen von Weltbank und Währungsfonds tauchte dieses Wort seit Jahren immer häufiger auf. Statt diplomatisch von »Ungleichgewicht« zu sprechen, hätten die Herren auch sagen können, die hohe und steigende Verschuldung der USA gegenüber dem Rest der Welt mache ihnen Sorgen.

Wie kommt es, dass das reichste, das militärisch und ökonomisch dominante Land der Erde zugleich das Land ist, das sich am meisten verschuldet? Die Frage haben sich in den letzten Jahren die prominentesten Ökonomen, Banker, Notenbanker und Finanzminister gestellt. Sie sind zwar in der Lage zu beschreiben, wie es historisch dazu gekommen ist, dass die USA in den letzten Jahren jährlich fast 900 Mrd. Dollar neue Schulden vom Rest der Welt aufgenommen haben. Das entspricht mehr als 6 Prozent des US-Bruttosozialprodukts. Doch warum es so gekommen ist, dass wider die Theorie das reichste Land Schulden bei den ärmeren macht, ließ sich im einzelnen zwar nachvollziehen, machte aber hinsichtlich der These, dass freie Kapitalmärkte wie alle anderen Märkte zu einem Gleichgewichtszustand tendieren sollten, große Sorgen. Noch mehr Sorgen bereitete die Frage, wie sich dieses merkwürdige, von den oben genannten führenden Köpfen als »globales Ungleichgewicht« beschriebene Phänomen auflösen würde. Nur eins war schon vor Ausbruch dieser weltweiten Finanzkrise sicher: das Leistungsbilanzdefizit der USA, also jene jährlich auflaufende Summe, die sich das Land durch Schuldenaufnahme vom Ausland finanzieren lassen musste, konnte nicht immer weiter wachsen. Irgendwann musste die Dynamik steigender Schuldenaufnahme gebrochen werden. Anders gesagt, der Zustand der globalen Volkswirtschaft war gerade an dieser Stelle für jeden erkennbar instabil.

Die Entstehung des riesigen Leistungsbilanzdefizits der USA von zuletzt mehr als 6 Prozent des Wirtschaftsleistung des Landes ist schnell erzählt. Eine Grundvoraussetzung dafür, dass es möglich wurde, ist der seit den späten 70er und frühen 80er Jahren des vorigen Jahrhunderts liberalisierte Kapitalverkehr. Wer sich damals hoch verschuldete, waren die lateinamerikanischen Staaten, die das teuer gewordene Öl finanzieren mussten. Geldgeber der Verschuldung waren die Golfstaaten und Japan, die ihre finanziellen Überschüsse über die Finanzzentren New York und London nach Südamerika schleusten. Die lateinamerikanische Schuldenkrise war das Resultat. Mexiko erklärte sich 1982 für zahlungsunfähig. Lateinamerika erlebte ein Jahrzehnt lang eine tiefe Krise und vom Schuldenverwalter IWF erzwungene niedrige Wachstumsraten.

In den 90er Jahren drängten die Überschussgelder nach Südostasien, in die dortigen »Tigerstaaten« Südkorea, Taiwan, Thailand, Malaysia, Hongkong und Singapur, zu einem geringeren Teil auch nach Osteuropa. Dieser Schwung brach 1997/98 in der so genannten Asienkrise zusammen, als das hereingeströmte schnelle Geld abgezogen wurde. Eine scharfe Rezession war die Folge in den meisten Ländern. Durch die Abwertung der Währung, durch massiven Druck auf die Löhne und die Kaufkraft der breiten Massen erzwang die Herrschaftsschicht dieser Länder hohe Exportüberschüsse, mit denen die keineswegs übergroße Verschuldung abgebaut wurde. Die Folgen der Rubelkrise von 1998 dauerten in Russland länger an. Erst der Anstieg der Energiepreise seit 2003 versetzte Russland in die Lage, die Verschuldung abzubauen und selber hohe Überschüsse zu erwirtschaften.

Die Entwicklungs- und Schwellenländer haben mit ihrer Verschuldung gegenüber dem Ausland – gelinde gesagt – keine guten Erfahrungen gemacht. Zwar hat der Zustrom von Auslandskapital Investitionen finanziert. In dem Moment aber, als das Wachstum nur etwas nachließ und die Gewinne nicht mehr ganz so munter sprudelten, also in dem Moment, als Kapitalzufuhr wirklich nötig und hilfreich gewesen wäre, brach sie ab, kehrte sich um, und eine Rezession war die Folge. Diese, durch plötzliche Kapitalflucht verursachten Rezessionen waren für die betroffenen Länder wahre Katastrophen. Da die Geldgeber und ihr Vermittlungsagent, der Internationale Währungsfonds, auf schneller Tilgung der Schulden bestand, verschärften die rigorosen Sparprogramme der Staatshaushalte die Rezessionen zusätzlich.

In der heute gängigen ökonomischen Theorie, wonach der freie Fluss von Kapital in die jeweils rentierlichste Anlage an sich als Segen gilt, sind die Verschuldung der Entwicklungsländer und die Kreditvergabe durch die entwickelten Industrieländer der anzustrebende Normalfall. In den entwickelten Ländern werden hohe Profite generiert, das Wachstum der Bevölkerung und der Ökonomie ist dort relativ gering, es bedarf daher relativ geringer Investitionen. Das überschüssige Kapital sollte also in schnell wachsenden Entwicklungsländern investiert werden. Das so finanzierte höhere Wachstum sollte dann auf längere Sicht die Rückzahlung der Schulden ermöglichen. Diese Theorie klingt durchaus vernünftig. Die Erfahrungen der Entwicklungsländer zeigen jedoch, dass dieser vernünftig gedachte Prozess nicht harmonisch vernünftig abläuft. In Asien haben Länder, die wenig vom internationalen Kapitalmarkt abhängig waren wie Malaysia oder Indien, viel weniger unter der Krise gelitten als andere. Die Volksrepublik China, die als früher sozialistisches Land noch gar keinen freien Kapitalverkehr mit dem Ausland zuließ, blieb von der ökonomischen Krise der Region der späten neunziger Jahre sogar völlig unberührt.

Aktuell aber ist die kapitalistische Realität gerade das Gegenteil dessen, was die Theorie vom freien internationalen Kapitalmarkt für vernünftig hält. Nicht die Entwicklungsländer, die hohe Investitionen finanzieren müssen, erleben die hohe Kapitalzufuhr, sondern die USA, die damit nicht Investitionen und hohes Wachstum finanzieren sondern hohen Konsum. Seit Ende der 90er Jahre drehte sich die Richtung der internationalen Kapitalflüsse in diese Richtung. Kapital strebte in die USA. Als 2000 bis 2003 der lange Crash am Aktienmarkt das Wachstum in Nordamerika und Europa schrumpfen ließ, hielt der Kapitalzufluss in die USA dennoch an. Selbst als die US-Wirtschaftspolitik mit hoher Staatsverschuldung und extrem niedrigen Zinsen von nur noch 1 Prozent auf die Wirtschaftskrise reagierte, floss weiter netto mehr Kapital in die USA, als abgezogen wurde. Der Kapitalzufluss beschleunigte sich sogar noch.

Wider jede Theorie strebte Kapital dorthin, wo es sich niedrig verzinste und nicht Investitionen, sondern Konsum finanzierte. Die expansive Wirtschaftspolitik in den USA verhinderte einen Rückgang des Konsums, wie er etwa in Europa und besonders in Deutschland nach 2001 stattfand. Dank niedriger Hypothekenzinsen beschleunigte sich sogar der Bau- und Immobilienboom. Hohe Häuserpreise ließen auch einen Großteil der Mittelschichten reicher werden, obwohl

Löhne und Gehälter stagnierten. Zugleich kurbelten die Banken im Umfeld außergewöhnlich niedriger Zinsen ein Verschuldungsprogramm der Verbraucher mittels Kreditkarten und überhaupt leichtem Zugang zu Krediten an. Die Sparquote der US-Haushalte ging auf Null oder zuweilen negative Werte zurück. Obwohl die Verschuldung stieg und obwohl die Notenbank in den letzten drei Jahren ihre Zinsen wieder nach oben normalisierte, blieben die Marktzinsen für Unternehmen und Verbraucher vergleichsweise niedrig. Der Grund dafür war die rege Zufuhr von Kapital aus dem Ausland.

Keinem anderen Land der Welt würde so bereitwillig Kredit gewährt werden wie gerade den USA. Bei einer ähnlichen Verschuldung wie sie die USA derzeit aufweisen, wäre die Währung eines anderen Landes nach Panikverkäufen der großen Kapitalanleger ins Bodenlose gefallen. Der Dollar wurde zwar seit 2001/02 deutlich schwächer, aber er stürzte nicht. Von Panik war schon gar keine Rede. Wer sein Kapital in Dollar angelegt hatte, nimmt damit zusätzlich zur ohnehin vergleichsweise niedrigeren Rendite den vom Niedergang des Dollar verursachten Wertverlust seiner Anlagen hin. Dieses geradezu stoische Verhalten widerspricht allem, was Ökonomen welcher Glaubensrichtung auch immer bisher über die Bewegungen des Kapitals angenommen haben.

Schuldner wird Chef-Financier

Es handelt sich offensichtlich um Kapitalanleger, denen eine hohe Rendite nicht ganz so wichtig ist. Man kann sie auch identifizieren. Es sind die Zentralbanken (bzw. die hinter ihnen stehenden Regierungen) einer Reihe von asiatischen Staaten – in erster Linie die People's Bank of China, die Zentralbank der Volksrepublik China. Sie hat mittlerweile die unvorstellbare Summe von 1.200 Mrd. Dollar an ausländischer Währung angehäuft – vor allem US-Dollar. Bemerkenswert ist das Tempo, mit dem der Aufbau der Währungsreserven dieses Landes sich vollzogen hat und noch vollzieht. Die Ursache dafür ist sein sehr großer Exportüberschuss, der vor allem im Verhältnis zu den Vereinigten Staaten besteht. Die hohen und steigenden Exporte führen zu einem dauernden Zufluss an ausländischer Währung. Da die chinesischen Exporteure die Devisen zu einem eng gesteuerten Kurs in die heimische Währung Renminbi-Yuan umtauschen, landet das Geld bei der Zentralbank. Diese legt das Bargeld vorwiegend in Form von US-Staatsanleihen an. Das unmittelbare Resultat dieses Prozesses ist es, dass die Zinsen in den USA, auf Staatsanleihen aber auch die Hypothekenzinsen, niedrig bleiben und dass der Dollar relativ teuer bleibt. Das relativ arme China subventioniert also die relativ reichen USA.

Der Zweck der Übung ist es, die Nachfrage aus den USA für chinesische Importe hochzuhalten. Das hohe Wachstum in China ist exportgetrieben. Die Importe der USA und das Leistungsbilanzdefizit des Landes sollen hoch gehalten werden. Die eigenartige Symbiose zwischen China und USA heute ähnelt der Situation, in der sich Westdeutschland im Verhältnis zu den USA in den 60er Jahren des vorigen Jahrhunderts befand. Die BRD entwickelte sich dank einer relativ niedrig bewerteten D-Mark zum Exportweltmeister. Die Bundesbank häufte massive Devisenreserven an, bis der Dollar deutlich abgewertet werden musste.

Eine zweite Gruppe der Financiers des US-Leistungsbilanzdefizits sind die Erdölexporteure. Da der Preis von Erdöl seit etwa fünf Jahren weit über den Förderkosten liegt, häufen sich in den Erdöl produzierenden Staaten massive Überschüsse an. Auch sie werden überwiegend in Dollar angelegt. Auch das trägt dazu bei, das laufende Defizit der US-Wirtschaft gegenüber dem Rest der Welt zu finanzieren.

Die US-Unternehmen ziehen also aus der herausgehobenen Position, in der sich die USA gegenüber dem Rest der Welt befinden, enorme Vorteile: Erstens, die Zinsen sind niedriger als sie in einem Defizitland normalerweise wären. Zweitens, das Wachstum des Binnenmarktes ist hoch, obwohl nur geringe Löhne bezahlt werden müssen. Drittens, die möglich gewordene hohe Verschuldung von Verbrauchern und Staat eröffnet dem Finanzsektor neue Profitmöglichkeiten.

Der Finanzsektor ist überhaupt der große Clou. Er hat seit den ersten Liberalisierungsschritten in den letzten 30 Jahren eine beispiellose Expansion erlebt. Die wachsenden Möglichkeiten, sich zu verschulden, die sich der einfachen Bevölkerung bieten, erscheinen als eine höher entwickelte Form des Bank- und Versicherungswesens. Die höhere Verschuldung der Verbraucher schlägt sich in umfangreicheren Bilanzen der Finanzkonzerne nieder. Der höhere Verschuldungsgrad ganzer Volkswirtschaften gegenüber anderen Nationen stellt sich als Wachstum des Finanzsektors dar. Da die Verschuldung einfacher Lohnempfänger in den USA dank der Kapitalalimentierung aus dem Ausland schon weiter fortgeschritten ist als beispielsweise in Kontinentaleuropa oder Japan, entsteht so ein weiterer Vorteil für das große Defizitland. Zur Absurdität, dass das reichste Land vom Rest der Welt subventioniert wird, gesellt sich das Paradox, dass dieses von dauernder Finanzzufuhr abhängige Land sich zum Cheffinancier weltweit aufschwingt.

Als Form der finanziellen Machtübernahme hat der Financier Hedge-Fonds und Private-Equity-Fonds gewählt. Beides sind von ehemaligen Managern oder Bankern geführte Privatgesellschaften, die von vermögenden Personen und Institutionen überschüssiges Geld einsammeln und damit riskante, aber deswegen auch häufig extrem lukrative Geschäfte machen. Noch zwei Merkmale sind wichtig. Die Manager dieser Fonds gewähren sich selbst hohe Gewinnanteile. Die hohe Rendite wird durch den hohen Anteil an Fremdkapital, sprich die hohe Verschuldung erreicht.

Wie es der Zufall will, wird die überwiegende Zahl der Hedge-Fonds und Private-Equity-Gesellschaften von den USA aus geführt. Trotz ihrer im Regelfall hohen Verschuldung behelligt die Bankenaufsicht diese Institutionen nicht. Sie können ungehindert ihre Aktivitäten in die Welt schweifen lassen. In anderen kapitalistischen Ländern werden diese Aktivitäten nicht überall gerne gesehen. Nicht nur Gewerkschaften und Lohnempfänger protestieren, auch ansonsten neoliberal gesinnte Kapitalisten fühlen sich nach eigenem Bekunden unwohl bei dem Gedanken, dass die Herren von der anderen Seite des großen Teiches die Macht übernehmen.

Freilich, die Mehrheit der Unternehmensvorstände beteiligt sich gern an den neuen Möglichkeiten, außergewöhnlich viel Geld zu verdienen. Deutsche Kapitalsammelstellen, Versicherungen und Fonds beteiligen sich auch eifrig an den vom US Finanzsektor entwickelten neuen Ausbeutungsmöglichkeiten. Das tun auch andere Nationen. Die Volksrepublik China hat sich mit 3 Mrd. Dollar bei der US-Großheuschrecke Blackstone (ohne Stimmrechte) eingekauft. Kurz interpretiert heißt diese Investition: die Symbiose soll – unter US-amerikanischer Führung – eng bleiben.

Es ist einiges sonderbar an diesem Globalisierungsmodell, das jetzt in eine Krise geraten ist. Am auffälligsten war und ist die Tatsache, dass die am weitesten entwickelte Volkswirtschaft, die der USA, vom Rest der Welt finanziert wird und sich dann auch noch wie der Geldgeber in Szene setzt.

7. Die Rolle der Notenbanken

Den Notenbanken und in besonderem Maße der US-Notenbank Fed fällt bei dieser Krise sowohl die Rolle des Schurken als auch die des potenziellen Retters zu. Das gilt deshalb, weil im aktuellen kapitalistischen Regulierungssystem die Geldpolitik des Staates, also der Zentralbank, eine herausragende Rolle spielt. Denn andere staatliche Institutionen sollen sowohl nach herrschender Ideologie, als auch mittlerweile gemäß herrschender Praxis möglichst wenig in das Geschehen des Marktes eingreifen. Sie sollen nur Rahmenbedingungen setzen, das Auf und Ab des Geschäfts und der Konjunktur aber nicht beeinflussen. Dafür ist die Zentralbank da. Makroökonomisches Handeln wird weitgehend auf das Handeln der Notenbank als Entscheidungsinstitution über die Geldpolitik verengt.

Fiskalische, makroökonomische Steuerung, also die Beeinflussung der effektiven Gesamtnachfrage durch die Erhöhung oder Verringerung der Ein- und Ausgaben des Staates gilt in der EU als nur bedingt akzeptabel und wird in den USA und Japan als Krisenbekämpfungsmittel praktiziert. Direktere Eingriffe, etwa in die Eigentumsrechte von Bankaktionären, erscheinen allenfalls als Notfalloperationen möglich. Als normal gilt dagegen die Privatisierung von Staatsvermögen.

Im Zusammenhang mit der Finanzkrise erweist sich die verengte Betrachtung des staatlichen Handelns auf die Aktionen der Notenbank schon bei der Ursachenanalyse als verhängnisvoll. Sie lenkt ab von der Verantwortung der staatlichen Institutionen als Kontrolleure der Banken und Finanzmärkte. In den meisten industrialisierten Ländern, so zum Beispiel in den USA, Frankreich und Deutschland, spielt

die Zentralbank eine sehr wichtige Rolle bei der Bankenaufsicht. Da
Fragen der Bankenaufsicht nur selten öffentlich diskutiert werden, erscheint die Geldpolitik, ob lax oder strikt, als einziger unabhängiger
Parameter, der zu Spekulationsexzessen führen, sie verhindern oder
die Wirkung geplatzter Spekulationsblasen mildern kann. In diesem
Sinne wird in der mit der Finanzkrise direkt befassten Öffentlichkeit,
also bei den Banken selber, unter den Notenbankern, den Finanz-
ministerien und unter den volkswirtschaftlichen Institutionen über die
Ursachen der Finanzexzesse diskutiert. Die Ergebnisse der Analyse
sind entsprechend einseitig und klammern strukturelle Regulierungsfragen damit weitgehend aus.

Man kann im Rahmen dieser Art selbstbeschränkter Analyse zur
Zeit ganz klar zwei Richtungen unterscheiden. Der Einfachheit halber
kann man sie auch gut als »die Laxen« und »die Strikten« bezeichnen.
Grob gesprochen verkörpert die US-Notenbank die laxe Richtung,
während die Europäische Zentralbank (EZB) die strikte Richtung
verkörpert. Angesichts der aktuellen Finanzkrise verhalten sich beide
mächtigen Zentralbanken unterschiedlich. Das ist nur zu einem Teil
darauf zurückzuführen, dass die Volkswirtschaften der beiden großen
Währungsräume unterschiedlich sind und dass die US-Volkswirtschaft
mit dem Zusammenbruch des heimischen Immobilienmarktes – zunächst – eine ungleich gewichtigere Kontraktion der Nachfrage zu be-
wältigen hat als Westeuropa. Jedenfalls hat die US-amerikanische Notenbank seit Ausbruch der Krise die Leitzinsen in hektischen Schritten
von 5,25 auf (im Sommer 2008) nur noch zwei Prozent gesenkt. Die
EZB dagegen hat nach Ausbruch der Krise lediglich die eigentlich ge-
plante Leitzinsanhebung unterlassen. Im Juli 2008 hat sie bei bereits
schwächer werdender Konjunktur in der Eurozone auf die stark gestiegenen Öl- und Importpreise sowie die damit anziehende Inflationsrate mit einer einmaligen Minianhebung ihres Leitzinses von vier auf
4,25 Prozent reagiert.

Das ist die unterschiedliche Reaktionsweise auf die Finanzkrise.
An sich sagt sie noch wenig über eine unterschiedliche Interpretation
der Finanzexzesse aus. Dennoch ist immer wieder erkennbar, dass
die führenden Vertreter der beiden Institutionen ein unterschiedliches

Rollenverständnis haben. In der öffentlichen oder gar akademischen Diskussion besteht dabei zwischen Laxen und Strikten ein höchst unausgewogenes Verhältnis. Die Strikten mögen die EZB und ihre Handlungsweise fest im Griff haben. Ideologisch sind sie derzeit auf verlorenem Posten. Unter den Akademikern und von Banken gut bezahlten Volkswirten herrscht die laxe Lehre vor. Es kommt hinzu, dass EZB-Vertreter sich in dieser Diskussion mit allenfalls einigen unbeholfenen Reden zum Thema zu Wort melden. Jean-Claude Trichet, der Präsident der EZB, ist kein Volkswirt und hat unter Präsident Jacques Chirac Beamtenkarriere gemacht. Auch viele der nationalen Notenbankpräsidenten der Eurozone sind in den Beamtenapparaten aufgestiegen und halten sich weise zurück, wenn es um akademisch geprägte Diskussionen geht. Sie machen neben den sechs vom Europäischen Ministerrat direkt ernannten hauptamtlichen EZB-Direktoren die große Mehrheit im Entscheidungsgremium der Bank, dem EZB-Rat, aus.

Das Erbe der Bundesbank

Der erste Chefvolkswirt der EZB, der Deutsche Otmar Issing, war vor Gründung der Europäischen Notenbank Chefvolkswirt der Deutschen Bundesbank. Er brachte das Kunststück fertig, der neuen Zentralbank eine Strategie maßzuschneidern, die an die vom Monetarismus geprägte Geldmengenstrategie der Deutschen Bundesbank anknüpfte, ohne sich nur im geringsten auf eine derartige Strategie festzulegen. Die Deutsche Bundesbank hatte Mitte der 1970er Jahre, von Milton Friedmans Monetarismus inspiriert, eine Selbstbindung ihres Handelns entwickelt. Aus Friedmans Feststellung, Inflation sei immer und überall ein monetäres Phänomen, wurde die Regel abgeleitet, die Geldmenge – über deren Definition wiederum heftige Diskussionen geführt wurden – dürfe nur mit der Wachstumsrate der Volkswirtschaft wachsen, damit kein Geldüberhang entstehe, der dann seinerseits zu inflationären Erscheinungen führt. In der Praxis wurde die schon bestehende Preissteigerungsrate zur volkswirtschaftlichen Wachstumsrate addiert, dazu ein Aufschlag für eine in der Höhe unbekannte, aber empirisch beobachtbare höhere Geldhaltung. Diese so ermittelte Wachstumsrate wurde dann einmal im Jahr vom Zentralbankrat, dem Entscheidungsgremium der Bundesbank, als Geldmengenziel festgelegt. Sollte das Wachstum der Geldmenge im Laufe des Jahres diesen Zielwert deutlich und nachhaltig unter- oder überschreiten, würde die Bundesbank Maßnahmen zur Beschleunigung oder zur Bremsung des Geldmengenwachstums ergreifen, üblicherweise also den Leitzins senken oder heraufsetzen.

Mit monetaristischer Begeisterung wurde hier ein zwiefacher Automatismus als gültig vorausgesetzt: 1. die Inflation reagiere unmittelbar auf Veränderungen des Geldangebots. 2. das Geldangebot reagiere auf eine Veränderung der Notenbankzinsen. Es gehört nicht viel empirische Forschung dazu, um festzustellen, dass beide Beziehungen, obwohl sie plausibel sind, nicht wirklich nachhaltig gelten. Zu viele andere Elemente, vor allem Veränderungen in der bei dieser Betrachtung ausgeblendeten Realwirtschaft, treten dazwischen. Auch den Bundesbankern der achtziger und neunziger Jahre ist das nicht verborgen geblieben. In der Praxis ist die Bundesbank von der strikten Selbstbindung der Geldmengenstrategie mehrfach sehr freizügig abgewichen. Trotzdem hielt sie an der erklärten Strategie offiziell fest. Deren politischer Vorteil bestand für die Notenbanker darin, dass der Öffentlichkeit ein übergeordneter Wirkungsmechanismus suggeriert werden konnte, der unpopuläre Maßnahmen rechtfertigte. So kommt in der angenommenen Wirkungskette der Geldmengenstrategie die Realwirtschaft gar nicht vor. Deshalb tauchen, wenn es eine Leitzinserhöhung zu begründen gilt, in dieser monetaristischen Argumentationskette auch keine unschönen Sätze auf wie die, man müsse leider zur Bekämpfung zu stark steigender Preise und Löhne eine Rezession herbeiführen. Die Zentralbanker erscheinen, was beabsichtigt ist, nicht als Wirtschaftspolitiker, sondern nur als Experten.

Otmar Issing hat in der Gründungsphase der EZB 1999/2000 davon abgesehen, das monetaristische Credo von der Bundesbank in reiner Form auf die EZB zu übertragen. Die anderen beteiligten Notenbanken, wie etwa die Banque de France, hatten ohnehin keine eigene Strategie, weil sie ihre Währungen an die in Europa führende D-Mark gebunden hatten und daher die Geldpolitik der Bundesbank nachahmen mussten. Schon in der Gründungsphase der EZB war aber auch die monetaristische Lehre akademisch weitgehend diskreditiert. Die US-Notenbank Fed hatte sich offiziell von jeder Art Geldmengenstrategie und -steuerung losgesagt, ohne eine andere Strategie oder theoretische Fundierung anzubieten. Die Bank von England sowie eine Reihe kleinerer Notenbanken mit frei floatenden, am Devisenmarkt schwankenden Währungen entwickelten einen anderen Selbstbindungsmechanismus, den sie als »Inflationsziel« bezeichneten. Er besagt nichts weiter, als dass auf mittlere Sicht eine Inflationsrate von meist x (meist zwischen zwei und drei) Prozent anzustreben sei. Die Notenbank muss dann mit ihren Mitteln versuchen, dieses Ziel auch zu erreichen. Nach einigen Jahren legte sich auch die EZB fest, welche Zielvorstellung sie bei der Inflationsrate hatte, nämlich knapp unter zwei Prozent. Damit war sie um eine Nuance ehrgeiziger, inflationsaverser oder eben strikter als der Rest der Welt.

Das Erbe der Bundesbank wurde dennoch und zwar in einem sonderbaren Konstrukt weitergegeben, das von Issing als Zweisäulentheorie der Öffentlichkeit verkauft wurde. Danach richtet sich der EZB-Rat bei seinen Entscheidungen einerseits nach den aktuellen Wirtschaftsdaten im Eurogebiet, andererseits aber auch nach Daten der Geldmengenentwicklung. Welche Daten nun den EZB-Rat in welche Richtung beeinflussen, darüber sagt diese Säulentheorie nichts aus. Sie hat rein gar nichts von einer Selbstbindungsregel mehr an sich. Sie ist vielmehr nichts weiter als die Aussage, dass der EZB-Rat alle zur Verfügung stehenden Daten berücksichtigt – was eine Selbstverständlichkeit sein sollte. Propagandistisch haben Issings zwei Säulen aber den Effekt, dass sie es den Notenbankern ermöglichen, immer wieder neue Gründe für zinspolitische Maßnahmen hervorzuholen. Die Zinserhöhung am Jahresende 2005 beispielsweise wurde von den EZB-Bankern mit der seit Jahren außergewöhnlich stark steigenden Wachstumsrate der Geldmenge begründet.

Die Aufmerksamkeit der EZB-Notenbanker gilt dabei aber stets der Gefahr der Inflation. Die verschiedenen Daten der Geldmenge

dienen ihnen in monetaristischer Tradition lediglich als Warnzeichen
dafür, dass zu viel Geld im Umlauf in einem Mehr an Inflation mün-
den könnte. Dass dieses viele Geld auch Ausdruck einer Spekulationsblase sein und damit das Finanzsystem insgesamt gefährden könnte,
leugnen die Herren nicht, wenn sie direkt darauf angesprochen werden. Aber sie verstehen sich für die Stabilität des Finanzsystems offenbar nicht als zuständig, obwohl die Stabilität des Euro, der Währung,
die die EZB herausgibt, ganz offensichtlich zu ihrem Auftrag gehört.

Irrationaler Überschwang

Ob und wie die Herausbildung von Spekulationsblasen im Finanzsektor festgestellt und dann bekämpft werden kann, ist unter den Notenbankern wenigstens seit dem Platzen der Aktienmarktblase 2000
bis 2003 ein Thema, dem sie sich stellen müssen. Die Vertreter der
US-Notenbank Fed haben diese Diskussion angesichts schärferer
Kritik von Seiten der politischen Institutionen einigermaßen offen-
siv geführt. In der vom Geist schlichter Orthodoxie umwehten und
öffentlicher Kritik kaum ausgesetzten Europäischen Zentralbank wurde zunächst so getan, als sei das Thema spezifisch US-amerikanisch.
Angesichts der führenden Rolle der USA, ihrer Börsen und Finanzmärkte, wirkte diese Interpretation plausibel genug, um die EZB vor
Kritik einigermaßen abzuschirmen.

Im November 1996 hatte der damalige US-Notenbankpräsident
Alan Greenspan in einer Rede überraschend deutlich vor »irrationa-
lem Überschwang« an den Aktienmärkten gewarnt. Im geldpolitischen
Entscheidungsgremium der Notenbank hatte es zuvor eine intensive
Diskussion darüber gegeben, ob die Fed gegen den hartnäckigen Aufwärtstrend am Aktienmarkt mit einer Zinsanhebung oder anderen
restriktiven Maßnahmen vorgehen solle. Das Gremium hatte sich dagegen entschieden und Greenspan aufgegeben, wenigstens öffentlich
eine Warnung auszusprechen. Die Wirkung von Greenspans Warnung
war zunächst kräftig. Als sich aber zeigte, dass die Fed nur warnte,
aber nicht handelte, brach das Spekulationsfieber erst richtig aus.

Der Leitindex Dow Jones stand Ende 1996, als Greenspan die Rede hielt, bei 6.437 Punkten. Seinen Höhepunkt erreichte der Index im Frühjahr 2000 fast doppelt so hoch bei 11.723 Punkten. Fast alle Kennziffern zur Beurteilung dessen, ob Aktien relativ teuer oder billig sind, zeigten bereits 1996 eine Überhitzungsphase des Marktes an, die den Notenbankern damals Kopfschmerzen bereitete. Nach einer Unterbrechung während der Asienkrise und der Krise des Hedge-Fonds LTCM 1998 entfernten sich die Kennziffern für Aktien, besonders aber für Aktien der Telekommunikations- und Internet-Branche von allen herkömmlichen Bewertungsmaßstäben. Das beschränkte sich keineswegs auf die USA. In Europa wurden ähnlich wahnwitzige Preise bezahlt. Die keineswegs besonders wachstumsträchtige Aktie der Deutschen Telekom zum Beispiel wurde auf dem Höhepunkt des Booms 1999/2000 mit dem mehr als 100fachen des Jahresgewinns der Gesellschaft bewertet. Anders ausgedrückt: erst nach 100 Jahren regelmäßig bezahlter Dividende hätte sich für den Aktionär die Investition in diese Aktie amortisiert. In dieser Zeit wurde die frühere Stahlröhrenfirma Mannesmann lediglich aufgrund ihrer Lizenzen im Mobilfunkgeschäft zur höchsten je für ein einzelnes Unternehmen bezahlten Summe von 180 Mrd. € verkauft.

Diese Beispiele dienen nur der Verdeutlichung, wie offensichtlich es damals war, dass die Aktienmärkte der USA und Europas von einer Spekulationsblase erfasst worden waren. Selbst Laien konnten das erkennen. Für Notenbanker, die sich professionell mit Gelddingen zu befassen haben, war diese Erkenntnis nicht zu vermeiden. Als die Blase platzte, glitten sowohl die USA als auch Europa in die Rezession. In beiden Regionen knickten die Investitionen der Unternehmen scharf ein. Das hatte mehrere Gründe: Zum einen verschlechterten sich die Finanzierungsbedingungen für Unternehmen, weil am Aktienmarkt keine Emissionen mehr möglich waren. Zweitens wurden alle Expansionspläne der Internet- und Kommunikationsbranche drastisch zusammengestrichen. Schließlich wirkte sich der Verfall der Aktienpreise auf die Einkommen begüterter Privathaushalte, aber auch auf die Pensionseinkommen privater Rentensysteme negativ aus. Letzterer Effekt war in Europa weniger spürbar, weil Aktien bei der Altersvorsorge der Bevölkerung noch kaum eine Rolle spielten.

Wie beschrieben, ergriff in dieser Situation die US-Notenbank die Initiative, senkte ab Januar 2001 drastisch die Zinsen und trug so wesentlich dazu bei, dass die Krise der Realwirtschaft in den USA relativ milde verlief. Zugleich setzte eine Diskussion ein über die Ursachen und Folgen von Finanzkrisen sowie darüber, welche Rolle die Notenbanken dabei haben. Auf der von einer regionalen Gliederung der Fed im touristischen Jackson Hole in den Rocky Mountains jährlich veranstalteten Tagung formulierte im Sommer 2002 der damals noch amtierende Chairman Alan Greenspan die Position der Institution in Kurzform wie folgt: Spekulationsblasen seien unvermeidbar. Sie als solche zu erkennen, sei nicht immer einfach. Sie mit den Mitteln der Notenbank, also deutlichen Zinsanhebungen zu bekämpfen, sei hochriskant. Die Folge sei möglicherweise genau die Rezession, die man als Folge des Platzens der Spekulationsblase ohnehin zu befürchten habe. Greenspan empfahl daher genau die Handlungsweise, der er und seine Kollegen gefolgt waren. Es gelte nicht die Spekulationsexzesse zu bekämpfen, sondern die negativen Folgen auf die Realwirtschaft, wenn die Spekulationsblase geplatzt sei.

Alan Greenspans Amtszeit lief im Januar 2006 aus. Ihm folgte als Chairman der Fed Ben Bernanke, dessen Position in dieser Frage der seines Vorgängers sehr ähnlich ist. Bernanke hat sich über die möglichen negativen Folgen geplatzter Spekulationsblasen sogar noch deutlicher geäußert als Greenspan. Er bezog sich damit auf die Erfahrungen aus der Weltwirtschaftskrise zu Beginn der dreißiger Jahre und derjenigen Japans in den 90er Jahren des vorigen Jahrhunderts. Bernanke wies mehrmals zu Recht darauf hin, dass die Reaktion von Regierung und Notenbank in beiden damaligen Fällen die Krise der Realwirtschaft vertieft statt gemildert hatte. Die akute Gefahr der Deflation sei in den USA vor 70 Jahren und im Japan der 90er Jahre gar nicht erkannt, geschweige denn bekämpft worden. Er leitete aus diesen negativen Erfahrungen die Schlussfolgerung ab, auch höchst unkonventionelle Mittel – zum Beispiel den Ankauf von Staatspapieren durch die Notenbank – zur Bekämpfung von Deflation einzusetzen.

Diese Position deckt sich mit der in der Volkswirtschaft derzeit vorherrschenden Lehre, dem so genannten Neukeynesianismus. Bernanke kann getrost als ein Vertreter dieser Schule bezeichnet werden. Obwohl wichtige Elemente des Keynesianismus in dieser Lehre erhalten sind, etwa die von der aktiven Rolle des Staates bei der makroökonomischen Konjunkturbeeinflussung, ist dies keine linke Theorie. Der Volkswirtschaftsprofessor Ben Bernanke ist beispielsweise wie sein Vorgänger, der aus nicht-akademischem Milieu stammende Alan Greenspan, Mitglied der Republikanischen Partei. Er wurde von dem wohl zu den reaktionärsten Präsidenten der USA zählenden George W. Bush in sein jetziges Amt bestellt. Die Neukeynesianer ziehen aber aus der im aktuellen neoliberalen Kapitalismus typischen Erscheinung, dass die Löhne auch bei relativ mäßiger Arbeitslosigkeit nur mäßig steigen, die Schlussfolgerung, dass eine relativ laxe Politik von Notenbank und Regierung möglich ist, ohne dass es zur Inflation kommt. Die Neukeynesianer lieferten also die Rechtfertigung für die laxe und in vieler Hinsicht erfolgreiche Geld- und teilweise auch Fiskalpolitik der USA. Tatsächlich blieb in den neunziger Jahren die Inflation weltweit niedrig. Die Inflationsraten sanken sogar. Die Popularität der Fed in den Jahren unter Präsident Clinton bis 2000 und später Bush wuchs an der Wall Street ins Unermessliche. Greenspan wurde als »der Maestro« gepriesen, er war der Held der globalen Ökonomie.

Die Fed unter seiner Leitung tat einiges, um ihre lockere Geldpolitik zu rechtfertigen. Zum einen wurde eine »hedonische« Inflationsmessung eingeführt. Danach wird – nicht ganz unrealistisch – unterstellt, dass ein industrielles Produkt, beispielsweise ein Laptop, Kühlschrank oder Auto, von einem Jahr aufs nächste raffinierter ausgestattet sein wird, der Käufer also mit dem Kauf dieses Produkts gewissermaßen mehr Nutzen erwirbt. Ein Aufschlag im Preis wäre damit gerechtfertigt, so dass man eigentlich nicht mehr von einer Preiserhöhung sprechen könne. Bei der Ermittlung der Konsumentenpreisindizes werden in den USA die vorgefundenen Preise der Waren durch eine geschätzte Produktverbesserung bereinigt. Die Inflation erscheint damit im Index geringer als bei der konventionellen Messung.

Diese Art bereinigter Inflationsmessung hat bei der Darstellung auch anderer volkswirtschaftlicher Fakten erhebliche Konsequenzen. Das reale Wachstum der Volkswirtschaft erscheint als höher, wenn die Bereinigung des nominalen Bruttosozialprodukts um die Inflationsrate niedriger ausfällt. Auch die Produktivität und die Steigerungsrate der Produktivität der Volkswirtschaft erscheinen als umso höher, je geringer die Bereinigung der Produktionsdaten um die Inflationsrate ausfällt. Das von vielen Volkswirten in Deutschland geradezu hymnisch besungene Produktivitätswunder in den USA vor allem in der zweiten Hälfte der neunziger Jahre hat viel mit einem Wunder der statistischen Darstellung zu tun. Die Darstellung wiederum hat es der Fed unter Alan Greenspan erleichtert, eine wachstumsfreundliche Geldpolitik zu betreiben, was wiederum den tatsächlichen Wachstumsraten von Produktion und Produktivität gut getan haben dürfte.

Kritik an der Fed wird modern

Die aktuelle Finanzkrise führt allerdings dazu, dass die Fed auch wegen ihrer laxen Politik zunehmend kritisiert wird. Ein Grund für Kritik ist die anziehende Inflation. Sie speist sich seit einigen Jahren aus steigenden Preisen für Rohstoffe, insbesondere aber für Erdöl. Im Frühsommer 2008 erreichte der Preis für das Barrel Rohöl (von 159 l) die Rekordmarke von 147 Dollar. Das ist mehr als doppelt so viel wie ein Jahr zuvor. Die stark steigenden Preise fast aller Rohstoffe in den letzten Jahren sind einerseits Folge des lange dauernden, vom Konsum in den USA angetriebenen Aufschwungs in der Weltwirtschaft. Sie sind Konsequenz auch der Tatsache, dass viele, auch große Schwellenländer wie China, Indien und Brasilien im Zuge dieses Aufschwungs ihre eigene industrielle Fertigung und damit den Verbrauch an Rohstoffen stark erhöht haben. Beim Erdöl kommen zwei Sonderfaktoren dazu: Der Krieg und die Besetzung eines der ölreichsten Förderländer, des Irak, hat eigentlich mögliche Produktionssteigerungen verhindert. Noch wichtiger ist freilich, dass sich der in einigen Jahren abzeichnende Rückgang der weltweiten Ölförderung bereits jetzt in den Preisen niederzuschlagen beginnt.

Die Inflation beschleunigt sich aber in den Industrieländern auch aus dem ganz einfachen Grunde, dass sich einige, die Inflation senkende Effekte der Globalisierung abgenutzt haben und auslaufen. Im Zuge der Globalisierung haben Unternehmen vieler Branchen ihre Fertigung in Länder verlegt, in denen extrem billige, aber recht gut ausgebildete Arbeitskraft bei akzeptabler Infrastruktur zur Verfügung stand. Die Herstellung der Produkte verbilligte sich damit weltweit. Dieser Prozess findet immer noch statt. Aber er verlangsamt sich. Die Preise für die in die Industrieländer importierten Fertigwaren sinken vielfach noch, aber nicht mehr so sprunghaft und auf so breiter Front wie in der Vergangenheit.

So populär die Fed während des Booms war, so wird die Finanzkrise heute von vielen – und nicht nur den Vertretern strikter Geldpolitik – der Fed angelastet. Dabei gibt es im wesentlichen zwei Argumentationsstränge. Der erste dreht sich um das, was die Engländer und US-Amerikaner als »Moral Hazard« bezeichnen. Es ist eigentlich ein psychologisches Argument aus der Versicherungsbranche. »Moral Hazard« heißt moralische Gefährdung. Gefährdet sind (in den Augen der Versicherung) die Versicherungsnehmer, wenn sie zu gut durch ihre Police geschützt sind. Sie strengen sich dann nicht mehr an, so diese Theorie, den Eintritt des Versicherungsfalles zu vermeiden. Ähnlich seien die Wirtschaftssubjekte, allen voran die Banken, verführt worden, wild und ohne Rücksicht auf ihren möglichen Untergang zu spekulieren, weil Alan Greenspan und die Fed bei jedem Ausbruch einer Krise sofort mit viel Geld eine mögliche Rezession verhindert hätten. Besonders am Aktienmarkt wollen die Kritiker dieses Phänomen beobachtet haben. Da mag es sogar einigermaßen plausibel sein. Man ist als Aktienspekulant eher geneigt, eine riskante Aktie zu kaufen, wenn man glaubt, sicher sein zu können, dass es zu keiner Rezession kommt. Letztlich ist diese Art Kritik zirkulär. Man wirft der Notenbank (und den anderen wirtschaftspolitischen Akteuren) vor, sie würden die Rezession nicht zulassen. Diese wiederum sei notwendig, um die Wirtschaftssubjekte vor einer Rezession gewarnt sein zu lassen.

Ernster und volkswirtschaftlich gehaltvoller ist die Kritik an den aus diesem Blickwinkel heraus dauerhaft zu niedrigen Zinsen. Da die Notenbanken praktisch aller Industrieländer zuletzt im historischen Vergleich ihre Zinsen sehr niedrig gehalten haben, trifft diese Kritik nicht nur die Fed. Die US-Notenbank steht bei der Kritik nur im Vordergrund, weil sie in schwierigen Zeiten aggressiver Niedrigzinspolitik betrieben hat als die anderen, weil sie diese Politik anders als die ideologisch schlichte EZB explizit verteidigt und weil sie wegen der Größe der US-Wirtschaft, des US-Finanzmarktes und der Bedeutung des Dollars als Leitwährung die führende Rolle auch bei der Geldpolitik spielt.

Ganz ohne Zweifel sind niedrige Realzinsen eine notwendige, wenn auch nicht hinreichende Bedingung dafür, dass es zu spekulativen Exzessen kommt. Niedrige Realzinsen, also um die Inflationsrate bereinigte Zinsen, machen Investitionen jeder Art lohnender. Anders ausgedrückt, es sinkt für den Investor das Risiko, mit einer Investition ein Verlustgeschäft zu machen. Das gilt für Investitionen in Realinvestitionen genau so wie für Finanzinvestitionen. Niedrige Zinsen kurbeln deshalb im Regelfall die Wirtschaft an. Da das Verlustrisiko sinkt, neigen Vermögensbesitzer bei niedrigen Realzinsen dazu, auch risikoreiche Investitionen zu tätigen. Das wiederum steigert die Preise für Vermögenswerte. Am Aktienmarkt tritt dieser Mechanismus am deutlichsten auf. Sobald die Zentralbank eine Zinssenkung auch nur andeutet, schießen in den meisten Fällen die Aktienkurse hoch. Es erscheint vergleichsweise risikolos, Aktien mit Blick auf kurzfristig steigende Kurse zu kaufen. Das Heer der Spekulanten wird größer, die typische Erscheinung eines sich selbst nach oben treibenden Marktes beginnt.

Der konkrete Vorwurf an die US-Notenbank und ihren Vorsitzenden Alan Greenspan geht dahin, dass sie ihre Geldpolitik im Ganzen zu locker gestaltet haben. Wenn es darum ging, eine Wachstumsabschwächung zu vermeiden, habe sie ihre Leitzinsen zu schnell und zu weit abgesenkt. Umgekehrt habe sie in der Zeit, als der Aufschwung schon gefestigt war, die Zinsen zu spät und zu zaghaft wieder angehoben. Die Kritik zielt auch darauf ab, dass sich die Notenbank allzu stark am Aktienmarkt orientiert habe – und zwar unsymmetrisch. Sie habe so gehandelt, als sei ein Einbruch der Aktienkurse ein sicheres Zeichen für die Rezessionsgefahr in der US-Wirtschaft. Umgekehrt habe ein kräftiger Anstieg der Kurse ihr nicht als Zeichen für einen aus dem Ruder laufenden Boom gegolten.

Die Kritik bezieht sich dabei speziell auf drei Episoden: 1998 reagierte der Aktienmarkt auf die Asienkrise und die orchestrierte Rettung des Hedge-Fonds LTCM mit heftigen Kursabschlägen. Die Notenbank senkte daraufhin in drei Schritten ihre Leitzinsen. Vielleicht auch deshalb, vielleicht aber auch ohnehin zeigte die US-Wirtschaft keinerlei Schwächezeichen. Der Aktienmarkt setzte danach zum größten Spekulationsexzess in der Geschichte des Kapitalismus an. Als diese Blase platzte und eine Investitionsschwäche in der Realwirtschaft auslöste, reagierte die Notenbank zügig. Die Zinsen wurden auf nur noch ein Prozent reduziert, das tiefste Niveau seit dem Zweiten Weltkrieg. Bei einer Inflationsrate von zwei bis drei Prozent bedeutete das deutlich negative Realzinsen. Nebenbei stabilisierten die extrem niedrigen Zinsen den Aktienmarkt und trugen wesentlich dazu bei, dass der Immobilienboom in den USA in Schwung kam. Schließlich wirft man der Fed vor, die Zinsen zu lange auf diesem Notstandsniveau gelassen zu haben. Tatsächlich begann die Notenbank erst im Sommer 2004, die Zinsen wieder anzuheben. Zu diesem Zeitpunkt zeigte die US-Wirtschaft schon Erholungszeichen. Greenspan selbst hat diese Kritik zuletzt vehement zurückgewiesen und statt dessen die Finanzkrise allein den Investoren und Banken angelastet (*A. Greenspan, The Fed is blameless on the property bubble, Financial Times, 7.4.08*).

Die Argumente der Fed, die ihre relativ lockere Politik rechtfertigen sollen, sind oben schon dargestellt worden. Das vorrangige Ziel, Rezessionen entweder ganz zu vermeiden oder sie doch wenigstens möglichst milde ausfallen zu lassen, rechtfertigt es für eine Notenbank, die Zinsen niedrig zu halten. Wenn damit Spekulationsblasen und -krisen die Folge sind, so seien diese Folgen eher tolerierbar, als aus Angst vor der Rezession im Gefolge einer Finanzkrise gleich mit höheren Zinsen eine Rezession in die Wege zu leiten. Diese Position scheint schlüssig. Man kann zwar der Meinung sein, im einen oder anderen der drei dargestellten Episoden hätte die Notenbank ein klein wenig restriktiver agieren sollen, als sie es tat. Das ist aber Detailkritik. Im Grundsatz bleibt der Ansatz der Fed nicht falsch. Es gilt, in Krisenzeiten die Wirtschaft durch billiges Geld wieder in Schwung zu bringen. Die Spekulation einzudämmen, ist demgegenüber zunächst nachrangig. Bis zum Ausbruch der aktuellen Krise konnte die Fed-Führung auch auf den Erfolg dieser Politik verweisen. Das Wirtschaftswachstum in den USA war während der letzten 15 Jahre – auch ohne hedonische Preismessung – relativ hoch.

Bekenntnis der Hilflosigkeit

Die Schlussfolgerung lautet dann allerdings, dass die Notenbanken gegenüber der Entstehung von Finanzkrisen hilflos sind. Wir haben es mit der absurden Situation zu tun, dass gerade jene staatlichen Institutionen, die dafür vorgesehen sind, das Finanzsystem stabil zu halten, sich für unzuständig oder angesichts höherer Gewalten für machtlos erklären. Sie betrachten das Entstehen von Finanzkrisen wie eine Naturerscheinung. Sie tun so, als seien Finanzkrisen wie Wirbelstürme. Man kann sie nicht bändigen. Man kann nur das Dach beschweren oder davonlaufen.

Diese resignative Position trifft für beide Richtungen, die Strikten und die Laxen, gleichermaßen zu. Die Strikten, also die Mehrheit der Notenbanker bei der EZB und die wenigen verbleibenden Vertreter unter den akademischen Volkswirten, sehen Finanzkrisen und daraus entstehende Konjunkturkrisen ohnehin als unvermeidlich an. Die Laxen, also die Vertreter der US-Notenbank und die Mehrheit des volkswirtschaftlichen akademischen Betriebs halten die Kosten, mit denen Finanzkrisen verhindert werden könnten, für zu hoch, weshalb die Krisen eben in Kauf genommen werden müssten. Beide Seiten sind sich in einem Punkt einig: Eine Regulierung des Finanzsektors über das bestehende Regelwerk hinaus, werde der Effizienz des globalen Kapitalismus schaden. Das ist Greenspans Haltung im oben erwähnten Artikel in der Financial Times. Ganz in diesem Sinne warnt der geldpolitisch auf der extrem strikten Seite stehende Bundesbank-Präsident Axel Weber vor »regulatorischen Schnellschüssen« (Axel A. Weber, *Der Markt muss Liquiditätsprobleme selbst lösen*, Börsen-Zeitung, 26.6.08).

Festzustellen, dass die Notenbanken nicht in der Lage (oder nicht willens) sind, Finanzkrisen bzw. die ihnen vorausgehenden Spekulationswellen zu verhindern, ist dennoch möglicherweise eine Untertreibung. Richtig ist vielmehr: Sie sind selbst Teil des Problems. Sie sind ein wesentlicher Teil der spezifischen Funktionsweise des aktuellen, vom Finanzsektor dominierten Kapitalismus. Sie sind somit ein wesentlicher Grund dafür, dass der Finanzsektor im globalisierten Kapitalismus gut gedeiht, dass er besser gedeiht als der Rest der Ökonomie und dass jene Kräfte, die sein Gedeihen stören könnten, niedergehalten werden. Das ist nicht nur die böswillige Beschreibung des Zustandes durch einen von marxistischem Gedankengut geblendeten Autor. Es ist die Weltsicht der dominierenden Volkswirtschaft, der Banker in Geschäftsbanken und staatlichen Notenbanken selbst.

Danach funktioniert der Kapitalmarkt als Verteilstation der Ressourcen in der Ökonomie am besten, wenn er von jeglichen hemmenden Einflüssen befreit ist. Staatseingriffe, Kapitalkontrollen und dergleichen sind demnach schädlich. Die Anleger, ob professionell oder privat, sind nur darauf aus, bei möglichst geringem Risiko die größtmögliche Rendite auf ihr Kapital einzustreichen. So drängt das Kapital in hochrentierliche und (so die implizite Unterstellung) in effiziente Bereiche und Regionen der Volkswirtschaft. Nur eines muss in dieser schönen Welt noch staatlich geregelt werden. Es ist der Kern der Angelegenheit, das Geld. Seine Produktion, Herstellung, besser noch Schaffung kann nicht den Geschäftsbanken überlassen werden. Dazu sind sie nicht vertrauenswürdig genug. Mehr noch. Das Geld muss, um Ökonomie und Finanzwirtschaft in Schwung zu halten, stetig beaufsichtigt werden. Dem Auf und Ab der Märkte muss, selbst nach den Überzeugungen derer, die immer und überall für freie Märkte eintreten, etwas entgegengesetzt werden. Wenn die Märkte boomen, muss Geld teurer werden, sind sie in der Depression, kann es spottbillig angeboten werden. Dazu sind Zentralbanken da.

So erscheinen die Zentralbanker als unparteiische Steuerleute zwischen Rezession und Inflation. Ihre Steuerungsfunktion wird gesellschaftlich hoch geschätzt. Die Verehrung, die Altmeister Greenspan als Chef der Fed an der Wall Street und weltweit in der finanziell interessierten Öffentlichkeit genoss und noch genießt, ist schon erwähnt worden. Die Bundesbank galt in Deutschland als die staatlichen Institution, die das höchste Ansehen genoss. Das gilt sogar noch heute, obwohl sie nur noch als Teil des Eurosystems (das ist der von den Zentralbankern benutzte Ausdruck für die Gesamtheit der Notenbanken im Euro-Währungsgebiet) handeln kann. Wie wichtig die Steuerungsfunktion genommen wird, erkennt man auch daran, dass die Notenbanken in allen großen kapitalistischen Staaten zu einer Staatsgewalt sui generis hochstilisiert worden sind. Die Unabhängigkeit ihrer Zinsentscheidungen ist mittlerweile sogar in Großbritannien und Japan gesetzlich festgelegt. In den USA hat die Federal Reserve, die wie der Name »federal« anzeigt, föderal strukturiert ist, damit traditionell auch eine Weisungsunabhängigkeit von den in Washington herrschenden Institutionen, Präsident und Kongress. In Deutschland hat es die Bundesbank mit Hilfe der interessierten Presse verstanden, das im Bundesbankgesetz fehlende Weisungsrecht der Regierung als ein Prinzip unantastbarer Unabhängigkeit der ganzen Institution erscheinen zu lassen. Diesem Verständnis folgend wurde die Europäische Zentralbank durch den Staatsvertrag von Maastricht für ebenso unantastbar erklärt. Dieser Vertrag ist Bestandteil der EU-Verträge. Er war selbstverständlicher Bestandteil der am Nein aus Frankreich und den Niederlanden gescheiterten Verfassung und des Lissabon-Vertrages, der im Juni 2008 von den Iren abgelehnt worden ist. Die Regierungen der EU hatten jedenfalls keine Scheu, der Unabhängigkeit der Notenbanker Verfassungsrang einzuräumen.

Ohnehin hat die EZB in Europa eine herausragende Rolle. Denn dieser transnationalen Behörde steht eine Vielzahl von Regierungen gegenüber, so dass sich die Frage der Weisungsgebundenheit von selbst erledigt. Selbst ohne die vertragliche Festschreibung ihrer Unabhängigkeit hätte die EZB es leicht, die Regierungen des Euroraumes und ihre unterschiedlichen Absichten und Interessen gegeneinander

auszuspielen. Auch die Pflicht, sich vor dem Parlament zu rechtfertigen, ist in Europa, anders als in den USA, eine eher harmlose Übung,
stellt doch das Europäische Parlament eine ziemlich schwache Institution dar, deren Anhörungen in der Öffentlichkeit wenig beachtet
werden.

Die deutsche Notenbank, die Bundesbank, hat die ihr schon früh
gewährten Vorrechte rigoros genutzt. Unter dem Banner der Inflati-
onsbekämpfung hat sie mehrmals in der Geschichte der Bundesrepublik durch Hochzinspolitik Abschwünge oder sogar Rezessionen
herbeigeführt. Tatsächlich war die relativ zu anderen Ländern noch
rigorosere Politik der Bundesbank mit dafür verantwortlich, dass über
mehrere Jahrzehnte hinweg beides, der Anstieg der Löhne und die
Inflationsrate in der BRD meist geringer waren als im kapitalistischen
Ausland. Das hat, neben der Größe der deutschen Wirtschaft mit zur
starken Stellung der D-Mark in Europa beigetragen und dazu, dass
die rigorose Bundesbankpolitik und die rechtlich starke Stellung im
Staatsgefüge zum Vorbild wurden.

Paul Volckers Coup

Auch international haben die Notenbanker erstaunlich viel erreicht.
Die Inflationsraten sind in allen Industrieländern seit einem Höhepunkt Ende der 70er, Anfang der 80er Jahre des vorigen Jahrhunderts in mehreren Wellen deutlich zurückgegangen. 1979 wurde Paul
Volcker vom damaligen US-Präsidenten Jimmy Carter zum Chef der
Notenbank bestellt. Er jagte die Zinsen der Zentralbank auf unge-
kannte Höhen – auch in realer Rechnung. Der Dollar stieg rasant, die
ohnehin in einer stagnativen Phase befindliche US-Wirtschaft wurde
in die schlimmste Rezession seit dem Krieg geführt. Man kann von
einer Machtergreifung oder einem »Coup« sprechen, wie der französische Ökonom Gérard Duménil das tut. Jedenfalls wurde das vorher
keynesianisch geprägte Wirtschaftsmodell der USA und damit des
Weltkapitalismus in das bis heute gültige neoliberale, finanzmarkt-
dominierte umgewandelt.

Zweck dieses Coups war es, die Profitabilität des Kapitals, insbesondere des US- Kapitals zu steigern. Das, so kann man konstatieren, ist voll gelungen. Wie festgestellt, sind seit jenen Jahren die
Profitraten der Kapitalunternehmen gestiegen, sind die Einkommen
und Vermögen weit ungleicher verteilt und ist der Finanzsektor relativ zur übrigen Wirtschaft weit größer geworden. Durch ihre rigorose
Bekämpfung der Inflation haben die Notenbanken seit der Machtergreifung Volckers Entscheidendes dazu beigetragen, die Welt so um-
zugestalten. Die Methode ist im Prinzip einfach. Jedes Mal, wenn die
Löhne nach Einschätzung der Zentralbanker zu stark zu steigen drohen, wird die Konjunktur mittels höherer Zinsen gedämpft. Die daraus resultierende steigende Arbeitslosigkeit schwächt die Stellung von
Arbeitnehmern und ihren Gewerkschaften, so dass sie keine höheren
Löhne mehr durchsetzen können. Die bei ökonomischen Themen
sich klarer als Deutsche ausdrückenden US-Amerikaner haben, um
es auf den Punkt zu bringen, das Konzept der »natürlichen Arbeits-
losenquote« erdacht. Sie stellt eine Untergrenze der Arbeitslosigkeit
dar, deren Unterschreiten dem Konzept zufolge zu höherer Inflation
führen müsse. Es machte den Erfindern dieses Konzepts nichts aus,
dass es durchaus Phasen in der Wirtschaftsgeschichte gegeben hat
(z. B. Westdeutschland zu Beginn der 60er Jahre), wo Arbeitslosigkeit
von fast Null und Inflation von fast Null koexistierten. Auch der Zy-
nismus des Konzepts störte sie nicht. Der Erfolg gab ihnen Recht. Die
Gewerkschaften wurden mit jedem Konjunkturzyklus schwächer. Der
Anteil der Löhne am Sozialprodukt sank.

Von der Entschlossenheit der Notenbanken, steigende Preise zu
bekämpfen, war allerdings nichts zu spüren, als gegen Ende der 90er
Jahre die Preise von Vermögenswerten, also von Aktien, anderen finanziellen Forderungen und Immobilien, außergewöhnlich kräftig
zu steigen begannen. Diese Art Inflation erschien den Notenbankern
nicht bekämpfenswert. Im Gegenteil, Anleger, Fondsverwalter, Geschäftsbanker und Presse jubeln schließlich, wenn die Aktienkurse steigen. Was sollte die Notenbanker da veranlassen, ein wenig weiter zu
denken? Der Katzenjammer tritt erst später ein, wenn die Vermögens-
preisblase geplatzt ist. Diese Art Inflation nicht als Gefährdung der

Stabilität des Finanzsystems zu begreifen und entsprechend zu handeln, das ist gerade die systematisch unsymmetrische Grundlegung der Notenbankpolitik ob dies- oder jenseits des Atlantiks. Besteht die Gefahr eines Booms bei den Arbeitseinkommen, wird rigoros durchgegriffen. Gibt es den Boom aber bei den Kapitaleinkommen und höheren Einkommensklassen, dann wird das toleriert.

Jetzt, da der Kladderadatsch da ist, sind die Notenbanker eher zögerlich, die eigene Verantwortung bei der Ursachenanalyse zu benennen. Als löbliche Ausnahme erscheint da die Bank für Internationalen Zahlungsausgleich (BIZ), eine Art Dachinstitut der Notenbanken. In ihrem Ende Juni veröffentlichten Jahresbericht kritisiert sie die eigene Zunft dafür, aus der zunächst niedrigen und stabilen Inflation in diesem Jahrzehnt die falschen Schlüsse gezogen zu haben. Auch dass die Notenbanker die hemmungslose Kreditausweitung toleriert, bisweilen sogar gefördert haben, kritisiert die Institution. Man muss den Bankern bei der BIZ auch zugute halten, dass sie schon vor Ausbruch der Finanzkrise gelegentlich vor der überbordenden Spekulation und einer zu großen Toleranz gegenüber dem Treiben der Banken und Finanzmärkte gewarnt haben. Freilich hat die BIZ auch keine Entscheidungskompetenz. Sie beobachtet nur und tut sich deshalb leichter, Fehler der tatsächlich agierenden Notenbanken zu kritisieren.

Auszüge aus dem 78. Jahresbericht der Bank für Internationalen Zahlungsausgleich (BIZ), Juni 2008

(…) In den letzten beiden Jahrzehnten scheint sich in der Weltwirtschaft vieles positiv entwickelt zu haben. Die Inflation wurde fast überall auf einem sehr niedrigen Niveau gehalten und wies bis vor Kurzem eine bemerkenswert geringe Volatilität auf. Zugleich war das Wirtschaftswachstum in der Regel kräftig, und in den letzten vier Jahren waren die Wachstumsraten höher als je zuvor. Außerdem waren die Konjunkturabschwünge in den fortgeschrittenen Industrieländern seit Anfang der

1980er Jahre so flach, dass von einer »Great Moderation« die Rede war. Die Widerstandsfähigkeit dieser Länder gegenüber wiederkehrenden Schockeinflüssen an den Finanzmärkten wurde ebenfalls als Anzeichen besser funktionierender Volkswirtschaften gepriesen. Als wesentlicher stabilisierender Faktor in fast allen Industrieländern galt insbesondere, dass glaubwürdige Zentralbanken für eine dauerhaft niedrige Inflationsrate sorgen konnten. Doch gerade die Schocks im Finanzsektor werfen zwei Fragen auf, die eher Anlass zur Sorge geben. Die erste ist, warum offenbar sowohl die Häufigkeit als auch das Ausmaß solcher Stressphasen an den Finanzmärkten zugenommen haben. Die zweite Frage – motiviert vor allem durch die Ereignisse im Umfeld des in Schwierigkeiten geratenen Hedge-Fonds LTCM 1998 – ist, ob sich das Zentrum des weltweiten Finanzsystems letztlich als ebenso anfällig erweisen könnte wie seine Peripherie. Die Ereignisse des vergangenen Jahres haben gezeigt, dass diese Sorgen nicht unbegründet sind. (…)

Tatsächlich gab es in der Wirtschaft und im Finanzsektor in den letzten Jahren einige außergewöhnliche Trends, die nicht zu übersehen waren. Das Geldmengen- und Kreditwachstum war sehr hoch, während Risiken insgesamt zu niedrig bewertet schienen. Diese weltweit hohen Geldmengen- und Kreditwachstumsraten in den letzten Jahren spiegeln die Wechselwirkungen der Geldpolitik, des Wechselkursregimes einiger Länder sowie bedeutsamer Veränderungen im Finanzsystem selbst wider. Zunächst ist vielleicht festzuhalten, dass die Leitzinsen in den fortgeschrittenen Industrieländern für die Nachkriegszeit zuletzt ungewöhnlich niedrig waren, da kein nennenswerter Inflationsdruck vorhanden war. Dahinter stand die Glaubwürdigkeit, die die Zentralbanken über viele Jahre aufgebaut haben. Eine Rolle spielten aber auch positive Angebotsschocks, die vor allem mit der Globalisierung zusammenhingen, sowie die schwache Investitionsnachfrage in einer Reihe von Ländern (unter ihnen Deutschland und Japan) nach vorangegangenen Phasen einer übermäßig starken Expansion. (…)

Tatsache ist auch, dass die Preise vieler Finanzvermögenswerte vor den jüngsten Turbulenzen über lange Zeit ungewöhnlich hoch waren. Die Rendite langfristiger US-Schatzpapiere (umgekehrt zu ihrem Preis) war so lange so niedrig, dass der frühere Vorsitzende der Federal Reserve von einem »Zinsrätsel« sprach. Zudem fielen die Risikospreads auf andere Staatstitel, hochverzinsliche Unternehmensanleihen und sonstige risikoreiche Vermögenswerte ebenfalls auf einen außerordentlich tiefen Stand. Die Aktien in den fortgeschrittenen Industrieländern waren weiterhin hoch (wenn nicht sogar eindeutig zu hoch) bewertet, und in zahlreichen aufstrebenden Volkswirtschaften stiegen die Kurse spektakulär an. Die Preise für Wohnimmobilien erreichten in praktisch allen Ländern Rekordhöhen; lediglich in Deutschland, Japan und der Schweiz waren noch die Übersteigerungen der 1980er und frühen 1990er Jahre zu überwinden. Selbst die Preise von hochwertigen Weinen, Antiquitäten und Briefmarken schnellten in die Höhe. Ebenso waren die Kosten für die Absicherung gegen Marktpreisbewegungen (mithilfe der impliziten Volatilität näherungsweise gemessen) jahrelang ungewöhnlich niedrig. Zwar lassen sich für jeden einzelnen dieser Trends Fundamentaldaten zur Begründung heranziehen.

Sucht man jedoch nach einer einfachen Erklärung, fällt auf, dass sich alle Trends auch vor dem Hintergrund reichlich und zu niedrigen Kosten verfügbarer Kredite herausgebildet haben. Außerdem hat sich die Ausgabenentwicklung in etlichen Ländern erheblich von ihren einstigen längerfristigen Trends entfernt. In den USA sowie einer Reihe anderer wichtiger Volkswirtschaften fiel die Sparquote der privaten Haushalte auf neue historische Tiefstände, was oft mit einem wachsenden Leis-

tungsbilanzdefizit einherging. In China dagegen sind die Anlage-
investitionen massiv gestiegen, was ebenso ungewöhnlich ist.
Wie bei den hohen Vermögenspreisen lässt sich auch bei diesen
Entwicklungen ein Zusammenhang mit einer reichlichen Verfügbarkeit billiger Kredite herstellen. Insgesamt liegt der Schluss
nahe, dass die Schwierigkeiten am Subprime-Markt nicht Ursache, sondern lediglich Auslöser sämtlicher nachfolgenden
Störungen waren und dass künftig vielleicht noch weit größere
Probleme zu erwarten sind, als viele derzeit vermuten.

Zusammenfassend lässt sich sagen, dass das vom Finanzmarkt getrie-
bene, neoliberale Wirtschaftsmodell den Notenbanken eine bedeu-
tende Rolle zuweist. Sie setzen weitgehend autonom die entscheidenden Rahmenbedingungen im konjunkturellen Auf und Ab. Sie
agieren dabei ganz explizit und legal unbehelligt von den Wünschen
des Souveräns, des Volkes. Sie haben im Laufe der Herausbildung des
Wirtschaftsmodells wesentlich dazu beigetragen, dass die Verteilung
von Einkommen und Vermögen ungleicher geworden ist. Sie haben
ebenso dazu beigetragen, dass der finanzielle Sektor in den Volkswirtschaften weit überproportional gewachsen ist. Sie haben schließlich
dabei versagt, die Stabilität dieses Finanzsystems zu gewährleisten.

Da diese Finanzkrise auch eine Krise des neoliberalen, finanz-
marktgetriebenen Wirtschaftsmodells ist und da man annehmen
kann, dass der Kapitalismus gezwungen ist, andere Funktionsformen
zu entwickeln, ist es schon deshalb angemessen, die Notenbanken
zu entmachten und ihre außergewöhnliche Autonomie zu beenden.
Man kann auch einfacher formulieren: Wenn es sich herumspricht,
dass die Notenbanker angeblich oder tatsächlich machtlos sind, um
ihrem Auftrag gemäß für die Stabilität des Geldes und der Finanzen
zu sorgen, wird die heute noch als unantastbar geltende Unabhängigkeit der Zentralbank angetastet werden. Denn wozu braucht man im
Kapitalismus ein den üblichen politischen Willensbildungsprozessen
entzogenes Expertengremium, wenn es sich als hilflos erweist?

8. Vom Umgang mit der Krise

Dieses Kapitel handelt von der Krisenbekämpfung: Wer reagiert wie und warum auf diese Krise, und was sind die Folgen? Wer da handelt, sind immer dieselben: es sind einerseits die Banker, Fonds-Manager, Broker und Großinvestoren selber, deren gemeinsames Handeln zu den Bedingungen geführt hat, die die Krise ausgelöst haben. Es sind außerdem die Regierungen, bzw. ihre Finanzminister mit nachgeordneten Behörden wie die Bankenaufsicht. Und es sind die Notenbanken, die sich in den letzten Jahrzehnten, wie in Kapitel 7 gezeigt, zu Quasi-Souveränen entwickelt haben. Dazu kommen einige internationale Institutionen wie die EU-Kommission, der Internationale Währungsfonds oder von den Regierungen gebildete Gremien und Kommissionen. Zwei Handlungsbereiche – man könnte auch sagen Frontlinien gegen die Krise – sollen hier der besseren Erzählbarkeit wegen unterschieden werden.

A) Geht es um das Finanzsystem selbst. Hier geht es buchstäblich darum, die Banken, die Zahlungs- und Kreditsysteme vor dem Zusammenbruch zu retten. Akteure sind vor allem die Notenbanker und Aufsichtsbehörden sowie die Geschäftsbanken selber und ihre Verbände. Interessant dabei ist im einzelnen, an welcher Stelle in wessen Interesse öffentliche Gelder eingesetzt wurden. Zugleich ändern sich durch diese Notoperationen die Methoden, wie der Finanzsektor funktioniert.

B) Viel stärker im Blickfeld der Öffentlichkeit stehen die Aktionen (Nicht-Aktionen oder gar Untaten) der Regierungen, um die negativen Auswirkungen der Finanzkrise auf die gesamte (reale) Wirtschaft möglichst in Grenzen zu halten. Untersucht wird dabei die Geldpolitik, sowie die Fiskalpolitik, sofern sie überhaupt stattfindet.

Als die Finanzkrise im Sommer 2007 offen ausbrach, war schnell abzusehen, dass es sich um eine Systemkrise handelte. Viele Akteure in Politik und Geldpolitik haben das auch gleich verstanden. Die Banker wussten ohnehin, was die Stunde geschlagen hatte. Das Wort des seinerzeit als Chef der Citigroup, der damals noch größten Bank der Welt, agierenden Chuck Prince vom Ende der Party, machte die Runde. Er hatte, am 10. Juli in einem Interview mit der »Financial Times« gesagt: »Wenn die Musik – im Sinne von Liquidität – aufhört, wird die Lage kompliziert. Aber so lange die Musik noch spielt, muss man aufstehen und tanzen. Wir tanzen noch.«

Das Zitat ist aus vielen Gründen interessant. Es zeigt aber vor allem, dass die Banker und praktisch alle, die im Finanzsektor Geld verdienten, begriffen haben oder zumindest bei halbwachem Verstand begreifen konnten, wie prekär die Lage war. Um in Princes Bild zu bleiben, alle wussten, dass sie auf einem Vulkan tanzten, der demnächst ausbrechen würde. Am 10. Juli 2007 waren zwar die Subprime-Hypotheken aus den USA als Anlageobjekt ins Gerede gekommen, auch befand sich der US-Immobilienmarkt schon etwa ein Jahr lang im Abwärtstrend, nur die Überschussliquidität im weltweiten Finanzsektor war noch da. Die verschwand erst einen Monat später. Noch einmal Prince, der am 2. August, eine Woche, bevor der Finanzmarkt kippte, sagte: »Wir sehen viele Leute an der Wall Street, die Angst haben. Wir haben keine Angst.« Kein halbes Jahr später hatte seine Bank über 20 Mrd. Dollar auf ihre Anlagen abschreiben müssen, war sie nicht mehr die größte Bank der Welt und war auch Chuck Prince nicht mehr Herr dieser Bank.

Besonders interessant an Princes erster Äußerung ist auch das Wörtchen kompliziert. Er sagt nicht etwa, dass es »katastrophal« oder auch nur »gefährlich« werde, wenn die Musik stoppt, sondern eben nur kompliziert. Auch das dürfte der Einschätzung der meisten Banker, ob mittlerweile entlassen oder nicht, entsprechen. Sie wiegten sich durchaus in der Illusion, dass sie ihre Schäfchen noch rechtzeitig würden ins Trockene bringen können, wenn die Lage kippen sollte.

Sie haben nicht vorausgesehen, wie schlagartig einige Teilmärkte illiquide wurden. Sie wussten zwar, dass sie bei einer erheblichen Spekulationsblase beteiligt waren, aber sie schätzten die Gefahren falsch und als zu harmlos ein.

Derart nette Zitate sind von den Bankern nach dem 9. August 2007 nicht mehr zu finden. Sie sind nur noch ängstlich bemüht, in der Öffentlichkeit die Verluste ihres jeweiligen Instituts als möglichst klein erscheinen zu lassen, um keinen Abzug von flüchtigen Geldern zu provozieren. Sie reden plötzlich viel über Vertrauen, vermeiden aber, das Ausmaß der Krise realistisch darzustellen. Anders sprechen dagegen einige Notenbanker und Bankaufseher. Sie werden plötzlich wichtig. Dass der deutsche oberste Finanzaufseher, Jochen Sanio, schon bei der ersten Hilfsaktion für die kleine, unbedeutende Bank IKB zum großen Vergleich mit den Bankzusammenbrüchen 1931 in der Anfangsphase der Weltwirtschaftskrise gegriffen hatte, wurde schon berichtet.

Schon als die Musik noch spielte, waren sich die für die Regulierung der Banken und Finanzmärkte zuständigen Institutionen wie die Banker selber klar darüber, dass hier eine kreditfinanzierte Spekulationsblase vorlag. Sie drückten sich allerdings dezenter aus. Bundesbankpräsident Axel Weber verwendete den scheußlichen Anglizismus »Fehlbepreisung« von Risiken – im Englischen »inadequate pricing of risk«. Er meinte damit, dass die Kreditvergabe zu lax sei. Allerdings rechneten die Notenbanker (und die interessierte Öffentlichkeit) eher damit, dass sich die fällige Finanzkrise aus dem Zusammenbruch eines Hedge-Fonds oder Private-Equity-Fonds entwickeln werde. Denn gerade diesen »highly leveraged (hochverschuldeten) institutions«, wie sie im höflichen Notenbanker-Englisch bezeichnet werden, wurden die Kredite zu Vorzugskonditionen nachgeworfen.

Die Radikalität, mit der die Liquidität Anfang August 2007 plötzlich verschwand, überzeugte allerdings auch die Notenbanker davon, dass es sich hier um keinen gewöhnlichen leichten Rückschlag handelte. Während sie öffentlich eher beruhigende Äußerungen von sich gaben, stellten sie andererseits eindeutig fest, dass keiner von ihnen während ihres bisherigen Berufslebens ein derartiges Austrocknen des Geldmarktes unter Banken bisher erlebt hatte. Sozusagen seit Notenbankergedenken hatte es derlei noch nicht gegeben.

Die Schlachten am Geldmarkt

Am Geldmarkt wurden denn auch die ersten Schlachten gegen das Wüten der Finanzkrise geschlagen. Hier wurde zwar nicht das Wort Systemkrise verwendet. Aber es war angebracht. Auch nach dem Verständnis der Akteure drohte ein Zerfall des Finanzsystems. Das hätte konkret so ausgesehen, dass eine oder mehrere Banken aus Mangel an Liquidität zahlungsunfähig hätten werden können. Mangel an Liquidität heißt nicht, dass die Bank pleite oder auch nur unprofitabel ist. Es heißt nur, dass sie nicht genug Geld auf Kredit oder gegen den Verkauf von Vermögensgegenständen erhält, um ihre Zahlungsverpflichtungen zu erfüllen. Ein solches Ereignis wiederum hätte mit nicht geringer Wahrscheinlichkeit zur Zahlungsunfähigkeit anderer Banken führen können. Das Finanzsystem wäre zusammengebrochen. Als im Laufe des Herbst 2007 viele Banken ihre Vermögenswerte abwerten mussten, wurde aus der Liquiditätskrise zusätzlich eine Solvenzkrise. Insolvent sind Banken (oder überhaupt jemand), wenn ihre Schulden den Wert ihrer Vermögensgegenstände übertreffen. Auch hier geht es um den Erhalt des Finanzsystems.

Zunächst aber ging es darum, die Illiquidität zu beseitigen. In Kapitel 2 ist die Reaktion der Zentralbanken auf dieses Phänomen kurz beschrieben worden. Sie warfen den Geschäftsbanken Geld hinterher. Sie gaben ihnen den Kredit, den sie haben wollten. Sie erhöhten das Volumen der umlaufenden Menge an Zentralbankgeld. Auch der Grund für die Knappheit an Liquidität wurde schon beschrieben. Die Banken mussten Löcher stopfen, weil sich die Papiere als wertlos erwiesen, die sie entweder selber besaßen oder ihre Kunden oder auch ihre eigens eingerichteten Investmentvehikel, für die sie allerdings Garantien übernommen hatten. Jedenfalls war ein guter Teil der Vermögensgegenstände am Markt nichts mehr wert. Sie konnten nicht mehr

verkauft und sie konnten nicht mehr beliehen werden. Die Zahlungsverpflichtungen der Banken waren dagegen so hoch wie früher. Kurz,
es taten sich, für jedes Institut natürlich in unterschiedlicher Höhe
und in ganz verschiedenen Fristen tatsächliche Lücken auf. Nicht zu
Unrecht vermuteten die Banker, dass es den Konkurrenten ähnlich
schlecht ging wie ihnen selbst. Deshalb waren sie gar nicht oder nur zu
besonders hohen Aufschlägen bereit, wie es am Geldmarkt üblich ist,
Geld für kurze Laufzeiten zu verleihen. Sie fürchteten, dass sich, wo
auch immer, weitere Bewertungslücken auftun würden. Die Illiquidität des Geldmarktes resultierte also sowohl aus einer tatsächlichen
Geldknappheit als auch aus der nicht unbegründeten Befürchtung,
dass dieser Knappheitszustand sich noch verschärfen würde.

Die Notenbanken konnten mit ihren üppigen Geldspritzen nur
den ersten Zustand einigermaßen heilen. Die zusätzliche Liquidität,
die die EZB bei ihren Sonderversteigerungen anbot, wurde in den
meisten Fällen auch abgenommen. Die Banken saugten sich mit Liquidität voll. Die ganz kurzfristigen Zinsen von bis zu drei Tagen gingen auch sehr schnell in die Nähe ihres Normalniveaus von einigen
Basispunkten (hundertstel Prozentpunkten) über dem Leitzins zurück.
Die längeren Fristen von einem Monat bis zu einem Jahr blieben
jedoch unglaublich teuer. Das weist darauf hin, dass die Angst vor
weiteren Vermögenseinbußen im Bankensystem anhielt. Die Aussage,
die Finanzkrise sei beendet, misst man als Nichtbanker am besten am
Abstand des Dreimonats-Euribor (der Zinssatz, den Banken für einen
Kredit mit drei Monaten Laufzeit untereinander verlangen) vom aktuellen Leitzins. Beträgt der Abstand mehr als einen halben Prozent-
punkt, wird die Krise von den Bankern selber als noch akut und hoch
gefährlich eingestuft.

Im ganzen zweiten Halbjahr 2007 waren die Zinsen am Geldmarkt – auch gemessen an diesem Abstand – weit höher als normal.
Nach der Jahreswende 2007/08 ging dieser Abstand zunächst auf 0,4
Prozentpunkte zurück. Ab März 2008 stiegen die Geldmarktsätze
auch im Euroraum wieder. Im Bankensystem herrschte unverändert
Krisenstimmung. Im Sommer 2008 spitzte sich die Lage noch mehr
zu. Die Notenbanken fluteten die Geldmärkte, und dennoch blieben

diese illiquide. Eine vorläufige Beurteilung der Aktionen der Notenbank könnte lauten: Ohne die aktive und freizügige Art der EZB,
den Banken deutlich mehr Liquidität zur Verfügung zu stellen, wären
die Zinsen am Geldmarkt noch höher gewesen. Die Liquiditätskrise
wurde nicht verhindert, aber entscheidend gemildert. Es ist durchaus
möglich, aber nicht zu beweisen, dass damit auch eine Bankpleite zunächst verhindert wurde.

Northern Rock und Mervyn King

Diese Bankpleite gab es in Großbritannien. (Rein formal war auch das
keine Pleite, denn die Bank wurde schließlich kurz vor dem Konkurs
gerettet.) Sie hätte, anders als bei den Beinahe-Pleiten in Deutschland,
durch eine weniger restriktive Geldmarktsteuerung der Bank von
England verhindert werden können. Anders als die EZB vertrat die
englische Zentralbank unter ihrem Chef Mervyn King die Ansicht,
man solle den Banken im Lande alle spekulativen Freiheiten lassen,
ihnen dann aber in der Stunde der Not nicht zur Hilfe kommen. Ersteres hatte sich als Grundsatz in London bewährt. Denn wenig Aufsicht
ist einer der Gründe, weshalb London als Finanzplatz so beliebt beim
internationalen Kapital ist. Außerdem akzeptierte die englische Zentralbank, anders als die EZB, aber ebenso wie die US-amerikanische
Fed als Sicherheit für Notenbankgeld nur risikolose Staatspapiere.
Die Bausparkasse Northern Rock, die sich anders als bei Bausparkassen üblich, weniger über Kundeneinlagen, sondern vorwiegend über
kurzfristige Gelder am Geldmarkt finanzierte, hatte keine Möglichkeit, einen Notkredit von der heimischen Notenbank zu bekommen.
Da Northern Rock nur Hypotheken ordentlicher Qualität, aber eben
keine Staatspapiere anzubieten hatte, erhielt das Institut kein Geld
von der Zentralbank. Erst als das britische Finanzministerium Druck
machte, vergaß die Bank von England ihre hehren Prinzipien.

Aber es war schon zu spät. Die Gläubiger, einschließlich einer groß-
en Zahl von Eigenheimsparern, forderten ihr Geld zurück. Kunden,
die ihre Einlagen in Sicherheit bringen wollten, bildeten Schlangen

vor den Bankfilialen. Die klassischen Bilder einer Bankenkrise sahen im Fernsehen gar nicht gut aus. Aus diesen Tagen stammt der Absturz in den Umfragen des Labour-Premiers Gordon Brown, der nur wenige Monate zuvor vom Amt des für die Bankenaufsicht zuständigen Schatzkanzlers in die des Premierministers gewechselt war. In einer großen, hilflosen Geste garantierte Schatzkanzler Alistair Darling alle Einlagen bei Northern Rock. Bis Januar 2008 hatte die erzwungene Kreditlinie von Northern Rock bei der Bank von England beachtliche 26 Mrd. Pfund erreicht. Danach wurde die Bank verstaatlicht.

Die Labour-Regierung war so geschwächt, dass sie es sich nach dieser kapitalen Fehlleistung des Notenbankpräsidenten King nicht glaubte, leisten zu können, der fälligen Verlängerung seines Vertrages nicht zuzustimmen. Nur wenig später empfahl die von der Regierung befragte Beratungsfirma Towers Perrin, die seit Jahren die sagenhaft hohen Bezüge der europäischen und US-amerikanischen Chef-Manager rechtfertigt, eine saftige Besoldungserhöhung für den Spitzenbeamten King. Der lehnte in einer grandiosen Geste die Aufstockung seines Gehaltes ab und wurde ob dieser Bescheidenheit in allen Medien landauf und landab gefeiert. Die Episode ist deswegen interessant, weil sie zeigt, dass selbst in Großbritannien, wo die Zentralbank erst vor zehn Jahren vom damaligen Schatzkanzler Gordon Brown die Weisungsunabhängigkeit bei ihrer Geldpolitik zugesprochen bekam, die Zentralbanker auf eigene Faust Politik zu machen beginnen, was in Deutschland schon lange üblich ist.

Hätte Northern Rock wie die großen britischen Banken eine Filiale auf dem europäischen Kontinent gehabt, hätte das Institut sich nach ihren Regeln Geld von der EZB leihen können. Schon seit ihrer Gründung 1998 akzeptiert die EZB nicht nur Staatsanleihen, sondern auch Papiere privater Emittenten als Sicherheit. Was als Prinzip ausgesprochen fragwürdig erscheint, erwies sich bei dieser Krise, die sich ja auch um die mangelnde Qualität und Handelbarkeit von privaten Schuldpapieren drehte, als Vorteil. Die Banken konnten viele der Wertpapiere nicht mehr verkaufen, aber doch immerhin der EZB als Sicherheit hinterlegen, um dafür frisches Geld als Kredit zu bekommen. Vor allem die spanischen Banken machten davon regen Gebrauch. Sie hatten den heimischen Immobilienmarkt und seinen Boom finanziert. Ihr Liquiditätsbedarf war und ist enorm. Zugleich verfügen sie über sehr viele mit Immobilien besicherte Wertpapiere, die nur den einen Vorteil haben, dass sie nicht aus dem Immobilienmarkt der USA stammen.

Die Notenbank fungiert, wenn sie Papiere Privater als Sicherheiten akzeptiert, nicht als Kreditgeber der letzten Instanz, sondern eher, wie der britisch-niederländische Ökonom Willem Buiter es nennt und fordert, als Marktmacher in letzter Instanz. Kreditgeber der letzten Instanz ist die Notenbank in der »normalen« Liquiditätskrise, wenn sie mit ihren unbegrenzten Geldschöpfungsmöglichkeiten eine oder mehrere Banken, die von niemandem mehr Kredit erhalten, vor dem Konkurs rettet. Die aktuelle Krise unterscheidet sich, worauf Buiter mit Recht hinweist, von der klassischen Kreditkrise dadurch, dass nicht in erster Linie der Kreditmarkt unter Banken versagte, sondern zunächst der Finanzmarkt für Wertpapiere, die ihrerseits Kredite beinhalteten. Diejenigen Banken, die solche Wertpapiere besaßen, konnten sie nicht mehr verkaufen, um sich Liquidität zu beschaffen, weil der Markt für diese Wertpapiere zusammengebrochen war. Nicht alle diese Papiere waren wertlos. Ohne einen funktionierenden Markt für diese Wertpapiere allerdings waren sie für die Besitzer so gut wie wertlos. Die Notenbank bräuchte in diesem Fall gar nicht Liquidität zu spenden, sondern nur einen Markt für die Wertpapiere wieder herzustellen.

Das allerdings erweist sich als kein ganz einfaches Problem. Wenn kein Markt vorhanden ist, gibt es auch keine Preise für die Waren. Als Marktmacher müsste die Notenbank selbständig An- und Verkaufspreise für diese Papiere stellen. Buiter schlägt vor, analog zu den Methoden, wie die Banken sich regulär ihr Zentralbankgeld holen, Auktionen zu veranstalten, bei denen sie ihre Wertpapiere der Notenbank andienen können. Weder ist diese Technik versucht worden, noch haben die Banken dafür plädiert. Der Grund dafür ist vermutlich, dass sie befürchten mussten, bei einer wirklichen Auktion so wenig für ihre Problem- oder besser Schrottpapiere zu erhalten, dass der Verkauf ihnen mehr geschadet als genutzt hätte. Denn sie hätten bei einem Verkauf dieser Papiere unter dem Einstandspreis diese Verluste definitiv bilanzieren müssen. Für einige Institute hätte das vermutlich die Insolvenz bedeutet.

Gescheiterter Super-Fonds

Statt dessen geisterte in der noch frühen Phase der Krise ein Plan durch die Finanzwelt, der gewisse Ähnlichkeit mit Buiters Vorschlag aufwies. In den USA sollte ein Super-Fonds eingerichtet werden, in den die Banken ihre faulen strukturierten Papiere loswerden könnten. Der Plan stammte von den großen US-Banken Citigroup, Bank of America und JP Morgan Chase und hatte den Segen des US-Finanzministers Henry Paulson. Daraus kann man schlussfolgern, dass das Finanzministerium bereit war, eine Garantie für den Fonds zu übernehmen. Der Fonds sollte, ähnlich wie die von den Einzelbanken außerhalb der Bilanz betriebenen Investmentvehikel von außen finanziert sein und die nicht mehr verkäuflichen strukturierten Papiere der Banken zu mäßigen Abschlägen kaufen. Die drei oben genannten Banken einigten sich, die ersten 10 Mrd. Dollar für den Fonds bereitzustellen, der insgesamt ein Volumen von 75 bis 100 Mrd. Dollar haben sollte. Aber schon kurz vor Weihnachten 2007 war klar, dass der Plan scheitern würde, und zwar gerade an dem Problem, das er lösen sollte: der Bewertung der unverkäuflichen Wertpapiere.

An dieser Stelle kann man eine kleine Zwischenbilanz ziehen. Sie lautet: die von der hochinnovativen Finanzbranche entwickelten Finanzmarktprodukte waren kurz danach nicht mehr marktfähig. Der Trend, jeden Kredit oder überhaupt jeden Anspruch auf Zahlung zu verbriefen und damit in handelbare Wertpapiere umzuwandeln, ist grandios gescheitert. Bisher sind auch alle Versuche gescheitert, den Markt für diese Dinge wieder in Gang zu setzen. Auch den Notenbanken gelang es nicht. Sie haben es nur erreicht, auf dem Geldmarkt ein Minimum an Marktliquidität wieder herzustellen.

Wie der Fall Northern Rock in England drastisch gezeigt hat, sind diese Minimalerfolge durchaus unterschiedlich zu bewerten. In doppelter Hinsicht schneiden die Methoden der EZB bei der Wiederherstellung der Liquidität besser ab als die der US-Zentralbank Fed und deutlich besser als die der Bank von England. Der einfache Grund dafür besteht darin, dass es sich bei der EZB um eine junge und daher relativ moderne Zentralbank handelt.

Ihre Geldmarktregeln sind in vielerlei Hinsicht besser geeignet, mit krisenhaften Entwicklungen des Bankenmarktes umzugehen, als die etwas altertümlichen Systeme der US-Notenbank und der Bank von England. Die Regeln wurden ganz wesentlich von dem belgischen Banker Alexandre Lamfalussy entworfen, der die Vorläuferorganisation der EZB, das Europäische Währungsinstitut, geleitet hatte. So veranstaltet die EZB bei der wöchentlich stattfindenden Zuteilung von Zentralbankgeld Auktionen, an denen hunderte von Banken, auch sehr kleine in der Provinz teilnehmen können. In London und New York dagegen verteilt die Zentralbank ihr Geld unter einer erlesenen Schar von Großbanken. Diese sorgen dann für die Weiterverteilung über den Geldmarkt. Das hat historische Gründe. Die Fed hat immer am hochkonzentrierten Finanzmarkt New York agiert, die Bank von England in der City of London. Wenn der Geldmarkt wie in der jetzigen Krise nicht mehr funktioniert, erreicht die EZB über erhöhte Mengen bei der Versteigerung von Zentralbankgeld die Mehrzahl der heimischen Banken und kann ihre Liquiditätsprobleme lindern.

Der zweite, bereits angesprochene Vorteil liegt darin, dass die EZB, anders als die beiden anderen Zentralbanken nicht nur Staatspapiere, sondern auch Schuldpapiere privater Emittenten als Sicherheit für die Zuteilung von Zentralbankgeld akzeptiert. Diese Schuldpapiere müssen dabei, wie die Staatsanleihen übrigens auch, ein gewisses Mindest-Rating aufweisen. Außerdem werden je nach Risikoklasse der Papiere Abschläge vorgenommen. Die Fed kann ihren Statuten entsprechend auch alles Mögliche als Sicherheit für Notenbankkredite annehmen. In der Praxis hat sie das bis zu diesen Krisenzeiten allerdings nicht gemacht.

So erklärt sich auch, dass in der Anfangsphase der Kreditkrise die Liquiditätshilfen im Währungsgebiet des Euro weit höhere Beträge aufwiesen als im Dollarraum, obwohl das Zentrum der Krise eigentlich im Dollarraum lag. Unter dem Druck der Umstände hat die US-amerikanische Notenbank einige Änderungen ihrer Praxis der Geldmarktsteuerung vorgenommen. So bietet sie jetzt den Banken an, ihre minderwertigen Hypotheken im Rahmen einer Auktion, also mit Abschlägen, in US-Staatsanleihen zu tauschen. Diese können die Banken dann als Sicherheiten bei der Notenbank hinterlegen und zum Diskontsatz Zentralbankgeld erhalten. Außerdem hat die Fed den Kreis derer, die Zentralbankgeld direkt bei ihr erhalten können, um die großen Broker- oder Investmentbanken erweitert. Sie versucht, auf diesem Wege Geld ins System zu pumpen. Wie im Fall der Bank von England wurden die Regelveränderungen bei der Geldschöpfung und bei der Verteilung im Bankensystem in den USA von den Verhältnissen erzwungen.

Eine ganze Reihe von Banken ist im Laufe dieser Finanzkrise bereits umgekippt. Einige wurden durch den ordentlichen Einsatz der staatlich organisierten Sicherungssysteme aufgefangen. Dazu zählen zum Beispiel einige kleinere Banken im Westen der USA und die von der Größe her durchaus nennenswerte Hypothekenbank Indymac, die alle regulär vom Einlagensicherungssytem FDIC abgewickelt werden. Andere Banken wurden durch außergewöhnliche Maßnahmen gerettet, in andere Hände übergeben oder wie im Falle von Northern Rock verstaatlicht. Von keiner dieser Banken hätte man vorher gesagt, sie sei so (system-)wichtig, dass eine Pleite mit Steuermitteln auf jeden Fall vermieden werden sollte. Über Northern Rock ist bereits oben einiges gesagt worden. Der Preis für die Rettung dieses kleinen Instituts ist mit bis zu 100 Mrd. Pfund außerordentlich hoch. Die britische Regierung ist in diese Rettungsaktion hineingeschlittert, als die im Fernsehen gezeigten Schlangen der Kleinanleger vor den Northern-Rock-Filialen eine andere Lösung nicht mehr zuließen. Eine Konsequenz wird sein, dass das bisher kümmerliche Einlagensicherungssystem Großbritanniens in Richtung höherer Garantiesummen aufgemöbelt wird.

In Deutschland hat es die zum öffentlichen Bankensektor zählende SachsenLB und die börsennotierte IKB erwischt. Beide Banken hatten außerhalb der Bilanz Fonds gegründet, die in zunächst hoch verzinsliche, auf US-Ersthypotheken basierende Wertpapiere investierten. Beide Banken nahmen dazu Fremdkapital auf, für das sie mit ihrem Eigenkapital garantierten. Beide Banken erwischte es gleich zum Ausbruch der Krise. Das deutet darauf hin, dass das Verhältnis der eigenen Mittel zum Volumen des spekulativen Engagements und die Qualität der gekauften Investments besonders ungünstig waren. Beide

Banken hätten ohne großen Schaden für die deutsche Wirtschaft untergehen können. Die SachsenLB war schon bei ihrer Gründung als Prestigeobjekt der Regierung des Freistaates Sachsen überflüssig. Sie wurde nun von der Stuttgarter Landesbank LBBW übernommen, die daran wenig Freude haben wird.

Die Rettung der IKB

Die IKB hatte mehrere Jahrzehnte lang durchaus mit Erfolg davon gelebt, an mittlere und kleinere Unternehmen Kredit zu vergeben. Das Geschäftsmodell ähnelte insoweit dem der Sparkassen. 1991 wollte die Allianz ihren Mehrheitsanteil an der IKB verkaufen. Der damalige Bundesfinanzminister Hans Eichel, immer bemüht den Wünschen der großen Kapitalgesellschaften zu entsprechen, wies seine Hausbank KfW an, die Allianz-Anteile und die der Münchener Rück gleich dazu zu kaufen, was dann auf eine relative Mehrheit der KfW an der IKB von 38 Prozent hinauslief. Andere größere Aktionäre waren das Kölner Privatbankhaus Sal. Oppenheim und die dem Unternehmerverband BDI nahe stehende Stiftung Industrieforschung. Trotz des relativ hohen Staatsanteils fiel die Verantwortung für die IKB-Rettung zunächst dem zuständigen Einlagensicherungsfonds des privaten Bankgewerbes zu. Die drei Bankgruppen (öffentliche Banken/Sparkassen, Volks- und Genossenschaftsbanken, Banken in Privatbesitz) haben in Deutschland ihr jeweiliges Einlagensicherungssystem, in das die Mitgliedsbanken einzahlen und das im Problemfall für die Sanierung oder Abwicklung der Bank zuständig ist.

Bevor es bei der IKB so weit kam, hatte die KfW auf Weisung des Finanzministers und auf Anraten der Bankenaufsicht eine Abschirmung der Risiken von mehreren Milliarden Euro bereits arrangiert. Flankierend dazu wurde ein erstes Rettungspaket geschnürt, an dem sich nicht nur der Rettungsfonds der Privatbanken, sondern auch die der Sparkassen und Genossenschaften beteiligten. Das war keine rein selbstlose Hilfe unter Konkurrenten. Vielmehr hatten Sparkassen und Volksbanken, ebenso wie die privaten Institute der IKB hohe

Beträge geliehen. Ob die Beteiligung an der Rettungsaktion am Ende klug war, bleibt dahingestellt. Denn die Verluste bei der IKB wuchsen und veranlassten zwei weitere Rettungsaktionen, die fast komplett von der KfW und damit eigentlich vom Bundeshaushalt übernommen wurden.

Die Notwendigkeit der Rettungsaktion ist bis heute nicht dargelegt. Die BaFin und die Bundesbank sprechen Monate danach nicht mehr von dem Systemrisiko, den der Zusammenbruch der IKB angeblich bedeutet hätte, sondern von dem riesigen Ansehensverlust, den die deutschen Banken erlitten hätten, wäre die IKB in den Konkurs getrieben. Das Argument ist nicht ganz so albern, wie es auf den ersten Blick klingt. Ansehensverlust heißt in der Bankenwelt, dass deutsche Institute bei Kreditaufnahmen Risikoaufschläge hätten zahlen müssen. Die einst stolzen japanischen Banken hatten das in den 1990er Jahren schon schmerzhaft gespürt. Akzeptabel ist es auch, wenn der größte Aktionär einer Bank zunächst einen Großteil der Verantwortung übernimmt, wie in diesem Fall geschehen. Finanzminister Peer Steinbrück lässt die ganze Angelegenheit im Dunkeln. Trotz mehrfacher Anfragen der Oppositionsparteien hat er nicht einmal dem Finanzausschuss des Bundestages gegenüber die Aktion ausführlich gerechtfertigt. Wenn alle Fakten bekannt sind, wird das Urteil darüber wohl lauten: Zu hohe Belastung des Staatshaushalts für eine nicht unbedingt erforderliche Rettungsaktion und allzu freundliche Rücksichtnahme gegenüber den privaten Banken.

Ein Geschenk für JP Morgan

Der zunächst spektakulärste Fall einer Bankrettung war der Verkauf der New Yorker Investmentbank Bear Stearns am Wochenende vor Ostern 2008. Sie war bis dahin die fünftgrößte Investmentbank in den USA und damit ein ganz anderes Kaliber als der deutsche oder englische Kleinkram. Im Sommer 2007 waren schon zwei von Bear Stearns betriebene Hedge-Fonds zusammengeklappt. Auch war die Bank bei der Neuverpackung und beim Weiterverkauf der Ramsch-

hypotheken sowie beim Handel mit Kreditversicherungen führend.
All das hatte zu ihren akuten Liquiditätsnöten beigetragen. An der
Wall Street oder anderswo konnte Bear Stearns nicht mehr genügend
Liquidität auftreiben. In dieser Situation gewährte die US-Notenbank
Bear Stearns am Freitag vor Palmsonntag einen Notkredit in unbe-
kannter Höhe. Die Zentralbank änderte zu diesem Anlass, wie oben
beschrieben, ihre Spielregeln. Noch am Sonntag Abend wurde ein
Verkauf der Investmentbank an die Vollbank JP Morgan Chase bekanntgegeben. Der Preis war lächerlich gering: gut 200 Mio. Dollar,
zahlbar in Aktien von JP Morgan. Allein Bear Stearns' Hauptverwal-
tungsgebäude war mit 1,5 Mrd. Dollar ein Vielfaches davon wert. Entscheidend aber war, dass die Notenbank eine Bürgschaft für bis zu
30 Mrd. Dollar übernahm.

Eine wahrhaft üble Kombination: Die möglichen künftigen Verluste trägt der Staat in Gestalt der Notenbank. JP Morgan erhält eine
zwar angeschlagene, aber von Risiken weitgehend befreite Investmentbank zum Nulltarif. Nach Bekanntgabe dieses Deals explodierte
der Aktienkurs von JP Morgan förmlich. Ihr Chef James Dimon wurde an der Börse gefeiert. Großmütig erhöhte die Bank die Abfindung
für Bear-Stearns-Aktionäre auf das Fünffache. Der Schutzschild der
Fed wurde von 30 auf 29 Mrd. Dollar reduziert. 1, in Worten eine,
Milliarde Dollar will JP Morgan selbst übernehmen.

Der Fall Bear Stearns hat nur zum Teil Modellcharakter. Nicht immer werden Verluste von der Allgemeinheit aufgefangen. Was passiert, wenn eine im Finanzsystem wichtige Bank nicht staatlich aufgefangen wird, zeigte sich im Sommer 2008 bei der Investmentbank
Lehman Brothers. Der Verkaufsdruck in den Wertpapiermärkten und
den Kreditderivaten wurde derart hoch, dass andere Institute abseh-
bar der Pleite entgegenschlitterten. Unmittelbar nachdem Lehman
in Konkurs ging, rettete der Staat AIG, die größte Versicherung des
Landes vor einer ungeordneten Pleite. Auf den ersten Blick wirkte
auch das wie eine Sozialisierung der Verluste, denn dem Unternehmen wurde eine Kreditlinie von 85 Mrd. Dollar gewährt. Als Sicherheit übernahm die Fed 80 Prozent des Aktienkapitals. Die Führung
wurde ausgetauscht und die neue damit beauftragt, das Unternehmen

in Einzelteilen zu verkaufen oder abzuwickeln. Da die Fed zudem für den Zweijahreskredit recht hohe Zinsen verlangt, kann man auch in diesem Fall nicht unbedingt von Verlustübernahme durch den Staat sprechen. Im Fall AIG stand die Machtübernahme bei einem systemisch wichtigen Unternehmen im Vordergrund. Dass dabei Verluste anfallen, ist nicht unbedingt ausgemacht.

Anderes gilt für das ultimative Rettungsnetz für die US-amerikanischen Banken. Es bedeutet den Einsatz massiver öffentlicher Mittel. 700 Mrd. Dollar wollte sich die Regierung dafür vom Kongress bewilligen lassen. Die Ankündigung allein dämmte zunächst die akute Gefahr eines Bankensterbens ein.

Fannie und Freddie

Ein weiteres Modell wurde in den USA im Juli 2008 durchexerziert. Hier hatten Regierung und Kongress die Gelegenheit, eine bisher implizite Subvention explizit zu machen. Knapp ein Jahr, nachdem die Finanzkrise offen ausgebrochen war, kehrte sie zu ihrem Ausgangspunkt zurück, dem privaten Immobiliensektor der USA und seiner sonderbaren Finanzierung. Es ging um die nicht staatlichen, aber staatlich geförderten Hypothekenfinanzierungsgesellschaften Fannie Mae und Freddie Mac. Die lustig klingenden Wörter sind aus den Abkürzungen für »Federal National Mortgage Association« und »Federal Home Loan Mortgage Association« entstanden. Fannie Mae wurde 1932 im Zuge des New Deal unter Präsident Franklin Roosevelt gegründet und 1968 unter Präsident Lyndon Johnson privatisiert. Als Konkurrenz wurde dazu 1970 Freddie Mac mit demselben Auftrag geschaffen, nämlich den US-Bürgern günstige Kredite für ihr Eigenheim zur Verfügung zu stellen.

Um das zu erreichen, wurden beide Unternehmen von den meisten Steuern befreit. Viel wichtiger jedoch war es, dass sie – auch nach der Privatisierung – eine implizite Staatsgarantie genossen. Das ist eines der Wunder des Finanzmarktes. Die Garantie wurde in keinem Vertrag festgelegt. Im Gegenteil, verschiedene US-Regierungen

wiesen auf die Aktionäre als alleinige Eigentümer der Gesellschaften
hin. Dennoch begriffen die Investoren aus aller Welt, dass die von
Fannie Mae und Freddie Mac begebenen Anleihen so sichere Papiere
wie US-amerikanische Staatsanleihen sind. Das wiederum bedeutet,
dass die beiden Unternehmen fast so niedrige Zinsen zahlen wie der
US-Zentralstaat. Sie können damit billiger Mittel aufnehmen als die
mächtigsten Konzerne oder Banken. Das wiederum kommt, wie der
frühere Präsident der Fed von St. Louis, William Poole, anmerkte,
einer »Lizenz zum Gelddrucken« gleich.

Poole, seit seinem Ausscheiden bei der Notenbank im März 2008
für das reaktionäre Washingtoner »Cato Institute« tätig, hat die jüngste Krise um Fannie Mae und Freddie Mac zumindest mit losgetreten.
Er sagte am 10. Juli 2008 öffentlich nur, was offensichtlich war: »Praktisch sind beide insolvent«. Die Aktienkurse beider Spezialbanken waren seit Monaten gefallen – kein Wunder auch angesichts der desola-
ten Lage des Immobilienmarktes und seiner Finanzierung. Poole hätte
aber präziser sagen sollen, praktisch wären beide insolvent, wenn für
sie nicht spezielle Regelungen gelten würden. Anders als andere Banken brauchen Fannie Mae und Freddie Mac ihre Vermögenswerte
nicht auf aktuell gültige Marktwerte hoch- oder abzuschreiben. Wenn
sie das bei der miserablen Lage des Häusermarktes tun würden, wären Milliarden Dollar an Abschreibungen fällig und das Eigenkapital
aufgezehrt. Sie müssen außerdem deutlich weniger Eigenkapital in
Relation zu ihren Vermögenswerten halten. Anders ausgedrückt, sie
dürfen sich deutlich höher verschulden als normale Banken. Erst im
März 2008 hatte der US-Kongress die für die beiden Banken eigens
eingerichtete Aufsichtsbehörde ermächtigt, den erlaubten Verschuldungsgrad noch einmal anzuheben, um Fannie und Freddie in die
Lage zu versetzen, die von der Kreditkrise ins Stocken geratene Finanzierung von Hypotheken wieder anzukurbeln.

Auch in anderer Hinsicht hatte Poole recht. Es war Zeit einzu-
greifen. Nicht nur die Aktien von Fannie und Freddie stürzten ab,
auch die Kurse der von ihnen begebenen Anleihen begannen zu
wackeln. Die Investoren fragten sich, was im Fall einer Pleite pas-
sieren würde. Würde der Staat am Schluss die Schulden bezahlen?

Zweifler verkauften ihre Papiere. Man muss sich die Größenordnung vor Augen halten. Die von Fannie und Freddie im Umlauf befindlichen Schuldpapiere repräsentieren einen Wert von über 5 Billionen oder 5.000 Mrd. Dollar. Die gesamte Staatsschuld der USA beträgt ca. 9 Billionen Dollar. Die Staatsschuld würde also mit einem Schlag um 55 Prozent ausgeweitet, wenn die implizite Garantie plötzlich explizit würde. Es ist schon wegen dieser schieren Größe undenkbar, dass diese Institute tatsächlich der Pleite überlassen werden könnten. Der alte Banker-Spruch »too big to fail« oder »zu groß, um umzukippen«, gilt bei Freddie und Fannie ohnehin, selbst wenn man von den staatlich arrangierten Sondervorrechten absieht.

Die Schuldpapiere von Fannie und Freddie wurden und werden von Investoren aller Art als angenehmer Ersatz für tatsächliche Dollar-Anleihen des Föderalstaates USA angesehen. So hat die chinesische Zentralbank einen Teil ihrer Devisenreserven in Gestalt von Fannie- und Freddie-Papieren angelegt. Sie sind – in den Augen dieser Investoren – so sicher wie Staatsanleihen und rentieren doch einen Schnaps höher. Konkret gesprochen: wenn Washington es zuließe, dass Fannie und Freddie die Bedienung ihrer Schulden aussetzen würden, würde der Dollar, wie anno 2001 die argentinische Währung, kollabieren, die USA könnten keine Schulden mehr machen, das Weltfinanzsystem wäre nicht mehr in der Krise, sondern zerstört. Also ist das wirklich undenkbar. Also auch die Sicherheit der Investoren, was die Staatsgarantie betrifft.

Wie sie umgesetzt wird, ist eine andere Frage. Allerdings eher eine politische. Naheliegend wäre es gewesen, die zwei Pleitiers einfach (wieder) zu verstaatlichen. Einfache Verstaatlichung hat aber nach Auffassung derer, die in Washington das Sagen haben, gravierende Nachteile. Ad eins widerspricht sie der Rhetorik, wonach freier Markt toll und Staatseinfluss schädlich ist. An dieser Rhetorik hielten und halten alle Beteiligten fest, selbst wenn sie das Gegenteil praktizieren. Ad zwei führt Verstaatlichung dazu, dass rein optisch oder bilanztechnisch die offiziellen Staatsschulden der USA um besagte 55 Prozent nach oben schnellen. Weder bei Investoren noch bei internationalen Organisationen (wie OECD oder IWF), die sich alle gern nach dem offiziell ausgewiesenen Augenschein richten, kommen solch hohe Staatsschulden gut an. Ad drei wirft Verstaatlichung vor einem formalen Konkurs die Frage auf, wie die Aktionäre abgefunden werden. Dabei kann ein Finanzminister, auch wenn er wie Paulson Chef der weltweit wichtigsten Investmentbank Goldman Sachs war, eigentlich nur Fehler machen.

Paulson erwies sich auch als kluger Politiker. Er ging in Etappen vor. In einem ersten Schritt einigte er sich mit der Mehrheit der Demokraten im Senat und im Repräsentantenhaus darauf, ihm freie Hand zu geben. Beide Häuser des Parlaments gaben der Exekutive den gewünschten Blanko-Scheck. In unbestimmter Höhe konnte der Finanzminister also entweder das Aktienkapital von Fannie und Freddie durch direkte Beteiligung stärken, er könnte einen Teil der Schulden und/oder faulen Vermögenswerte der beiden Banken ausgliedern und in einen staatlich finanzierten Sonderfonds einbringen, oder er konnte den Problemkindern weitere staatlich finanzierte Sondervorteile einräumen. Er konnte alles machen, er durfte die beiden Banken nur nicht absaufen lassen. Dieses noch im Juli 2008 verabschiedete Gesetz machte die implizit für Fannie und Freddie bestehende Staatsgarantie explizit.

Zwei Monate später, im frühen September, musste Paulson doch noch zum großen Schlag ausholen. Die Risikoaufschläge der Schuldpapiere der beiden Hypothekenbanken hatten sich trotz der nun expliziten Staatsgarantie ausgeweitet. Damit stiegen die Hypothekenzinsen, was in dem darniederliegenden Immobilienmarkt und mitten im Wahlkampf gar nicht erwünscht war. Zudem hatten Fannie und Freddie auch bei freundlichster Bilanzierung ihr Eigenkapital aufgebraucht. Paulson übernahm die Macht bei beiden Banken. Er entließ die Vorstände, knipste die Dividende für die Altaktionäre ab und reduzierte deren Anteil an den Banken durch den massiven Einschuss staatlicher Mittel von bis zu 100 Mrd. Dollar für jede der beiden auf nahe Null. Rechtlich war auch das keine Verstaatlichung, sondern, wie das Finanzministerium formulierte, eine »Vormundschaft« über die beiden Banken. Wie bei der Rettung von Bear Stearns feierten auch dieses Mal die Börsen den massiven Einsatz öffentlicher Mittel mit steigenden Kursen.

Die Geschichte der zwei Hypothekenbanken zeigt deutlich, wie einst kluge strukturelle Reformen im Rahmen des New Deal im Laufe der Zeit ins Absurde gewendet werden. Tatsächlich haben Fannie und Freddie über Jahrzehnte hinweg ungefähr die Hälfte des privaten Wohnungsbaus in den USA finanziert. Ursprünglich ist der Vorteil der vom Staat garantierten Finanzierung auch in fast voller Höhe als relativ niedriger Hypothekenzins beim Publikum angekommen. Nach der Privatisierung ist ein wachsender Teil dieser Vorzüge auf die Dividenden der Aktionäre und in die satten Gehälter der Vorstände abgewandert. Die für Fannie und Freddie eigens errichtete Aufsichtsbehörde Ofheo dürfte, wie das immer so ist, wenn eine kleine Behörde finanzstarke Riesenunternehmen beaufsichtigt, zu einer symbiotischen Beziehung zum Vorteil beider Seiten verkommen sein. Allerdings haben sich Fannie und Freddie nicht am Subprime- oder Ramsch-Segment des Hypothekenmarktes beteiligt. Selbst in ihrer zuletzt verkommenen Form waren die beiden Riesenunternehmen durchaus noch in der Lage, den plötzlichen Absturz der Hausfinanzierungen in den USA einigermaßen abzufedern. Schon Ende 2007 hat sich der Anteil der beiden an der Hypothekenfinanzierung auf 75 Prozent ausgeweitet. (Die ebenfalls aus den Zeiten des New Deal stammenden staatlich-genossenschaftlichen Federal Home Loan Banks [FHLB] spielen diese Rolle immer noch.) Selbst im privatisierten Zustand waren die beiden Institute dank der Staatsgarantie weniger unmittelbar abhängig vom Anspruch der Aktionäre und Finanzmärkte auf Rendite.

Bernankes große Mäßigung

Ben Bernanke ist ein Mann freundlicher und milder Umgangsformen. Sein Bart ist gepflegt. In Konferenzen hört er auch langatmigen Rednern zu, er wackelt nicht ungeduldig mit dem Kopf oder verlässt den Saal gar vorzeitig. Nichts davon. Es passte deswegen gut, dass er sich die These von der »great moderation«, der »großen Mäßigung« zu eigen gemacht und diese These durch seine Adoption in Kreisen der Weltvolkswirte richtig populär gemacht hat. Das war im Februar 2004, als Bernanke noch nicht Chairman, sondern nur einfaches Mitglied der Notenbank Fed war.

Der Begriff »große Mäßigung« bezieht sich auf die Volkswirtschaftsdaten der Industriestaaten, insbesondere der USA. Er drückt das große Staunen einiger Volkswirte darüber aus, dass die Ausschläge beim Wachstum, bei Arbeitslosigkeit und Inflation in den letzten zehn bis zwanzig Jahren »mäßig« gewesen sind. Besonders erfreut dabei, dass die Rezessionen milde ausgefallen sind und die Inflationsraten immer weiter zurückgingen. Aus deutscher Sicht könnte man nörgelnd anmerken, dass zum Ausgleich für den relativ flachen Verlauf der 2001 beginnenden Rezession die längste Stagnationsphase seit dem II. Weltkrieg folgte. Das aber spielte in Bernankes Rede 2004 keine Rolle. Er deutete damals an – und drückte sich, wie es seine Art ist, professoral-wissenschaftlich vorsichtig aus –, dass der wichtigste Grund für die große Mäßigung am Ende die kluge Geldpolitik der Notenbanken sein könnte.

Niemand lachte, als Bernanke das sagte. Denn die Fed hatte gerade die Folgewirkungen des geplatzten größten Spekulationsexzesses in Aktien entschärft, den die Geschichte des Kapitalismus je gesehen hatte. Die Notenbank hatte die Leitzinsen in unglaublicher Konsequenz bis auf unerhört niedrige ein Prozent heruntergeschleust. Sie hatte dabei nicht nur in Kauf genommen, dass sie damit eine neue Spekulationsblase, diesmal im Immobiliensektor in Gang setzte. Nein, die Notenbank wollte diese neue Inflationierung von Vermögenswerten. Denn nur mit ihrer Hilfe konnten ein Absturz der Konsumnachfrage und eine tiefere Rezession vermieden werden. 2004 schien die Rezessionsgefahr gebannt. Im selben Sommer noch begann die Fed, die Zinsen langsam wieder in Richtung Normalität anzuheben. Die US-Notenbank befand sich 2004 auf dem Höhepunkt ihres Ansehens. Bernanke sprach nicht nur seinen Zentralbankkollegen aus dem Herzen, er fand Beifall in Politik und bei den ökonomischen Ideologieproduzenten.

Bernanke nahm in dieser Rede auch Bezug auf die »Lektionen der 70er Jahre«, die die Notenbanker nicht vergessen würden. Das bezieht sich, wie in Kapitel 7 bereits beschrieben, auf die relativ hohen Inflationsraten jener Zeit, auf die ökonomische Machtergreifung im Sinne des Finanzkapitals durch den damaligen Chef der US-Notenbank Paul Volcker und die Rücksichtslosigkeit, mit der zu Anfang der 80er mit Hochzinspolitik eine in der Tat wenig moderate Weltwirtschaftsrezession in die Wege geleitet worden war.

Abtauchverhinderungstruppe

Als die jüngste Finanzkrise, die das Thema dieses Buches ist, offen ausbrach, war die Strategie der Notenbank sonnenklar: Sie würde es machen wie beim letzten Mal. Sie würde dem klamm gewordenen Finanzmarkt und den Banken die Bedingungen so lange erleichtern, sie würde die Leitzinsen so lange senken, bis die Klammheit gewichen sein würde. So handelte Alan Greenspan 2001, genau so würde es Ben Bernanke, sein Nachfolger machen. Am 18. September 2007, einen Monat nach Ausbruch der Krise, senkte die Fed ihren Leitzins von 5,25 auf 4,75 Prozent. Im Glauben, die Krise werde sich nicht allzu stark in der Realwirtschaft auswirken, folgten im Herbst nur noch zwei kleine Zinsschritte nach unten bis 4,25 Prozent. Ende Januar 2008 begannen die Aktienmärkte unruhig zu werden. Am 22. Januar überraschte die Fed mit einem außerordentlichen Zinsschritt von 0,75 Prozentpunkten auf 3,50 Prozent. Es hatte keine Sitzung des für die Zinspolitik zuständigen Ausschusses FOMC stattgefunden. Das unterstreicht die Anflüge von Panik. Beim nächsten regulären Treffen, eine Woche später, wurde der Leitzins noch einmal um einen halben Punkt auf 3,0 Prozent gesenkt. Die nächste Zinssenkung erfolgte dann zwei Tage, nachdem die Fed in einer dramatischen Aktion die Investmentbank Bear Stearns, versehen mit einer Garantieerklärung über 30 Mrd. Dollar an JP Morgan Chase vergeben hatte. Es war eine dramatische Senkung um 0,75 Punkte. Danach folgte nur noch ein kleiner Schritt Ende April auf glatte 2 Prozent.

Vor allem die großen und überraschenden Zinssenkungen der Fed korrelierten mit Phasen stark nachgebender Aktienkurse. Insgesamt hatte der Aktienmarkt in dieser Zeit sich außerordentlich gut gehalten. Zwar waren 2007 die Bankwerte schon deutlich billiger geworden. Dafür schienen die Investoren die nicht dem Finanzsektor angehörenden Titel umso attraktiver zu finden. Die Indizes hielten sich auf dem Mitte des Jahres erreichten Niveau. Der deutsche Index Dax schloss das Jahr 2007 sogar mit einem sagenhaften Plus von 22 Prozent ab. Ein Grund für die gute Nachfrage nach Aktien (außerhalb des Finanzsektors) dürfte die Erkenntnis gewesen sein, dass es sich an den Aktienbörsen um immer noch liquide Märkte handelte.

Im Januar 2008 trübte sich die Lage allmählich ein. Auch hartgesottenen Konjunkturoptimisten wurde klar, dass die USA von der Finanzkrise und dem Zusammenbruch des Immobilienmarktes betroffen sein würden. Die Aktienmärkte außerhalb der USA reagierten dabei weit stärker mit Kursverlusten als in den USA selbst. Besonders im heiß gelaufenen Aktienmarkt Chinas gab es erhebliche Kursverluste. Die Fed versuchte in dieser Phase, den wachsenden Pessimismus (oder Realismus) der Anleger zu dämpfen. Ein Zusammenbruch des Aktienmarktes würde, so musste sie befürchten, weitere Stützen der US-Konjunktur ins Wanken bringen. Betroffen wären vor allem die Rentenzahlungen der privaten Pensionskassen und -fonds. Ein Teil der Privathaushalte hätte zusätzlich zum ohnehin sinkenden Wert ihres Eigenheims auch sinkende Aktienwerte zu verkraften, was ihre Ausgabenfreude dämpfen könnte. Wichtiger aber dürfte sein, dass sinkende Aktienpreise den Finanzsektor zusätzlich unter Druck bringen. Die Zinssenkungen der Fed sollten in erster Linie die Kreditbedingungen in der Volkswirtschaft erleichtern. Die Art ihrer Ankündigung und ihr Timing zielen aber erkennbar darauf ab, die Aktienkäufer zu ermuntern. Gerechtfertigt wird diese Haltung mit dem Argument, stark nachgebende Aktienkurse würden als negative Rückkopplung den Abwärtstrend der Volkswirtschaft verstärken. Dass dies im Fall des Aufwärtstrends umgekehrt bei steigenden Aktienkursen ebenso gilt, stört diese Notenbank offensichtlich weniger.

Hartnäckig hält sich an Wall Street und Umgebung auch deshalb ein Gerücht, es gebe einen informellen Zirkel, bestehend aus Personen aus der Notenbank, dem Finanzministerium und wichtigen Investmentbanken, genannt »Plunge Protection Team« – also etwa »Abtauchverhinderungstruppe« –, das in entscheidenden Phasen mit gut platzierten Kaufaufträgen für ein wenig Aufwärtsdrall im Markt sorgt. Die letzte halbe Stunde im Handel der New Yorker Börse soll hierfür eine gern genutzte Tageszeit sein.

Das ist, wie gesagt, nur ein Gerücht oder eine Art Verschwörungstheorie. Aber sie zeigt, wie stark die Wirtschaftspolitik der USA nicht nur auf das Funktionieren der Finanzmärkte angewiesen ist, sondern auch auf boomende Finanzmärkte. Ohne tendenziell steigende Preise für Vermögenswerte brechen für das Wachstum wesentliche Bestandteile der Nachfrage in sich zusammen. Die Fed und die Regierung betreiben deshalb eine um ein Spiel mit den Finanzmärkten ergänzte quasi-keynesianische Wirtschaftspolitik. Wenn die Preise einer Vermögenskategorie zurückgehen, füllen sie die daraus entstehenden Nachfragelücken durch Staatsgelder, die den Konsumenten und Unternehmen durch Steuernachlässe gewährt werden. Zugleich erleichtert die Fed die Kreditbedingungen so lange, bis es sich wieder lohnt, Kredite aufzunehmen und das Geld in Finanzforderungen zu investieren. Von dieser Stelle an ziehen die Preise für die Vermögenswerte wieder an. Es ist klar, dass nicht unbedingt jede Kategorie von Vermögenswerten sich in der Nachfragehochkonjunktur befinden muss. Der Wechsel vom Boom an den Aktienmärkten zur Blasenbildung am US-amerikanischen Immobilien- und Hypothekenmarkt zu Beginn des Jahrtausends hat aber demonstriert, wie die aktive Geldpolitik der US-Notenbank die Exzesse an verschiedenen Märkten inspirieren und befördern kann.

Es ist intuitiv einsichtig, dass eine solche, auf Vermögenspreisinflation basierende Wirtschaftspolitik nicht unendlich weiter gehen kann. Zum einen können die Preise für Aktien, Anleihen, Kredite, Immobilien nicht ins Unendliche steigen. Es kann nur eine Weile im Wahn des Spekulationsbooms so scheinen, als sei nur der Himmel die Grenze. Alle Vermögenspreisblasen platzen einmal oder es entweicht langsam der Überdruck. Zum anderen findet auch die Kreditvermehrung irgendwann eine Grenze. Die aktuelle Krise scheint diese Grenze zu markieren. Alan Greenspan, der frühere Chef der Fed, hat diese Methode der Wachstumsförderung durch steigende Finanzmarktpreise in den Augen der Finanzkapitalisten selber zur Perfektion gebracht. Nun, da die Verhältnisse nicht mehr so günstig sind, wird er im Nachhinein von vielen verdammt, die ihm früher zugejubelt hatten. Er freilich verteidigt diese Methode weiter. In der Financial Times (vom 5.8.08) räumt er ein, dass steigende Vermögenspreise kein Dauerzustand sein können. Mit solchen Unterbrechungen der Hochkonjunktur müsse man eben leben, meint Greenspan heute. In der Krise gelte es, die Investoren zu ermuntern, den Kapitalstock wieder höher zu bewerten. Dann fühlten sich alle wieder reicher und der Wirtschaftskreislauf komme wieder in Schwung.

Steuerschecks aus Washington

Zugleich mit der entschiedenen Politik der Notenbank hat die US-Regierung vergleichsweise schnell und effektiv fiskalische Mittel gegen die von der Kredit- und Immobilienkrise ausgelöste beginnende Rezession eingesetzt. Die Regierung Bush griff dabei auf ein schon früher bewährtes Rezept zurück. Sie verschickte im Mai und Juni 2008 so genannte Steuerschecks. Dies ist steuertechnisch gesprochen eine Rückerstattung auf die Einkommensteuer. Anders als bei einer ähnlichen Aktion im Gefolge des Aktien-Crashs 2001 wurde hier die Steuererstattung nicht progressiv mit der Steuerpflicht des einzelnen gestaltet. Vielmehr wurde eine Art negative Kopfsteuer von 600 Dollar ausgezahlt. Die untersten Einkommensschichten, die keine Steuern zahlen, erhielten pro Kopf wenigstens 300 Dollar.

Wenn man bedenkt, welch reaktionäre, unsoziale Politik die Bush-Regierung auch im Innern bis dahin betrieben hatte, ist diese relativ gleichmäßige Verteilung der Steuerschecks ein kleines Wunder. Jedenfalls einigte sich die Demokratische Mehrheit in beiden Häusern des Kongresses mit der Bush-Regierung zügig auf dieses Konzept und auf das Volumen, das die Ausschüttung von ungefähr 160 Mrd. Dollar vorsieht. Die Maßnahme kam im 2. Quartal 2008 bei den Bürgern an und dürfte etwa zur Hälfte sogleich in den ansonsten zurückgehenden Konsum geflossen sein. Ohne diesen fiskalischen Kaufkraftschub wäre dieses Quartal wohl das erste Rezessionsquartal im Zyklus geworden.

Zusammengefasst lässt sich sagen, dass die USA der Kontraktionskrise mit allen verfügbaren expansiven Maßnahmen begegnen. Der Staat fängt fallierende Banken auf oder stützt sie. Dazu werden hohe Summen von Notenbank und Fiskus aufgewendet. Der Staat erhöht massiv die eigene Verschuldung, um der geringer werdenden Verschuldung des Privatsektors und dem entsprechenden Rückgang der Nachfrage zu begegnen. Schließlich senkt der Staat die Zinsen für Geld der Notenbank auf nominal nur zwei Prozent, also deutlich unter der Inflationsrate, die zuletzt auch nach US-Rechnung gut fünf Prozent erreichte. Für die Banken, die Zugang zum Notenbankkredit haben, wird damit jedes Kreditgeschäft profitabel, sofern der Kredit überhaupt zurückgezahlt wird.

Es ist offensichtlich, dass diese radikal expansive Wirtschaftspolitik, so notwendig und der Situation angemessen sie sein mag, auch ihre Nachteile oder, besser gesagt, ihre Grenzen hat. Hohe Staatsschulden sind an sich unangenehm. Sie erhöhen die Steuerbelastung in der Zukunft, was ein Ärgernis für die relativ höheren Einkommensschichten der Gesellschaft darstellt. Sie verringern zugleich die Möglichkeit für Staatsausgaben in der Zukunft. Die USA hatten unter der Präsidentschaft des Demokraten Bill Clinton die Neuverschuldung auf der Ebene des Zentralstaates auf Null zurückgefahren. Dies gelang vor allem wegen des dauerhaften Konjunkturaufschwungs in den 90er Jahren, hatte aber auch damit zu tun, dass die Regierung in trauter Gemeinsamkeit mit der Mehrheit der Republikaner im Kongress die Sozialprogramme stark kürzte. Die Präsidentschaft Bush zeichnete sich demgegenüber dadurch aus, dass sie zunächst die Steuern senkte – programmgemäß vor allem für die oberen Einkommensklassen. Zugleich wurde der Wehretat stark erhöht. Die Kosten des Irak-Krieges kamen seit 2002 hinzu. Der letzte von der Bush-Regierung aufgestellte Bundeshaushalt 2008/09 peilt eine Nettoneuverschuldung von etwa 500 Mrd. Dollar an. Wenn die Rezession in den USA zuschlägt, könnte sich diese Zahl angesichts der dann steil sinkenden Steuereinnahmen auch verdoppeln.

Angesichts dieser Lage wird sich die Regierung, wer auch immer sie stellt, schwerer tun, wie im Frühjahr 2008 so schnell mal eben 160 Mrd. Dollar zur Stärkung der Kaufkraft der US-Bürger zu verteilen. Staatliche Ausgabenprogramme zur Verbesserung der in den USA ziemlich abgewirtschafteten Infrastruktur oder gar Sozialprogramme, beispielsweise Investitionen ins Gesundheits- oder Erziehungssystem erscheinen noch unwahrscheinlicher. Dennoch ist das Staatsdefizit nicht annähernd so hoch, dass es die Handlungsfähigkeit der Regierung wirklich einengen sollte. So hat beispielsweise Japan zur Bekämpfung der Stagnation in den 1990er Jahren die Staatsschuld bis auf über 200 Prozent des laufenden Bruttosozialprodukts ausgeweitet und damit damals zeitweise den Abschwung abgefedert. Es kommt bei der Bekämpfung einer Rezession mit fiskalischen Mitteln vor allem auf den politischen Willen an. Die politische Klasse in den USA ist, wie das jüngste Beispiel der Verteilung von Steuerschecks zeigt, über die Parteigrenzen hinweg durchaus bereit zu handeln. Schwierig ist die Lage in einigen Bundesstaaten. Deren Parlamente oder Regierungen haben gelegentlich ähnlich perverse Regeln wie der europäische Stabilitätspakt aufgestellt. Kalifornien musste so mitten in den Abschwung hinein Staatsangestellte entlassen und andere auf Minilöhne setzen. Die konjunkturausgleichende Wirkung, die staatliche Budgets normalerweise haben, weil sie im Auf- und Abschwung gleich bleiben, wurde so außer Kraft gesetzt.

Ein anderer Nachteil hoher Staatsschulden ist die gelegentlich abschreckende Wirkung auf das internationale Spekulationskapital oder auch Anleger. Auch das wird meist überschätzt. Es besteht – bei zur Zeit völlig offenen Grenzen für den Kapitalverkehr – die Gefahr, dass die Staatsanleihen nicht mehr ganz so gern gekauft werden. Das bedeutet wiederum höhere Zinsen, die der Staat bieten muss, um sich zu finanzieren. Wichtiger ist der Nachteil, dass sich damit das Zinsniveau insgesamt erhöhen kann, was und die ohnehin schwierigen Finanzierungsbedingungen für Investitionen erschwert. In dieselbe Richtung wirken auch die extrem lockere Geldpolitik der Notenbank und ihre Freigebigkeit bei der Unterstützung der heimischen Banken.

Für Kapital im Inland und Ausland wird es der Tendenz nach bei niedrigen Zinsen am vom Notenbankzins dominierten Geldmarkt weniger attraktiv, die Gelder in Dollar anzulegen. Die Folge sind ebenfalls höhere Zinsen und ein schwächerer Dollar. Tatsächlich haben sich beide Effekte in dieser schon lange dauernden Finanzkrise gezeigt. Der Dollar ist gegenüber fast allen Währungen deutlich gefallen. Umgekehrt erreichte der Euro im Juli 2008 ein neues historisches Rekordhoch von etwas über 1,60 Dollar. Diese Dollarschwäche hat aber auch etwas mit der Abneigung der Geldanleger zu tun, in ein Land zu investieren, das gerade in eine Rezession hineinschlittert. Auch an den Marktzinsen ist die geringe Attraktivität von Dollaranlagen feststellbar. Obwohl die Notenbank ihren Leitzins von 5,25 auf zwei Prozent mehr als halbiert hat, sind die Zinsen für zehnjährige Dollar-Staatsanleihen kaum gesunken.

Anders ausgedrückt, im Wettbewerb mit anderen Finanzprodukten verkaufen sich in US-Dollar denominierte Anlagen weniger gut als früher. Das engt die Handlungsfähigkeit der US-Notenbank und des Washingtoner Finanzministeriums letztlich ein. Das hindert die dortigen Akteure daran, den Weg aus der Krise durch einen weiter abwertenden Dollar zu suchen. Ein niedrig bewerteter Dollar hat aus der Sicht der US-Regierung den Vorteil, dass er die Wettbewerbsfähigkeit und Profitabilität der US-Exporteure erhöht. Bei dem auch in der beginnenden Rezession immer noch enorm hohen Leistungsbilanzdefizit der USA ist das ein unbestreitbarer Vorteil. Leider hatte der abwertende Dollar auch die Folge, dass er die Importgüter stark verteuert hat. Dies trifft ganz besonders für Erdöl zu, das nur noch in kleinen und bei weitem nicht ausreichenden Mengen in den USA selbst gefördert wird.

Ölpreis und Dollar

Der Preis für Rohöl hatte zu Beginn des Jahrtausends noch um die 10 Dollar je Barrel (à 159 Liter) betragen. Ende Juli 2008 erreichte er nahezu 147 Dollar, wobei er sich im letzten Jahr bis dahin mehr als verdoppelt hatte. Über die Ursachen für diese Preisbewegung ist in Kapitel 6 schon Einiges gesagt worden. Sie sind nur indirekt auch mit dem der Krise vorangehenden globalen Finanzboom verknüpft. Der rasante und erfolgreiche Aufbau einseitig starker Exportindustrien und das damit erhöhte Konsumniveau in einer Reihe großer Schwellenländer, vornehmlich China, sind letztlich der wichtigste Grund für die stark steigende Nachfrage nach Rohstoffen, die damit, bei nicht ganz so schnell steigender Produktion, die Preise nach oben in Bewegung brachte.

Auch der schwächer werdende Dollar hat dabei eine Rolle gespielt. Sofern Rohstoff- und Erdölproduzenten eine Wahl haben, mehr oder weniger zu fördern, entschieden sie sich für Zurückhaltung. Beim Opec-Treffen in der saudi-arabischen Hauptstadt Riad im November 2007 sagten die Präsidenten Venezuelas und des Iran, die USA-Gegner Hugo Chávez und Mahmud Ahmadinedschad, laut, was die übrigen Kartellmitglieder nicht zu sagen wagten: »Sie bekommen unser Öl und geben uns wertlose Papierschnipsel dafür.« Das saudische Königshaus, das über die ergiebigsten Ölreserven der Welt verfügt und trotz des Irak-Krieges immer noch ein sehr enger Verbündeter der USA ist, hat dergleichen Sätze nicht verlauten lassen, aber die Ausweitung der Ölförderung aus solchen rationalen Gründen verzögert. Für den steilen Anstieg des Ölpreises 2007 und 2008 dürfte diese auf die längere Sicht angelegte Spekulation einiger wichtiger Produzenten eine wichtigere Rolle gespielt haben als die ausufernde Finanzspekulation an den Terminmärkten.

Der schwache Dollar führte außerdem dazu, dass die steigenden Rohstoffpreise in den USA nicht gefiltert wie in Euro-Europa, sondern noch verstärkt ankamen. Die Schwäche der eigenen Währung hat eben immer den Nachteil, dass sie die Produkte aus dem Ausland tendenziell teurer macht. Auch das könnte durchaus ins Konzept der Wirtschaftspolitik passen, denn damit verlieren die Importe an Wettbewerbsfähigkeit im Inland, und das Außenhandelsdefizit schrumpft. Der Nachteil ist jedoch, dass kurzfristig für die Rohstoffe kein Ersatz gefunden wird. Kurzfristig heben die teuren Rohstoffe damit die Preise generell an. Weil der Dollar so schwach war, war

der Effekt in den USA noch stärker als in Europa. Die Inflationsrate auf der Verbraucherebene erreichte in den USA um die fünf
Prozent, in Euro-Europa etwa vier Prozent. Das ist kein großer Unterschied. Doch sollte man sich erinnern, dass die hedonische Inflationsmessung in den USA (vgl. Kapitel 7) die Entwicklung eher
unterzeichnet. In beiden großen Regionen zeigten Inflationsdaten,
die die schwankungsanfälligen Energie- und Nahrungsmittelpreise
aus der Inflationsrate herausrechnen, dass die Inflation bis dahin
jedenfalls eindeutig allein der Angebotsseite entstammte. Diese so
genannte Kerninflationsrate bewegte sich um oder knapp unter zwei
Prozent. Anders ausgedrückt, weder in den USA noch in Europa
gab es Schübe zahlungskräftiger Nachfrage, die es den Unternehmen
erlaubt hätte, die Preise heraufzusetzen. In den USA schwächte sich
die Nachfrage vielmehr deutlich ab. In Europa zeichnete sich das
in einigen Ländern erst ab. In anderen Ländern wie zum Beispiel
in Deutschland war die Konsumendnachfrage – auch dank einiger
Sozial-»Reformen« – seit dem letzten Abschwung nicht mehr in
Fahrt gekommen.

Der Inflationsschub verstärkte die bremsende Wirkung der Finanzkrise und des Preisverfalls am Immobilienmarkt. Er wirkte damit
in den USA der Stützung der Masseneinkommen durch die Steuerschecks entgegen. Die wenig verdienenden Verbraucher mussten die
vom Fiskus geschickten Schecks zu großen Teilen für das teurer gewordene Benzin an den Tankstellen und die Nahrungsmittel in den
Supermärkten ausgeben. Für die Geldpolitik der Fed war die stärker
werdende Inflation ein Problem, weil sie ihre Handlungsmöglichkeiten einschränkte. Eine Fortsetzung der schnellen Zinssenkungen
hätte die Gefahr erhöhen können, dass sowohl der Dollar steil abrutschen als auch die Zinsen für Staatspapiere (und damit das gesamte
Zinsniveau) nach oben treiben könnten. Käufer von Anleihen schreckt
nichts so sehr ab wie die Erwartung, die Inflation könnte zuschlagen.
Je schneller das allgemeine Preisniveau steigt, desto schneller entwer-
ten sich die von der Anleihe versprochenen Zinsen und Tilgungsleistungen. Inflation ist Geldentwertung und demzufolge auch Anleihe-
Entwertung.

Rhetorische Korrektur

Die US-Notenbank jedenfalls sah sich veranlasst, eine kleine Kurskorrektur vorzunehmen. Sie senkte die Leitzinsen nicht weiter, sondern ließ sie (zunächst) bei zwei Prozent. Angesichts der Tatsache, dass die drohende Rezession tiefer zu sein versprach als die letzte, als die Fed die Zinsen bis auf ein Prozent gesenkt hatte, ist das bemerkenswert. Fed-Chairman Ben Bernanke änderte zudem seine Rhetorik. Er redete, wie man es von europäischen Notenbankern, insbesondere denen aus der Tradition der Bundesbank, gewohnt ist, er redete viel über die Schädlichkeit der Inflation und wie entschlossen seine Institution sei, gegen sie vorzugehen.

Schließlich betonte er, dass die Notenbank das Interesse habe, den Dollar stark zu halten. Auch das ist bemerkenswert, denn für den Außenwert der US-Währung, auch für das Gerede darüber, ist traditionell in den USA der Finanzminister zuständig. Die Notenbank hat den Dollarkurs gegenüber anderen Währungen hinzunehmen. Insbesondere darf sie keinesfalls die von ihr gesetzten Zinsen an einem Kursziel für den Dollar ausrichten. So etwas machen nur kleine Länder. Sehr viele Staaten richten ihre Geldpolitik so aus, dass ein bestimmter Kurs ihrer Währung zum Dollar gehalten werden kann. Diese Länder machen dann den so genannten Dollarraum aus. Ein entsprechender Währungsraum in Osteuropa und Teilen Afrikas folgt auch dem Euro. Vor der Euro-Zeit folgten viele europäische Länder der D-Mark. Sie richteten ihre Zinsen ganz nach der Bundesbank aus. Erhöhte letztere die Zinsen, folgten sklavisch Österreich, die Niederlande etc. und mit einem kleinen Abstand auch Frankreich, Italien und Spanien.

Bernanke hat mit der harmlos klingenden Aussage, die Notenbank wolle einen starken Dollar, einen erheblichen Politik-Schwenk vollzogen. Er sagte damit, dass bei der Entscheidung über die angemessenen Leitzinsen die Folgen für den Dollarkurs künftig ins Kalkül gezogen werden. Anders ausgedrückt, mit Rücksicht auf den Dollarkurs werde die Notenbank die Zinsen nicht weiter senken können. Er erkannte damit aber auch an, dass die Periode der durch nichts zu erschütternden Führungsrolle des Dollar beendet ist. Die Souveränität der Geldpolitik in den USA ist nun leicht angeknackst. Heute könnte ein US-Finanzminister nicht mehr jenen berühmten Satz, »Der Dollar ist unsere Währung, aber euer Problem«, wiederholen, den Präsident Lyndon Johnsons Finanzminister John Connally den Europäern vor etwa 40 Jahren hinwarf. Der Dollar, das hat Bernanke eingeräumt, ist nun auch ein Problem der USA.

Erstaunlich ist immer wieder, wie ernst an den Finanzmärkten derartige Aussagen von Vertretern der US-Regierung und -Notenbank genommen werden. Die zunächst nur verbal vorgetragene Aussicht auf einen zarten Kurswechsel der Notenbank durch Bernanke reichte, um die Phase der Dollarschwäche zu beenden. Am Devisenmarkt machten Gerüchte die Runde, die Notenbanken würden unter Führung der Fed mit hohen Beträgen intervenieren, sollte der Dollar weiter abrutschen. Das reichte. Die ausgeprägte Dollar-Schwäche fand im Frühsommer 2008 ihr (vorläufiges) Ende. Der Euro stieg nur bis knapp über 1,60 Dollar. Dann war Schluss. Man sollte Prognosen vermeiden, besonders über die Entwicklung an den Devisenmärkten. Dennoch lässt sich erkennen, dass die Interessenlage der Beteiligten gegen einen weiteren Verfall der US-Währung gegenüber dem Euro spricht.

Europa ohne Wirtschaftspolitik

Europa geht in die von der Finanzkrise ausgelöste Rezession ohne auch nur den Ansatz einer wirtschaftspolitischen Reaktion. Allein die spanische Regierung hat ein 10 Mrd.€ schweres Konjunkturprogramm aufgelegt, dessen Kern ähnlich wie in den USA aus Steuererstattungen besteht. Spanien hat allerdings auch ein eigenes konjunkturelles Problem. Der dortige Immobiliensektor hat einen ähnlichen Boom hinter sich wie in den USA. Die seit Anfang 2007 bröckelnden Häuserpreise wirken sich auf die Binnenkonjunktur des Landes ebenfalls ähnlich negativ aus. Die Wirkung ist relativ sogar größer, weil der Immobilien- und Bausektor in der spanischen Volkswirtschaft einen größeren Anteil hat. Die in den USA grassierende unsolide

Finanzierung hat allerdings in Spanien keine Parallele. Die spanischen Banken leiden zwar unter zurückgehendem Geschäft, aber bis in den Sommer 2008 hinein, hat sie noch keine Welle fauler Hypotheken heimgesucht.

Europa ist konjunkturell zunächst von der in den USA ausgebrochenen Finanzkrise kaum getroffen gewesen. Unter den europäischen Banken waren in erster Linie die international tätigen Institute betroffen und da wiederum jene, die große Investmentbanking-Abteilungen hatten und deshalb im Handel mit strukturierten Kreditprodukten engagiert waren. Die größten Abschreibungen in Europa musste die Schweizer Bank UBS vornehmen. Probleme hatten allerdings alle europäischen Banken wegen der Illiquidität des Geldmarktes mit der Refinanzierung. Die erste Auswirkung für die Realwirtschaft bestand darin, dass die Kreditkonditionen strikter und die Kredite teurer wurden. Doch konnte von einer gelegentlich befürchteten Kreditklemme zunächst noch keine Rede sein. Die massiven Liquiditätsspritzen der Europäischen Zentralbank wirkten sich in dieser Hinsicht positiv aus. Ohne sie wäre es möglicherweise zu größeren Bankpleiten, mit Sicherheit aber zu größeren Störungen in der Kreditversorgung gekommen.

Die europäische Konjunktur wurde mit voller Wucht erst ein knappes Jahr nach Ausbruch der Finanzkrise getroffen. Deutschland gehörte zu den Ländern, wo die bremsende Wirkung besonders spät eintrat. Deutsche Politiker, professionelle Konjunkturforscher und Notenbanker zählten denn auch zu jenen, die bis in den Sommer 2008 hinein eine größere Wirkung der Finanzkrise auf die deutsche Konjunktur verneinten. In der ersten Phase im Herbst 2007 lautete der Konsens, die USA würden ein wenig unter einer hausgemachten Immobilienkrise leiden, aber keinesfalls in eine Rezession abgleiten. Selbst wenn eine solche Gefahr bestünde, würde die Notenbank mit Zinspolitik eine Rezession zu verhindern wissen. In einer zweiten Phase im Winter 2007/08 begannen die Prognostiker an der dauerhaften Wachstumsstärke der USA ernsthaft zu zweifeln. Allerdings war die Abkopplungsthese dafür sehr beliebt. Sie lautete: Europa (und Ostasien) seien nicht mehr so anfällig für das Auf und Ab der Konjunktur in Nordamerika. Vor allem China und andere Schwellenländer würden flott weiter wachsen, wenn die USA als Nachfrager von Industriewaren ausfielen. Im Frühjahr 2008, als eine Reihe europäischer Länder wie Spanien und vor allem Großbritannien merkliche Schwächezeichen aufwiesen, wurde ein Wunder speziell der deutschen Exportwirtschaft konstatiert. Ihre Produkte, ihre Maschinen, Fabrikanlagen und Autos würden in aller Welt auch in Krisenzeiten nachgefragt. Das teure Erdöl veranlasse Chinesen, Inder und Brasilianer, Russen und Anrainer des Persischen Golfes, energiesparende deutsche Produkte zu bestellen. Kurz, es werde keine Konjunkturkrise, sondern allenfalls eine kleine Delle geben.

Die Wirklichkeit sieht anders aus. Länder wie Deutschland, deren Exportsektor eine große Rolle spielt und deren Konsumnachfrage stagniert und mit allen Mitteln der Wirtschafts- und Lohnpolitik niedrig gehalten wird, werden von der erst beginnenden Schwächung der Weltkonjunktur mit besonderer Wucht getroffen werden. Der Umweg über die Weltkonjunktur erklärt, warum die Finanzkrise, die zuerst die Nachfrage der Endverbraucher in den USA tangierte, so lange brauchte, bis sich ihre negativen Wirkungen in Europa und Deutschland niederschlagen. Die Konjunkturkrise wurde nicht, wie sonst im Konjunkturzyklus üblich, von einem Einbruch der heimischen Investitionsnachfrage ausgelöst. Sie hat mit dem heimischen Investitionszyklus nichts zu tun. Die Investitionen unterblieben erst, als die Aufträge aus dem Ausland schon zurückgingen oder storniert wurden.

In der deutschen Politik taucht das Stichwort Konjunkturprogramm seit Frühjahr 2008 gelegentlich auf. Bundeswirtschaftsminister Michael Glos (CSU) tat so, als werde in seinem Ministerium ein solches Programm im bescheidenen Volumen von 10 Mrd. € entworfen. Bundesfinanzminister Peer Steinbrück (SPD) und Kanzlerin Angela Merkel (CDU) erwiderten sofort, so etwas komme nicht in Frage. Wichtig sei allein das Ziel der Großen Koalition, im Jahre 2011 einen ausgeglichenen Bundeshaushalt vorlegen zu können. Die Auseinandersetzung zwischen den Regierungsparteien läuft auf das Wahlkampfthema hinaus, wie hoch die Steuersenkung nach der Wahl ausfallen wird. An ein Konjunkturprogramm vor dem Herbst 2009, zur Bekämpfung der unmittelbar bevorstehenden Rezession denkt in der Berliner Regierung niemand. Bis zum Sommer 2008 waren auch aus Paris, Rom oder London keine makroökonomischen Vorschläge gekommen. Es sieht so aus, als hätten die Regierungen den bei Gründung des Euro in Maastricht installierten Stabilitäts- und Wachstumspakt komplett verinnerlicht. Danach haben nationale Regierungen für strukturell ausgeglichene Budgets zu sorgen. Wirtschaftspolitik oder gar Wachstumspolitik dürfen sie nicht betreiben.

Aus Brüssel, von der EU-Kommission, ist erst recht keine Konjunkturinitiative zu erwarten. Die Kommission ist vielmehr dazu da, mögliche Initiativen, wenn sie denn aus den Hauptstädten kämen, zu behindern.

Als die Finanzkrise im August 2007 offen ausbrach, geschah dies direkt unter den Augen der Europäischen Zentralbank. Der Geldmarkt unter Banken, in dem die Zentralbank ein monopolistischer Anbieter ist, wurde funktionsunfähig. Die EZB war die erste staatliche Institution auf dem Globus, die auf diese Krise sozusagen im eigenen Innenhof mit einer massiven Ausweitung der Liquidität – man kann auch sagen, angemessen – reagierte. Umso erstaunlicher ist es, dass die Zentralbanker die Wirkung der Finanzkrise auf die Realwirtschaft nicht einschätzen konnten.

Sie sahen die Gefahr, dass die plötzliche Schwächung des Banken- und Finanzmarktsystems die Versorgung der Realwirtschaft mit Krediten unterbrechen könnte. Um das zu verhindern, waren sie bereit, praktisch unbegrenzte Liquiditätshilfen ins Bankensystem zu pumpen. Sie wunderten sich, dass das einerseits die Krise nicht beendete, andererseits aber das normale Bankgeschäft einigermaßen aufrecht erhielt, die Kreditbedingungen für die Realwirtschaft in Europa sich also nur unwesentlich verschlechterten. Die Zentralbanker begriffen nicht oder wollten nicht begreifen, dass die Krise einen Boom oder auch eine Sonderkonjunktur der Weltwirtschaft beendete. Sie sahen nicht, dass dieser Boom in sich zusammenfallen würde, wenn die heiße Luft aus den spekulativ überhöhten Preisen für Finanzforderungen entweichen würde. Die Finanzkrise würde sich in Europa vor allem auf zwei

Wegen auswirken: In Ländern, wo ähnlich wie in den USA die Immobilienmärkte heiß gelaufen waren, würden der schwach werdende Bausektor und der gedämpfte Konsum rezessive Tendenzen auslösen. Vornehmlich betroffen waren innerhalb der Eurozone Spanien und Irland, außerhalb der Eurozone Großbritannien, die baltischen Kleinstaaten und Ungarn. Gravierender und letztlich entscheidend war aber, dass die Finanzkrise den Zustand der Weltwirtschaft beendete, wonach die USA den steigenden Konsum durch steigende Verschuldung finanzierten. Der wichtigste Nachfragefaktor für die Weltgütermärkte fiel aus.

Fehlentscheidung der EZB

Diese Wirkung der Finanzkrise auf die Weltkonjunktur war abzusehen und wurde auch von vielen Seiten so prognostiziert. Mag sein, dass die EZB und ihre volkswirtschaftliche Abteilung unter dem deutschen Konservativen und CDU-Mitglied Jürgen Stark Nachfragekomponenten grundsätzlich keinen Erklärungswert beimisst. Jedenfalls passte die Notenbank ihre Prognosen immer nur an die gerade hereinkommenden Daten an. Bis ins erste Quartal 2008 waren die Wachstumsdaten robust, besonders im größten Land des Euroraums, in Deutschland. Auch die Stimmungsindikatoren der Unternehmer hielten sich gut. Die EZB hatte es unter diesen Umständen leicht, sich optimistisch zu geben und wie die Mehrzahl der Politiker die abzusehenden Folgen der Finanzkrise klein zu reden.

Nur ganz am Anfang hatte sich die EZB beeindrucken lassen. Im Sommer 2007 war die Notenbank dabei, ihren Leitzins nach dem Ende der letzten Konjunkturkrise nach oben zu schleusen. Das ließ sie zunächst sein und hielt den Leitzins bei 4 Prozent. Die Begründung für die abwartende Haltung leuchtete ein. Die Zentralbanker wollten erst klarer sehen, wie sich die Finanzkrise entwickeln und welche Folgen sie haben würde. Die höheren Zinsen am Geldmarkt wirkten zudem ungefähr so wie zwei Anhebungen des Leitzinses um je $\frac{1}{4}$ Punkt. Ähnlich wie die EZB reagierte auch die japanische Notenbank. Sie war angesichts der sich langsam bessernden ökonomischen Situation des

Landes entschlossen gewesen, ihren Leitzins vom Notstandsniveau von einem halben Prozent vorsichtig anzuheben. Auch sie verzichtete auf diesen Schritt.

Beide Zentralbanken, die Bank von Japan und die EZB, behielten über Monate hinweg ihre vorsichtige Haltung bei. Das ist verständlich, wenn auch, speziell auf Seiten der EZB nicht besonders vorausschauend. In Europa bestand zwar noch nicht der unmittelbare Handlungsdruck wie in den USA. Die konjunkturelle Lage blieb zunächst noch durchaus nicht unfreundlich. Doch führten die Zinssenkungsmaßnahmen der USA und die bei schwieriger werdenden Finanzierungsbedingungen stabilen Leitzinsen in Europa zu einer zusätzlichen Aufwertung des Euro gegenüber dem Dollar.

Der teurer werdende Euro hatte eine zusätzlich bremsende Wirkung auf das ohnehin schon schwächer werdende Wirtschaftswachstum in Europa. Eine formal oder auch informell abgestimmte Konjunkturpolitik versuchten die Europäer und US-Amerikaner erst gar nicht. Es hätte nahe gelegen, zumindest einen Versuch zu machen, die kaum zu vermeidende Abschwächung der US-Konsumnachfrage und -Konjunktur gemeinsam abzufedern. Eine Stimulierung der Binnennachfrage in einigen europäischen Ländern, insbesondere in Deutschland, hätte beispielsweise verabredet und im Ausgleich dazu eine Mäßigung bei der Abwertung des Dollar als Ziel formuliert werden können. Die Herbst- und Frühjahrstagungen des Währungsfonds, wo dergleichen Dinge leicht hätten besprochen werden können, verstrichen aber ungenutzt. Auf den G-7-Treffen der Finanzminister oder auch auf den Gipfeltreffen der sieben größten Industrieländer wurden nur Plattitüden verbreitet.

Ursprünglich hatten diese Treffen durchaus den Zweck, wirtschaftspolitische Abstimmungen zwischen den Staaten und Währungsräumen vorzunehmen. Beide Seiten, Europäer und US-Amerikaner, schienen aber im Gefolge der Finanzkrise nun paradoxerweise ganz zufrieden mit dieser Nicht-Abstimmung. Die europäische Seite vermittelte den Eindruck, man habe es bei der Finanzkrise allein mit einem US-Problem zu tun. Die europäische Industrie-Lobby und ihre Politiker hielten sich mit Klagen über die Folgen des zu starken Euro erstaunlich zurück. Das wiederum bestärkte die EZB in ihrer Haltung, nichts gegen den überschießenden Euro und die am Horizont erkennbare Wachstumsabschwächung zu unternehmen.

Nachgerade absurd wurde die Haltung der Notenbanker, als die Späteffekte des auslaufenden globalen Wachstumsschubes in Form stark steigender Preise für Energie- und Rohstoffe sowie Nahrungsmittel in Europa durchzuschlagen begannen. Die Inflationsrate kletterte auf 4 Prozent, die Preise für Benzin und Nahrungsmittel stiegen deutlich stärker. Die steigenden Preise entzogen weitere Kaufkraft. Der Preisschub dürfte der Konjunktur in Europa den letzten Knacks gegeben haben. Die EZB-Banker taten in dieser Situation so, als drohe aus dem Preisschub eine galoppierende Inflation zu werden. Sie wollten nach ihren Worten jeden Lohnausgleich für die höheren Preise von vornherein vermeiden. Sie übersahen dabei völlig oder wollten nicht sehen, dass diese Gefahr gar nicht bestand. Die Lage der Lohnabhängigen hatte sich in dem noch kurzen Aufschwung noch kaum gebessert. Eine Weitergabe des Preisschubs auf die Löhne war nicht durchsetzbar.

So erhöhte die EZB im Juli 2008 tatsächlich ihren Leitzins von vier auf 4,25 Prozent. Dies wird als eine der dümmsten Entscheidungen in die Geschichte dieser noch jungen Notenbank eingehen. Die Notenbank konnte nicht hoffen, mit ihrem Zinsschritt den wichtigsten Inflationstreiber, den nach oben springenden Ölpreis damit auch nur im geringsten zu beeinflussen. Mit der Maßnahme bremste sie aber zusätzlich die Konjunktur, um die schon bisher schwächste Seite der Volkswirtschaft, den Konsum und die Masseneinkommen weiter zu dämpfen. Nur Tage nach der Zinserhöhung knickte der Ölpreis von seinem Rekordhoch bei 147 Dollar pro Barrel steil ab. Die Konjunkturdaten in Europa sackten in sich zusammen. Einen Monat nach der Zinserhöhung räumte EZB-Präsident Jean-Claude Trichet ein, dass sich die Konjunktur viel schwächer entwickelte, als er und seine Kollegen vermutet hatten. Der Euro sackte ebenfalls deutlich nach unten.

Die Folgen der globalen Finanzkrise haben, ein Jahr nach ihrem Ausbruch, im Sommer 2008 Europa mit voller Breitseite erreicht. Weder die EZB noch die europäischen Regierungen hatten bis dahin die kleinsten Maßnahmen ergriffen, um diese Folgen abzumildern.

9. Regulierungsvorschläge

Ganz so, wie die Weltwirtschaft vor dieser Krise funktionierte, wird es nicht mehr weitergehen. In der Realwirtschaft wird die Krise ihren üblichen üblen Verlauf nehmen – gemildert oder verschärft von adäquater oder verfehlter Wirtschaftspolitik. Der Finanzsektor, der wichtigste Auslöser der Krise, wird zunächst schrumpfen. Er schrumpft bereits.

Aus der Sicht der Philosophen oder meinetwegen auch der Volkswirte ist es eben das Positive, das Reinigende an der Krise, dass sie viel Anlage suchendes Finanzkapital auslöscht oder vernichtet. Konkret gesprochen sind die Abschreibungen bei UBS, Merrill Lynch, IKB und Citigroup etc. – die Abschreibungen bei den Banken wurden international im Sommer 2008 auf rund 600 Mrd. Dollar geschätzt – ebenso viel weniger Ansprüche, die Finanzinvestoren auf Zahlungen aus dem Gesamtgewinn der Ökonomie haben. Mit jedem Hedge-Fonds, der sein Kapital verzockt hat, verringern sich die Ansprüche der Anleger auf die Profite aus der Realwirtschaft. Der Finanzsektor verkleinert sich um jede der zahlreichen kleinen Banken, die die US-Einlagensicherung planmäßig schließt. Auch Pleiten wie die von Lehman Brothers oder Übernahmen wie die der Investmentbank Bear Stearns verkleinern den Bankensektor. Schließlich kündigen Banken an, ihre Bilanzsummen und Geschäftsfelder verkleinern zu wollen. Sie meinen dieses Mal wirklich verkleinern, nicht auslagern, wie sie das im Boom gemacht hatten. Sie entlassen Beschäftigte. Die Orte, an denen sich die Banken zusammenballen, die so genannten Finanzzentren, Manhattan, die City von London, das kleine Frankfurt, sie spüren schon die Rezession im Bankensektor.

Aber während sie Entlassungen noch ankündigen, hoffen die Banker bereits, dass sie morgen oder spätestens übermorgen, wenn die Krise vorbei ist, wieder rasant expandieren und wieder ganz selbstverständlich zweistellige Renditen aufs Eigenkapital erzielen können. Das war der Zustand im Boom. Das begreifen sie als den Normalzustand. Die Krise gilt ihnen als eine krankhafte Abweichung vom rauschhaften finanzdominierten, dem eigentlichen Kapitalismus. Und doch begreifen auch die Banker, die in der Krise ihren Job behalten haben, und sogar diejenigen, welche durch sie in höhere und machtvollere Positionen geraten sind, dass sich etwas ändern muss. Es ist den tugendhaften oder besser den klügeren unter ihnen nicht zuzumuten, finden sie, dass der Finanzmarkt aufgrund des Fehlverhaltens der weniger tugendhaften und blöderen zu funktionieren aufhören oder das ganze System noch weiter in Gefahr und Verruf bringen würde. Die Aufgeklärtesten unter den Bankern begreifen sogar, dass es sich die Welt außerhalb des Finanzsektors vielleicht nicht auf Dauer bieten lassen wird, dass die Banker es immer mal wieder so toll treiben, dass sie die Ökonomie in die Krise fahren und ihre Ressourcen zur eigenen Rettung missbrauchen.

Während die Krise noch wütet, wissen die Klügeren, dass Regulierung oder besser Reregulierung das Gebot der Stunde ist. Sie schlagen deshalb selber Besserungsmaßnahmen vor. Der Finanzmarkt soll von den schlimmsten Schwachstellen befreit werden. Er, der sich als so leistungsfähig und effizient und profitabel erwiesen hat, soll nach ihrer Meinung genau das bleiben. Nur soll er nicht unter dem Ansturm der Spekulanten in eine zu hohe Ekstase ausbrechen, vor allem soll er im Gefolge dieser Ekstase nicht explodieren. Die Banker wissen, dass sie die Regulierung nicht im Alleingang durchführen können. Sie brauchen den staatlichen Segen dazu. Es scheint zwar manchmal so, als seien die Aufsichtsbehörden, Regierungen und Parlamente nur dazu da, die Vorschläge der Banken- und Finanzlobby-Verbände zügig in Gesetze und Regeln zu verwandeln. In Europa hat der nach dem belgischen Bankier Alexandre Lamfalussy genannte »Lamfalussy-Prozess«, wonach gültige Finanzregularien von Kommissionen beschlossen werden, die von den Aufsichtsbehörden und den privaten Verbänden der Finanzbranchen besetzt werden, zur offiziell angewandten Gesetzgebungsmethode werden lassen. So, finden die Banker, soll es wieder laufen. Aber auch sie müssen sich erst einig werden.

Bis dahin gilt es, zwei Grundsätze zu beachten. Erstens, man soll das Kind nicht mit dem Bade ausschütten. Keine Bankerrede zu Regulierungsfragen kommt ohne diese Floskel oder eine Floskel ähnlichen Inhalts aus. Alle diese Reden warnen vor zur heftiger Regulierung. Es könnte sein, finden die Banker, dass unter dem Druck der öffentlichen Empörung eine zu strikte Regulierung das Resultat wäre. Der zweite Grundsatz ist noch wichtiger, er lautet: Die Freiheit des Marktes darf nicht in Frage gestellt, geschweige denn angetastet werden. Im Zweifel für diese Freiheit, finden die Banker. Da sei es auch besser, gelegentliche Banken-, Spekulations- und Kreditkrisen in Kauf zu nehmen, als diese Freiheit anzutasten. Überhaupt neigen, wie etwa der deutschen Bankenverbandspräsident und Aufsichtsratsvorsitzende der Commerzbank, Klaus-Peter Müller, anmerkt, die Regulatoren dazu, die Ursachen der Krise von gestern regulatorisch zu verhindern. Die nächste Krise entstehe aus ganz anderen Gründen. Recht hat der schlaue Müller. Denn Banker sind findig, wenn es gilt, geschäftshemmende Regeln (und Gesetze) zu umgehen.

Zu den zwei hier formulierten Grundsätzen ist freilich ernsthaft zu sagen: In schöner Allgemeinheit formulieren sie, worauf es wirklich ankommt, soll eine Finanzmarktregulierung Biss haben. Erstens, es gilt das Kind (die grandiosen Profitmöglichkeiten der Finanzinstitute) mit dem Bade (der Regulierung) auszuschütten. Zweitens, es kommt darauf an, dem freien Markt enge Grenzen zu setzen.

Hemmungen sollten Regulatoren und Gesetzgeber erst dann entwickeln, wenn die Regeln und Änderungen die Realwirtschaft nennenswert tangieren. Der Finanzsektor selbst sollte schrumpfen oder nach der Krise nicht wieder viel schneller wachsen als die Realwirtschaft.

Aus der Finanzbranche selbst kommen fast täglich Vorschläge, wie die Mängel des Finanzmarktes, die sich ja für die Akteure selbst vielfach als Mängel herausgestellt haben, behoben werden können. Obwohl sie von den Beteiligten kommen, sind nicht alle dieser Vorschläge schlecht. Auch die für die Finanzaufsicht zuständigen staatlichen Stellen und die Politiker kommen mit Vorschlägen daher, die ganz unterschiedlich weit ausgearbeitet sind, ganz unterschiedliche Motive haben und auch sehr unterschiedlich zu beurteilen sind. Auch institutionelle Reformen werden erwogen. Einige werden auch realisiert werden. Zu offensichtlich sind manche Mißstände.

Im folgenden sollen einige wichtige Reformvorschläge oder auch Ansätze – völlig unsystematisch – vorgestellt werden. Sie beziehen sich fast immer auf Teilgebiete des globalen Finanzmarktes und sind schon von daher meist wenig radikal.

EU: 10 Prozent Selbstbehalt

Der Finanzmarktkommissar bei der EU-Kommission, der Ire Charly McCreevy, ist es gewohnt, die Dinge zu tun, die ihm die Finanz-Lobby-Verbände vorschlagen. Der dazugehörige »Lamfalussy-Prozess« ist weiter oben schon vorgestellt worden. Im Juni 2008 trat McCreevy mit einem Reformvorschlag an die Öffentlichkeit, wonach die Verkäufer von strukturierten Krediten, zehn Prozent ihres tollen Produktes auf die eigenen Bücher zu nehmen haben. Strukturierte Kredite sind Pakete aus Forderungen, die nach Bonität tranchiert, in verschiedene Laufzeiten aufgeteilt und aus vielen Krediten oder Kreditgruppen ursprünglich zusammengesetzt waren. Sie stehen im Zentrum der Finanzkrise. Sie sind unverkäuflich und/oder im Wert stark gesunken, obwohl die in ihnen enthaltenen Hypotheken- oder sonstigen Kredite möglicherweise noch gar nicht faul geworden sind.

Früher haben Sultane, Könige und andere Fürsten Koch und Mundschenk gezwungen, vor ihren Augen von Speis und Trank zu kosten. Diese hatten dann ein Eigeninteresse daran, kein Gift hineinzutun. In diesem Sinne ist McCreevys Vorschlag, der ursprünglich aus der Branche kam, ziemlich vernünftig. Einige Banker befürworten diesen Plan. Die deutschen und europäischen Bankenverbände lehnen ihn ab. Das Gezeter der Branche scheint aber eher ein Ritual zu sein. Wenn McCreevys Vorschlag ordentlich bejammert, aber akzeptiert wird, lassen sich andere, unangenehmere Regulierungsvorschläge besser abschmettern.

IIF: Bilanzierungsrückzug

Eine Mehrheit der internationalen Banken schlägt den Weg zurück von der ganz auf die Finanzmärkte ausgerichteten, modernisierten Bilanzierungsmethode vor. Die Modernisierung bestand darin, dass die Vermögenswerte der Bank am Stichtag, am Ende des Jahres oder Quartals, zu dem dann gültigen Marktpreis zu bewerten seien. Das frühere deutsche Bilanzrecht sah dagegen, je nachdem, um welche Position es sich handelte, eine Bilanzierung zum Anschaffungswert, zum niedrigsten Wert oder wahlweise auch zum aktuellen Marktpreis vor. Die für international tätige Banken zwingende Bewertung ihrer Assets bereitete den Banken ein doppeltes Problem. Erstens konnten, wo die Märkte zusammengebrochen waren, keine Marktpreise festgestellt werden. Alternativ mussten die Banken auf Modellrechnungen zurückgreifen, die den Wert eines strukturierten Kreditpakets aus seinen Bestandteilen oder in Analogie zu ähnlichen Produkten berechneten. Der Willkür war Tür und Tor geöffnet. Zweitens und wichtiger, setzte die Marktbewegung in der Krise eine Abwärtsbewegung in Gang. Wenn eine Bank zum Beispiel Notverkäufe vornehmen muss, fällt der Preis für das entsprechende Produkt. Andere Banken, die ähnliche Kreditprodukte eigentlich bis zum Laufzeitende durchhalten wollen, sind dann gezwungen, deren Wert auf das Notverkaufsniveau abzuschreiben. Das wiederum kann diese Banken in solche Bedrängnis bringen, dass auch ihr Eigenkapital aufgezehrt wird und/oder sie zu Notverkäufen von Vermögenswerten genötigt sind. Die zwingende Bilanzierung zu aktuellen Marktpreisen hat also einen trendverstärkenden Effekt.

Die Forderung nach einer Rückreform des Bilanzierungsrechts machte sich überraschend der internationale Verband der Großbanken (IIF- Institute of International Finance) unter dem Vorsitzenden Josef Ackermann zu eigen. Die Angelegenheit scheint sehr kontrovers zu sein. Denn die dank kluger Absicherungsstrategien von der Krise bisher wenig berührte größte Investment-Bank des Globus, Goldman Sachs, schied sogar als Mitglied bei IIF aus – angeblich vor allem wegen der Kontroverse um die Bilanzierungsfrage. Es ist zu vermuten, dass Goldman Sachs sich in der Rolle des großen Krisengewinners sieht. Im allgemeinen schätzen Manager von Banken (und anderer Unternehmen) laxe Bilanzierungsregeln, die ihnen Wahlrechte und die Möglichkeit geben, ihre Bilanz zu »frisieren«. Chefs starker Unternehmen legen dagegen Wert auf Bilanzwahrheit und Vergleichbarkeit. Das hindert die Konkurrenz daran, sich schöner zu machen, als sie ist. Je realistischer und drastischer die Abschreibungen bei der Konkurrenz ausfallen, desto leichter werden ihre Geschäfte (oder die ganze Bank) von Goldman Sachs zu übernehmen sein.

Vielleicht spielt auch ein absurder Sondereffekt eine Rolle, den einige US-Banken lieb gewonnen haben. Wenn zu Marktwerten bilanziert wird, gilt dies überraschenderweise auch auf der Passivseite der Bilanz. Eine Bank, die für 10 Mrd. Dollar Bonds emittiert hat und feststellt, dass diese Bonds am Markt nur noch 8 Mrd. Dollar wert sind, weil die Investoren mittlerweile daran zweifeln, dass die Bank diese Schulden auch zurückzahlen kann, kann diese Schulden von 10 Mrd. Dollar auf 8 Mrd. abschreiben. Sie macht damit einen Buchgewinn von 2 Mrd. Dollar. Auch diese Praxis, bei US-Banken anscheinend üblich, würde bei der vom IIF befürworteten teilweisen Rückkehr zu alten Bilanzierungsregeln nicht mehr möglich sein.

Auch deshalb dürfte es den Bankenverbänden nicht gelingen, die Rückreform noch in der Krise durchzusetzen. Wahrscheinlicher ist es, dass nur eine Lockerung erreicht wird. So könnten allein durch die öffentliche Forderung nach einer Abkehr von der Marktbewertung die Bilanzprüfer noch weniger strikt eventuell fällige Einwände gegen nicht am Markt orientierte Bilanzposten erheben. Bilanzierungsfragen sind nicht unwichtig. Aber krisenauslösend sind schlechte Bilanzierungsregeln nicht.

Alle: Reform der Rating-Agenturen

Die breiteste Zustimmung fand und findet die Forderung nach einer Regulierung, Zähmung, Abschaffung, Neugründung oder jedenfalls einer grundlegenden Reform der Rating-Agenturen. Banker, die ihre Angestellten von Rating-Agenturen mit der Note »AAA« versehenen Kredit-Schrott haben kaufen lassen, Bundeskanzlerin Angela Merkel und die Gewerkschaft Verdi zählen zu denen, die eine Reform bei den Rating-Agenturen für dringlich oder sogar die dringlichste Maßnahme halten. Frau Merkel findet, dem US-amerikanischen Duo- oder jedenfalls Oligopol im Rating müsse eine europäische Rating-Agentur entgegengesetzt werden. Die internationale Vereinigung der Börsenaufseher Iosco hat eine eigene Behörde zur Beaufsichtigung der Rating-Agenturen erwogen. Damit ist der erste Schritt zu einer Regelung getan. Bei den Rating-Agenturen scheint es am einfachsten zu sein, überhaupt zu einer Neuregelung zu kommen.

Die allgemeine Empörung über die Rating-Agenturen ist verständlich. Denn diese kleinen Unternehmen haben eine ziemlich zentrale Rolle bei der Verpackung und dem Verkauf von Krediten aller Sorten gespielt. Und diese Aktivitäten haben zur Verteilung schlechter Risiken im globalen Finanzsektor geführt. Die Rating-Agenturen haben diese Kredite bewertet, mit Noten, dem »Rating« versehen. Nun, da gut bewertete Kreditforderungen entweder faul geworden oder zumindest nicht wieder verkäuflich sind, richtet sich der Zorn der Käufer vornehmlich gegen die falschen Notengeber.

Es gibt tatsächlich nur wenig Rating-Agenturen. Offiziell anerkannt vom US-Kongress, der sehr viel mehr Dinge zu regeln sich anmaßt als europäische oder deutsche Parlamente, sind fünf. Zwei von ihnen sind aber nur dazu da, damit dem Oligopol nicht auch noch der parlamentarische Segen erteilt wird. Die dritte, Fitch, hat zwar auch eine lange Geschichte, bemüht sich aber erst mit gewissem Erfolg, wie die zwei wirklich großen ins große Geschäft zu kommen. Fitch beschwert sich bei der Börsenaufsicht SEC und bei Kongress-Kommissionen gegen die Praktiken der beiden Großen, Standard & Poor's (S&P) sowie Moody's, die die kümmerliche dritte Agentur nicht ins junge

und unglaublich flott laufende Geschäft mit der Bewertung »strukturierter Produkte« kommen lassen wollen. Wie machen sie das? Wenn
so ein strukturiertes Kreditpaket Kredite enthält, die nicht von S&P
oder Moody's geratet worden sind (sondern, so ist zu ergänzen, nur
von Fitch), wird das ganze Paket um einige Grade niedriger bewertet.
Die beiden großen Rating-Agenturen machen das nicht nur so, sie
kündigen es auch an. Sie erreichen damit, dass die Investmentbanken
darauf achten, dass alle in ein Paket eingepackten Kredite ein Rating
von S&P oder Moody's erhalten.

Solche Praktiken könnte eine europäische Rating-Aufsicht unter-
binden. Vielleicht könnte sie auch die Praxis ändern, die in den späten
1970er Jahren eingerissen ist. Erst seit damals werden die Rating-
Agenturen von den Emittenten bezahlt, deren Anleihen von den Rating-Agenturen benotet werden. Zuvor zahlte der Anleger für die Infor-
mation über die Bonität der Papiers, das er möglicherweise erwerben
wollte. Ohne ein Rating lassen sich Anleihen nicht verkaufen. Noch
viel weniger lassen sich strukturierte Produkte ohne Rating verkaufen.
Jetzt allerdings lassen sie sich auch mit Rating nicht mehr verkaufen.
Das Urteil der Rating-Agenturen über die strukturierten Kredite war
nicht gelegentlich falsch, es war generell falsch und irreführend.

Was will man mit einer Aufsicht über die Rating-Agenturen erreichen? Dass sie keine Gefälligkeitsurteile mehr fällen? Dass sie einen
ganzen Markt mit enormen Gewinnmöglichkeiten als die Schönwet-
terveranstaltung abtun, um die es sich gehandelt hat? Aber haben nicht
Banker, Zentralbanker und Aufseher den Weiterverkauf von Krediten
in alle Welt als Effizienzsteigerung des globalisierten Finanzmarktes begrüßt? Noch eine Frage: Soll durch eine Aufsicht das verlorene Prestige
der Rating-Agenturen zurückgewonnen werden, damit der Verkauf
dieser schönen Anlageprodukte wieder in Schwung kommt?

Im Gegenteil, es sollte alles getan werden, um die Bedeutung der
Rating-Agenturen zu mindern. Die Analysten, die bei diesen relativ
kleinen Organisationen schlechter bezahlt wurden als bei den Banken,
wurden als erst- und letztinstanzliche Gerichte über Unternehmen
und die von ihnen ausgegebenen Schuldpapiere angesehen. Nicht
nur die Geschäftsbanken und Pensionsfonds, auch die Notenbanken

und die Aufsichtsbehörden haben die Rating-Agenturen in diese halb-
offizielle Rolle gedrängt. Die Versicherungsaufsicht und die Fonds-
Aufsicht legen fest, welches Mindestrating bestimmte sichere Anlagen
haben sollten. Die Europäische Zentralbank nimmt nur Sicherheiten
entgegen, die ein bestimmtes Rating aufweisen. Sie akzeptiert sogar
das Urteil der Rating-Agenturen über die Mitgliedsstaaten der Währungsunion. Wenn die Staatsanleihen Italiens und Griechenlands um
zwei Stufen niedriger eingeordnet werden als heute, können sie nur
noch mit Abschlägen als Sicherheit für frischen Notenbankkredit akzeptiert werden. Ein eigenes Urteil über die Bonität der Mitgliedstaa-
ten traut sich die EZB nicht zu – mit Recht nicht. Diese Souveränität
würden ihr vermutlich nicht einmal die in die Unabhängigkeit der
Zentralbank vergafften Politiker zugestehen. Warum aber dann den
kümmerlichen Rating-Agenturen?

Es ist wirklich kein Wunder, dass die Agenturen ihre starke Stellung auch weidlich ausgenutzt haben. Es besteht nun noch weniger
Grund, das angeknackste Prestige wiederherzustellen. Eine Aufsicht,
ob effektiv oder ineffektiv, täte genau das. Besser wäre es, wenn die Behörden der Finanzaufsicht auf eine Bewertung der Wertpapiere durch
Rating-Agenturen nicht mehr Bezug nehmen würden. Man kann dies
ausnahmsweise dem freien Markt überlassen. Wer meint, der Bewertung einer Rating-Agentur beim Kauf eines Wertpapiers vertrauen zu
können, kann dies auch weiterhin tun. Er sollte es nicht viel ernster nehmen als das Urteil eines Bankanalysten über das Wertpapier.
Ohne die Rating-Agenturen und dem Vertrauen in ihre Methoden
und Urteile wäre das Riesengeschäft mit strukturierten Krediten gar
nicht erst in Gang gekommen. Es ist demnach ganz gut, wenn das
Vertrauen in sie einen Knacks erhalten hat.

Bundesregierung: Mehr Transparenz

Die Forderung nach mehr Transparenz ist älter als die Finanzkrise.
Die Bundesregierung erhob sie auf diversen Gipfeltreffen und auf
dem Treffen der G-7 und G-8 in Heiligendamm. Nach wie vor ist diese

Forderung sehr beliebt, in letzter Zeit allerdings in den Hintergrund getreten. Die Bundesregierung hatte, unterstützt unter anderem von der Bundesbank, die Forderung nach Transparenz insbesondere gegenüber den immer zahlreicher und aktiver werdenden Hedge-Fonds und Private-Equity-Fonds (alias Heuschrecken) erhoben. Nicht ganz klar ist freilich, was offengelegt werden soll und wem gegenüber. Die Reaktion der britischen und der US-Regierung, in deren Ländern die übergroße Mehrzahl der Hedge-Fonds und Private-Equity-Fonds residiert, war im Frühjahr 2007 gelinde gesagt abweisend. Beide Regierungen fassen die Fonds als Vorteile für ihr Land auf. Schließlich mischen sie von ihren kleinen Büros oder Villen an der Küste Connecticuts und verstreut in London und Edinburgh die Verhältnisse in anderen Ländern auf. Zudem sind die Politiker in beiden Ländern eng mit den Managern und Beratern dieser Fonds bekannt. So manche große Politikerkarriere findet als gut dotierter Berater bei den Fonds einen erfreulichen Ausklang. Auf Finanzkompetenz kommt es dabei nicht an, sondern auf die Verdrahtung. Was die Transparenz betrifft, reicht es den Finanzbehörden beider Länder, über die enormen Einkommen der in diesem Gewerbe Tätigen einigermaßen Bescheid zu wissen. Im Gegenzug genießen diese Personen außergewöhnliche Steuervorteile. Allerdings hat die Regierung Brown einen kleinen Sondervorteil, den sehr gut verdienende Ausländer im Vereinigten Königreich genossen, gekappt. Auch das könnte ein Grund dafür sein, warum die fast durchweg rechte Presse in Britannien Gordon Brown so viel schlechter behandelt als seinen Vorgänger Tony Blair.

Die Hedge-Fonds hatten, als sie Thema des großen Gipfeltreffens geworden waren, wohlwollend, wie sie nun mal sind, den Regierungen versprochen, eine gewisse Selbstregulierung einzuführen, was ja auch Registrierung heißt. Schließlich haben sie auch kleine Lobby-Verbände, organisieren auch Partys und sind überhaupt nicht so geheim, wie es manchmal scheint. Einblick in ihre Strategien oder gar in die Engagements oder noch schlimmer in die Geldquellen wollten sie allerdings nicht geben. Es ist ohnehin nicht anzunehmen, dass die deutsche Bundesregierung so weit in ihren Transparenzforderungen gehen wollte. Sie oder Finanzminister Peer Steinbrück brachten al-

lerdings ihrerseits in Deutschland ein Gesetz auf den Weg, das Anfang 2008 verabschiedet wurde und Risikobegrenzungsgesetz heißt.
Es sorgte für mehr Transparenz. Denn nun müssen natürliche oder
juristische Personen der BaFin und dem betroffenen Unternehmen
anzeigen, wenn sie einen Anteil an einem Unternehmen von 3 Prozent über- oder unterschreiten. Bisher galt die Meldepflicht erst ab
5 Prozent. Der Transparenzgewinn war von den Managern börsen-
notierter Unternehmen gefordert worden, die es nicht gern sehen,
wenn jemand versucht, sich in ein Unternehmen gegen ihren Willen
einzukaufen.

Der Absatz ist leicht ironisch geraten, weil die vage Forderung
nach Transparenz wohlfeil ist. Sie wird häufig und gerne von jenen
Institutionen erhoben, die Forderungen nach strikter Regulierung ab-
wehren wollen.

Ökonomen: Bankerbezahlung

Nicht wenige Kritiker haben, während die Finanzkrise sich entfalte-
te, darauf hingewiesen, dass ein Grund für das Krisendesaster falsche
Anreizsysteme sein könnten. Banker werden ohnehin gut bezahlt. Sie
erhalten aber bis weit ins Fußvolk in den Handelssälen hinein hohe
Boni, Sonderprämien, Aktienoptionen und sonstige Anteile am Gewinn der Bank. Meist werden diese Gewinnbeteiligungen gegen Ende
des Geschäftsjahres verteilt, meist nach einem ausgeklügelten System,
das dem der Beuteverteilung in einer Räuberbande ähnelt und wobei
die Spitzenleute die bei weitem größten Anteile vorab abgreifen. Es ist
offensichtlich, dass ein solches »Entlohnungs«-System das Risikobe-
wusstsein der Banker nicht gerade fördert. Ein Banker verhält sich ra-
tional, wenn er eine Investition mit hohem, beispielsweise 10prozen-
tigem Risiko des Totalverlusts tätigt, die entsprechend hohe Renditen
abwirft. Bis nach durchschnittlich zehn Jahren der Totalverlust eintritt,
hat das Investment der Bank mit einer gewissen Wahrscheinlichkeit
satte Gewinne beschert und dem Banker den Ruf eines Meisterspeku-
lanten eingetragen, dieweil ihn seine Boni zum vielfachen Millionär

gemacht haben. Im zehnten Jahr dann geht die Bank dank dieses genialen Investments pleite oder muss vom Steuerzahler gestützt werden. Das kann dem Banker, der bis dahin längst weitergezogen ist, aber egal sein.

Das Beispiel legt nahe, dass die Bankerbezahlung nicht kurz-, sondern längerfristig am Erfolg der Bank ausgerichtet werden sollte. Martin Wolf, Chefökonom der Zeitung »Financial Times«, schlug wie einige andere kluge Leute vor, die Banken sollten die Boni erst mit einigen Jahren Verzögerung auszahlen und an die Bedingung koppeln, dass es der Bank bis dahin nicht deutlich schlechter geht. Das ist kein schlechter Gedanke. Auch der internationale Großbankenverband IIF versprach, im Rahmen seiner Selbstregulierungsinitiative sich gewisse Standards der Bankerbesoldung einfallen zu lassen und sie seinen Mitgliedsbanken dann zu empfehlen. Mehr sollte man ernsthaft nicht erwarten. Es ist wahrscheinlich noch schwerer, wirklich rigorose Bezahlungsstandards im Bankgewerbe durchzusetzen als eine Regulierung der Geschäfte selber. Und selbst dann hätte man nicht viel gewonnen. Denn der Anreiz für die angestellten Banker ist nur die eine, verstärkende Triebkraft bei der Finanzspekulation. Die viel grundlegendere ist die des Kapitals und der Kapitalisten selber.

Corrigan: Zentrale Gegenpartei

Auch die Teilbranche der Broker- oder Händler-Banken meldete sich zu Wort. Ihnen war mit Bear Stearns im März schon ein durchaus ehrenwertes Mitglied verloren gegangen. Im September sollten sich mit Merrill Lynch und Lehman Brothers zwei weitere Banken aus der Branche verabschieden. Sie schickte einen alten Haudegen vor: Gerald Corrigan, ehedem Präsident der Federal Reserve von New York (also jener regionalen Gliederung der Notenbank, die die Beschlüsse der Bank am Geld- und Devisenmarkt umsetzt und daher besonderes Gewicht hat) und nun, zu Zeiten der Krise, Manager der führenden Investment- und Händlerbank Goldman Sachs. Corrigan führte eine USA-lastige Banker-Arbeitsgruppe an, die im August 2008 einen Bericht mit einigen Empfehlungen zur Regulierung des Finanzmarktes herausgab.

Die meisten dieser Empfehlungen sind wohlfeil, etwa die, komplexe Finanzinstrumente sollten nur an nachgewiesen hyperschlaue
Investoren verkauft werden. Wie etwa die professionellen Banker
von Merrill Lynch, Citigroup oder UBS, ist man versucht zu sagen.
Andere sollten eine Selbstverständlichkeit sein, wie etwa die, außerbilanzielle Finanzvehikel der Banken müssten zurück auf die Bilanz
genommen werden. Im Kern interessiert Corrigan & Co. beim Handel mit Finanzprodukten die Zuverlässigkeit der Gegenpartei. Gilt sie
nicht als gewährleistet, bricht der Finanzmarkt zusammen, wie alle
Beteiligten zu ihrem Leidwesen erfahren haben. Ideal wäre es, so
finden die Händlerbanken, alle einfachen und komplizierten Finanzprodukte würden an einer geregelten Börse gehandelt. Die Terminbörsen, also jene Marktplätze, wo Öl zur Lieferung in zwei Jahren,
das Recht zum Bezug einer bestimmten Aktie oder die Option, den
Dollar in drei Monaten zu einem bestimmten Preis in Yen tauschen
zu können, gehandelt werden, diese Terminbörsen haben als erste
eine so genannte zentrale Gegenpartei eingerichtet. Das bedeutet:
Die Händler an der Börse handeln zwar weiterhin mit den anderen,
an der Börse als Mitglied registrierten Händlern. Formal treten sie
aber bei jedem Handelsabschluss in einen Vertrag mit der Börse ein,
die als zentrale Gegenpartei auftritt. Sie erfüllen die eingegangenen
Geschäfte, indem sie der Börse Ware oder Geld anliefern. Die andere Seite des Geschäfts macht das genau so. Die Börse selbst rechnet
am Ende des Tages die Nettopositionen ab. Kein Händler muss sich
in diesem System darum kümmern, ob die Gegenpartei, mit der er
einen Vertrag schließt, noch liquide ist. Die Terminbörsen haben mit
diesem Angebot an Sicherheit viel Geschäft an sich gezogen. Mittlerweile haben auch die großen Aktienbörsen der Welt solche »zentralen
Gegenparteien« eingerichtet. Deshalb auch hat in den bisherigen Höhepunkten der Finanzkrise, als der Handel unter Banken eingefroren
war, der Börsenhandel durchweg gut funktioniert.

Das käme für eine Händlerbank der Idealvorstellung gleich: die
ganze Welt eine Börse mit einer umfassenden zentralen Gegenpartei.

Corrigan und seine Kollegen wissen natürlich, dass diese Vorstellung naiv ist und hegen sie deshalb nicht. Erstens kostet die Sicherheit der zentralen Gegenpartei gutes Geld in Form von Börsengebühren. Zweitens, und viel wichtiger, werden die besten Geschäfte außerhalb standardisierter Kontrakte gemacht. Eine zentrale Gegenpartei rechnet sich nur bei standardisierter Massenabrechnung. Ist das Geschäft ein Einzelfall, muss man sich den Partner ohnehin suchen. Da kann man auch gleich Erkundigungen über seine Bonität einholen. Corrigans Arbeitsgruppe konzentriert sich also auf Methoden, um die Liefer- und Abrechnungsfristen am Finanzmarkt zu verkürzen. Sie schlägt vor, der einen Seite bei Lieferverzug der anderen die schnelle Auflösung der Position zu gestatten. Die Arbeitsgruppe kalkuliert auch damit, dass diese dem effizienten Handel dienenden Vorschläge von den US-Banken in freundlicher Zusammenarbeit mit den zwei rivalisierenden Institutionen der Börsenaufsicht, der SEC und der CFTC, umgesetzt werden und dann von der Branche im Rest der Welt.

Die eigentlichen Probleme, die den Finanzsektor in die Krise geführt haben, berühren solche Vorschläge nicht. Die vorgeschlagenen Methoden, den Finanzmarkt für die Beteiligten schneller, billiger und besser kalkulierbar zu machen, könnten allerdings die Spekulationsanreize noch erhöhen. Es gibt, wie man sieht, auch kontraproduktive Regulierungsansätze.

Fast niemand: Verstaatlichung

Auch in dieser Bankenkrise müssen die Banken vom Staat aufgekauft, gestützt und rekapitalisiert werden. Eine Bankenkrise, wie sie der ganz unbehelligt wirkende freie Markt erzwingen würde, die zum Zusammenbruch von großen Kreditinstituten führt, kann sich eine Gesellschaft, auch eine vom Neoliberalismus geprägte wie die unsere, nicht leisten. Das letzte Mal, als dies in Deutschland ernsthaft durchexerziert wurde und Reichsbankpräsident Hjalmar Schacht den Alliierten demonstrieren wollte, dass Deutschland keine Reparationen zahlen könne, und die Danat-Bank pleite gehen ließ, da führte der weitere

Weg geradewegs in die tiefste Wirtschaftskrise in Friedenszeiten und zur Übergabe der Macht an die Nazis. Es ist seitdem undenkbar, die Banken nicht zu stützen. Die Folgen wären verheerend. Es ist erfreulich, dass wenigstens in diesem Punkt in aller Welt politischer Konsens besteht. Keine politische Partei kann es sich leisten, einen Bankzusammenbruch zuzulassen.

Es geht auch nicht um große Banken allein. Die Fälle Northern Rock in England und IKB in Deutschland zeigen, dass auch mittelgroße und kleinere Banken mit staatlichen Rettungsaktionen rechnen können. In den USA wurde sogar zum ersten Mal mit Bear Stearns eine reine Makler- oder Börsenbank mit dem Einsatz öffentlicher Gelder vor dem Untergang gerettet. Da in Großbritannien ein System wie in Deutschland fehlte, das die Einlagen der Sparer absichert, gab der Finanzminister selber eine Garantie für alle Einlagen bei Northern Rock. Auch im Land, in dem nach Maggie Thatcher und Tony Blair nur Wettbewerb und das von allen Gewerkschafts- und Staatseingriffen freie Unternehmertum herrschen sollten, gilt das Bankwesen als öffentlich garantierte Dienstleistung.

Das kontrastiert allerdings mit zwei bemerkenswerten Tatsachen, nämlich der, dass es im Kapitalismus immer wieder zu Bankenkrisen kommt, und der anderen, dass die Banken so profitabel sind. Der Grund für beide Tatsachen ist derselbe: Banken gehen nämlich außerordentlich hohe Risiken ein. Weil die Banken eine notwendige Infrastruktur anbieten, subventioniert die öffentliche Hand die Übernahme hoher Risiken durch die Banken – und erhält im Ergebnis Spekulation. Tatsächlich scheint es der Branche zu gelingen, über die Jahre hinweg eine überdurchschnittliche Eigenkapitalrendite zu erzielen. Allerdings stehen den in guten Zeiten außergewöhnlich hohen Renditen im Bankensektor Negativrenditen oder Verluste in schlechteren Jahren gegenüber. Das bei den Banken besonders spärliche Eigenkapital ist dann schnell aufgezehrt.

Es ist sonderbar, dass eine so schwankungsanfällige Branche es sich leisten kann, so wenig Eigenkapital vorzuhalten. Die Anomalie erklärt sich durch die explizite und implizite Staatsgarantie für den Sektor. Es geht hier nicht um die viel beredete, von den privaten

Banken heftig kritisierte und schließlich von der EU-Kommission beseitigte Haftung der öffentlichen Hand für die öffentlichen Sparkassen und Landesbanken. Nein, es geht um alle Banken, ob in Privatbesitz oder öffentlicher Hand. Sie profitieren alle von verschiedenen Staatsgarantien, sei es der schützenden Hand der Zentralbank, die im Notfall Liquidität bereitstellt, seien es die formellen oder informellen Schutzvorrichtungen für Einleger und Gläubiger der Institute. Nur weil es diese Institutionen gibt, sind Haushalte und Unternehmen bereit, ihr Geld in die schwach kapitalisierten Institutionen zu stecken.

Welche Bedeutung dieses Vertrauen in die staatliche Unterstützung des nationalen Bankensektors hat, zeigt sich dann, wenn das Vertrauen angeknackst ist. Politiker, Bankenaufseher, Noten- und Geschäftsbanker halten Festreden, in denen das Wörtchen Vertrauen in jedem zweiten Absatz vorkommt. Die Stützung notleidender Konkurrenzinstitute wird zum patriotischen Akt.

Die staatliche Förderung des Bankwesens dient dazu, die für die gesamte Volkswirtschaft notwendige Geldinfrastruktur aufrechtzuerhalten. Doch nutzen die Geschäftsbanken die ihnen vom Staat geschenkte Seriosität, um rentierliche, spekulative Geschäfte zu betreiben. Sie vergeben Kredite an riskante Schuldner, sie leihen langfristig und finanzieren sich kurzfristig, sie handeln mit Aktien und Unternehmen. Der Staat reagiert darauf mit Regulierung. Er setzt Mindestkapitalstandards, er kontrolliert die Eigentümer und Geschäftsführer, er prüft die Risikosteuerung, er legt Mindestliquiditätsreserven fest. Keine andere Branche wird durch eine so engmaschige eigene Gesetzgebung gegängelt und dazu von einer Aufsicht mit rigorosen Eingriffsrechten überwacht.

Wer ein echter Banker ist, findet Wege und Mittel, sich dieser Aufsicht zu entziehen. Die Anreize sind hoch, um im Interesse höherer Gewinne und Boni die Aufsichtsregeln zu umgehen und sowohl Geist als auch Buchstaben der Bankregeln zu verletzen. Die letzte Runde im Kampf zwischen Bankern und ihren Aufsehern ist eindeutig an die Banker gegangen. Mit außerbilanziellen Vehikeln, mit Schattenbanken wie Hedge-Fonds und Private-Equity-Fonds wurde immer mehr Geld den Augen der Aufsicht entzogen und der Spekulation zugeführt.

Was also ist nach dieser x-ten Bankenkrise zu tun? Es gibt nur zwei Möglichkeiten. Die eine besteht darin, den Banken die Staatsgarantie zu entziehen. Die Folgen dieser Politik sind nicht akzeptabel. Bei der anderen, der Verstaatlichung nämlich, fällt es offenbar ganz außerordentlich schwer, sie auch nur in Erwägung zu ziehen. Es sind denn unter den Politikern keine und unter den Ökonomen und Finanzaufsehern, die selber etwas sagen dürfen, ebenso wenig, die die einfache Schlussfolgerung zu ziehen bereit sind. Eine Ausnahme ist der bereits einmal zitierte Martin Wolf, Kolumnist und Chefökonom der britischen Zeitung »Financial Times«. Auch ihm fällt es als erklärtem Marktliberalen schwer, so etwas Garstiges aufzuschreiben, und er tut es dennoch (FT 28.11.07): Da der Bankensektor eine öffentliche Infrastruktur ist, muss er auch so behandelt werden. Die Renditen und Geschäfte der Banken müssen eng kontrolliert und begrenzt und der Kapitalmarkt reguliert werden. Eine solche Bankenwelt wäre durch viele dezentrale, öffentliche Banken und Sparkassen gekennzeichnet. Sie sähe dem Westdeutschland der 60er Jahre des vorigen Jahrhunderts vermutlich ähnlicher als dem von wenigen Oligopolbanken gekennzeichneten Großbritannien zu Beginn dieses Jahrhunderts.

Der Weg dahin ist kürzer, als viele meinen. Der Zwang der Umstände wird für Verstaatlichung schneller sorgen, als sich die herrschende Meinung an den ketzerischen Gedanken gewöhnen kann. Der Staat rückt im Bankgeschäft vor, auch ohne dass es zu Eigentumsveränderungen kommt. Schon sind die Geschäftsbanken in viel direkterer Weise als vor der Krise auf die Bereitstellung von Geld durch die Zentralbank angewiesen. Auch die Versorgung der Unternehmen mit Kredit kann von der Zentralbank geleistet werden. Der Geldzwischenhändler, die Geschäftsbank, die in guten Zeiten mit dem Geld spekuliert, aber in schlechten zu wenig Vertrauen genießt, um es einzusammeln, ist eigentlich unnötig.

Noch wird Verstaatlichung, wie das Beispiel Fannie Mae und Freddie Mac in den USA zeigt, aufgeschoben, so lange wie nur möglich. Lieber werden absurde Lösungen gewählt.

Die Verstaatlichung der Banken ist jedoch eine klare und aus der Logik, wie Banken funktionieren, eine folgerichtige Entwicklung. Allerdings ist die enge Kontrolle und Regulierung noch wichtiger. Geld ist gefährlich. Wer mit Geld handelt, muss aufs Genaueste beobachtet werden.

10. Schranken für den Finanzsektor

Das ist ja das wirklich Erstaunliche an dieser Finanzkrise. Genau sie hätte eigentlich verhindert werden sollen. Genau dafür halten sich alle kapitalistisch organisierten Industriestaaten eine Bankenaufsicht. Genau deshalb sind die Banken das am intensivsten beaufsichtigte Gewerbe. In Deutschland befassen sich zwei große Behörden (die Deutsche Bundesbank und die Bundesanstalt für Finanzdienstleistungsaufsicht, BaFin) mit der Aufsicht über die Banken. In den USA sind es noch mehr. Zur Kontrolle der Banken haben die Staaten sogar ein Regelwerk etabliert und in ausführlichen Abkommen vereinheitlicht. Es sind die als Basel I und Basel II bekannten Abkommen, die den Banken vorschreiben, wieviel Eigenkapital sie für ihre Geschäfte vorhalten müssen. Anders ausgedrückt, wie viele Geschäfte und welche sie mit dem vorhandenen Eigenkapital maximal betreiben dürfen.

Die ganze Aufseherei ist dazu da, um exzessiver Kreditvermehrung und exzessiver Spekulation mit diesen Krediten zu vorzubeugen – also genau das zu verhindern, was eingetreten ist. Dennoch hört man von den Aufsehern oder denen, die diese Aufseher eingestellt, oder gar von denen, die die Regeln aufgestellt haben, kein Wort der Kritik, geschweige denn der Selbstkritik. Schlimmer kann man gar nicht versagen, als die Bankenaufsicht versagt hat. Über Jahre hinweg eine solch exzessive Kreditexpansion zuzulassen, die gerade verhindert werden soll, das ist krass.

Das Folgende soll möglichst kurz erklären, wie es dazu kam, dass die Banken sich so grandios ihrer Aufsicht entziehen konnten. Es soll erklären, was nicht heißt, entschuldigen. Die Kreditvergabe des Bankensystems ist im Grundsatz grenzenlos. Denn die Banken können das Geld, das ihnen (von Sparern oder Unternehmen oder anderen Banken) zur Verfügung gestellt wird, mehrfach weiter verleihen. Die mehrfache Kreditvergabe ist ein wichtiger Hebel, um ihre Profitabilität zu erhöhen. Kurz und wie schon mehrfach festgestellt, besteht für die Banken ein hoher Anreiz, ein Vielfaches der jederzeit verfügbaren Gelder als Kredit zu vergeben oder, was ökonomisch das Gleiche ist, zu investieren. Dass das in etwas schwierigeren Zeiten nicht gut gehen kann, ist unmittelbar einsichtig und hat die Wirtschaftsgeschichte zu Genüge gezeigt.

Die Staaten haben deshalb, sofern ihre Banken nicht staatseigen waren, versucht, diese durch strikte Aufsichtsregeln und starke Aufsichtsinstitute zu bändigen. Die Währung eines Landes, Geldangelegenheiten, überhaupt der Finanzsektor sind traditionell sehr staatsnahe Bereiche der Volkswirtschaft. Selbst in diesen neoliberalen Zeiten wird der Rat der erzreaktionären Ökonomen Friedrich von Hayek und Milton Friedman in den Wind geschlagen, und die Ausgabe der Währung bleibt nationalen oder supranationalen, jedenfalls staatlichen Behörden vorbehalten. Im Finanzsektor tritt das Kapital am unmittelbarsten als politische Macht auf. Wenn die Banken und Fonds mit Unternehmen oder ganzen Volkswirtschaften handeln, fallen häufig gewichtigere Entscheidungen als bei der Verabschiedung des Staatshaushalts. Die große nationale Bedeutung des Finanzsektors heißt andererseits, dass dieser bei der Internationalisierung ein Spätentwickler ist. Das Bankensystem ausländischem Kapital zu überlassen, ist selbst den von der neuen globalisierten Weltordnung begeisterten Eliten in Osteuropa schwer gefallen. Wirklich multinationale Bankkonzerne gibt es bis heute kaum. Die Citigroup ist dem bis zu dieser Krise immerhin nahe gekommen. Ihr Privatkundengeschäft in Deutschland, das sie nun an die französische Genossenschaftsbank Crédit Mutuel verkauft hat, war hier nur ein Nischeninstitut. Da sind Unternehmen wie Toyota, Microsoft oder Nokia in ganz anderer, tiefer Weise bei Produktion und Absatz weltweit tätig.

Die Abkommen von Basel

Die Internationalisierung des Bankenkapitals begann sich erst in den 80er Jahren des vergangenen Jahrhunderts zu entwickeln. London öffnete sich den Banken aus aller Welt und entwickelte sich zur wichtigsten internationalen Drehscheibe des Kapitals, was vor allem auch bedeutete, Zentrum des Devisenhandels zu sein. Die US-Banken waren relativ zur Größe des Landes ziemlich klein. Nur die Börse und die börsennahen Aktivitäten der dortigen Brokerbanken waren in diesem Teilsegment des Bankgeschäfts von internationalem Gewicht. Nach Bilanzsumme waren die japanischen Banken am größten. Sie wuchsen, angetrieben von den hohen Wachstumsraten des industriellen Wunderlandes Japan, von der unaufhörlich nach oben strebenden japanischen Börse und den ebenso nach oben strebenden Immobilienpreisen. Japan drohte aus US-amerikanischer Sicht, mit dem Überfluss an Kapital die USA zu übernehmen. Die Entschlossenheit, ein internationales Regelwerk zur Begrenzung der Kreditvergabe durch die Banken zu schaffen, entstammt dieser Situation.

Der Baseler Ausschuss für Bankenaufsicht war schon 1975 von den nationalen Finanzministern, Notenbankern und Bankenaufsehern der zehn wichtigsten Industriestaaten geschaffen worden. Er heißt Baseler Ausschuss, weil das Gremium ein Sekretariat bei der Bank für Internationalen Zahlungsausgleich, BIZ, in Basel unterhält und häufig sich auch dort trifft. Das Gremium bereitete die erste verbindliche Übereinkunft zur Pflicht der Banken vor, ein Mindestmaß an Eigenkapital für ihre Geschäfte bereitzustellen. Es wurde das Baseler Abkommen oder der Baseler Akkord genannt. Seine Grundregel ist schlicht und entspricht der einfachen Zielsetzung, die Kreditvergabe der Banken zu begrenzen. Danach dürfen die Banken höchstens das Zwölfeinhalbfache ihres Eigenkapitals an Krediten vergeben oder sonstige Investitionen tätigen. Anders ausgedrückt, sie müssen für jedes von ihnen getätigte Geschäft acht Prozent Eigenkapital bereithalten. Nur Kredit an OECD-Staaten oder, was dasselbe ist, der Kauf von Staatsanleihen der OECD-Länder, also der hoch entwickelten Industrieländer, waren ausgenommen. Ein langer Streit tobte über die Frage, was als Eigenkapital gelten könne. Man einigte sich auf eine sehr weite Definition. Es wurde schließlich in Kern- und sonstiges Eigenkapital unterschieden, wobei das gewöhnliche Eigenkapital schon nicht sehr viel besser war als ein gewöhnlicher Kredit. Längerfristige, nachrangige Kredite zählen schon zum Kernkapital, wie natürlich sowieso das in der Bilanz ausgewiesene eingezahlte Kapital der Aktionäre und die aus Gewinnen stammenden Rücklagen. Die Unterlegung mit Kernkapital musste nur ein Minimum von 4 Prozent erreichen. Anders ausgedrückt, die Banken können ihr Kreditvolumen auf das Fünfundzwanzigfache ihres so definierten Kernkapitals ausweiten.

Das Baseler Abkommen trat 1988 in Kraft – zu spät, um die japanischen Banken an ihrer verrückten Expansion zu hindern. Zwei Jahre danach, am Jahreswechsel 1989/90 platzte die japanische Aktien- und Immobilienblase. Der konkrete Anlass, warum die USA auf eine Begrenzung des Bankengeschäfts drängten, war mittlerweile verschwunden. In den 1990er Jahren setzte dann der weltweite Finanzsektor unter Führung der USA zum exzessiven Wachstumsboom an. Die Interessenlage verschob sich. Aus den USA kam die Forderung nach einer Reform des Baseler Abkommens.

Sie setzte mit einiger Berechtigung an gewissen Nachteilen des bisherigen Baseler Abkommens an. Die Banken reagierten auf die Eigenkapitalunterlegungsvorschriften, indem sie risikoreiche Investitionen oder Kredite vorzogen. Diese waren ertragreicher, mussten aber den Regeln gemäß nicht mit mehr Eigenkapital unterlegt werden als risikoarme und daher niedriger verzinsliche Engagements. Die Ausweichreaktionen der Banken führten also insofern zum Gegenteil des Beabsichtigten. Das Risiko einer Spekulationskrise erhöhte sich, statt sich zu vermindern. Auch die Bevorzugung nur der Staatsanleihen der OECD-Länder, deren Kauf keine Unterlegung mit Eigenkapital erforderte, wurde als Grund dafür angenommen, die Vorschriften für die Banken zu verändern. Als neuen Grundsatz etablierte der Baseler Ausschuss, dass die Banken für ihre Kredite und Engagements relativ zu deren Risiko Eigenkapital bereithalten müssten. Für risikoreichere Investitionen müsste mehr und für weniger risikoreiche weniger Eigenkapital vorgehalten werden. An der einst willkürlich gesetzten Marke von 8 Prozent Eigenkapital und davon 4 Prozent Kernkapital sollte über die ganze Branche hinweg im Grundsatz nicht gerüttelt werden. Allerdings galt diese Marke nun nicht mehr für jeden Kredit und jede Bank, sondern nur für die Branche insgesamt.

Schon das erste Baseler Abkommen war voller Ausnahmeregelungen. Beispielsweise wurden Liquiditätslinien kurzfristiger Art von der Kapitalunterlegung ausgenommen. Dies ermöglichte es den Banken wie der deutschen IKB, den von ihnen gesponserten Fonds, die sich über kurz laufende Commercial Paper finanzierten und lang laufende strukturierte Hypothekenkreditpakete kauften, Liquiditätsgarantien zu geben, ohne dass sie dafür Eigenkapital aufwenden mussten. Ein schwerer Fehler des Abkommens und des Baseler Ausschuss, wie sich in dieser Krise erwiesen hat.

Das zweite Baseler Abkommen, kurz Basel II genannt, war nur noch ein Wust von Sonderregelungen. Das Hauptproblem war zunächst, wie und vor allem wer feststellen sollte, wie hoch das Risiko einer Handelsposition, eines Kredits oder eines Vertrages einer Bank eigentlich sei. Danach schließlich sollte sich der Prozentsatz des Eigenkapitals bemessen, das die Bank zu unterlegen hat. Die US-amerikanische Seite in den Verhandlungen sah als Risikomesser die Rating-Agenturen, die auf dem US-Finanzmarkt seit Jahrzehnten Anleihen und Schuldenpapiere aller Art mit Risikonoten versahen. Einige europäische Finanzaufseher bestanden dagegen darauf, dass die Banken wie ehedem das Risiko ihrer Kredite am besten beurteilen könnten. Der Kompromiss sah schließlich beide Möglichkeiten vor. Allerdings mussten die Banken nach Basel II ihre Risikobewertungsmethoden der jeweiligen nationalen Bankenaufsicht gegenüber rechtfertigen. Die Neufassung der Eigenkapitalrichtlinien passierte das Stadium der EU-Richtlinien und in Europa der nationalen Gesetzgeber. Anfang 2008 trat Basel II jedenfalls mit seinen wichtigsten Elementen in Europa in Kraft. In den USA hatten die Banken mittlerweile das Interesse an der Sache verloren. Der früher versprochene Zeitpunkt des Inkrafttretens Anfang 2009 wurde nach Ausbruch der Finanzkrise wieder völlig in Frage gestellt.

Der Übergang von Basel I auf Basel II dürfte die Aufweichung der früher ziemlich klaren Regeln für die Eigenkapitalausstattung der Banken noch gefördert haben. So war es beispielsweise ab Anfang 2007 den Banken freigestellt, ob sie mit den neuen, von Basel II vorgesehenen Risikomodellen arbeiten wollten. Da letzteres in der Praxis eine Minderung des risikogewichteten und mit Eigenkapital zu unterlegenden Geschäftsvolumens bedeutete, wählten praktisch alle größeren Banken den neuen Ansatz. Ein weiteres Problem war auch die unterschiedliche Behandlung von Investment-Banken wie Merrill Lynch und Goldman Sachs und den eigentlichen Kreditbanken. In den USA mussten letztere wenigstens eine Mindestgrenze von 5 Prozent Eigenkapital einhalten, der die Investmentbanken nicht unterworfen waren. Auch das ist ein weiteres Beispiel für die ziemlich chaotische Gesetzgebung im wichtigsten Land des Kapitalismus. Einerseits hob der Gesetzgeber die offizielle, noch aus der Zeit des New Deal stammende Trennung der beiden Bankenarten auf. Die unterschiedliche Überwachung durch verschiedene Behörden wurde aber beibehalten, ebenso der ausschließliche Zugang der Zentralbank zur Geldschöpfung.

Für eine Aufweichung der Eigenkapitalvorschriften sorgte auch die erst 1996 in Kraft getretene Übereinkunft zu den Marktrisiken. In der Banker-Wahrnehmung unterscheidet sich das Marktrisiko vom Kreditrisiko. Ersteres bezieht sich auf die Gefahr des Preisverfalls für ein Wertpapier, für das es überhaupt einen Markt gibt. Letzteres bezieht sich darauf, dass Zins und/oder Tilgung eines Kredits unterbleiben könnten. Die Marktrisiken wurden Anfang der 1990er Jahre in den Baseler Akkord integriert. Sie wurden von vornherein risikogewichtet. Sie forderten von den Banken Modellrechnungen, wie hoch ihre Verlust bei krass negativen Marktsituationen sein würden. Sie bezogen sich auf das Handelsgeschäft der Banken, das im allgemeinen die Investmentbanking-Abteilung der jeweiligen Bank repräsentierte. Die Eigenkapitalunterlegung für das Marktrisiko war verglichen mit der für Kreditrisiken milde. Die Differenz dürfte die Praxis der Verbriefung und des Weiterverkaufs von Krediten stark gefördert haben. Denn Kredite und Kreditpakete, die eine Bank erwarb, wurden gemäß Basel vorwiegend unter Marktrisikogesichtspunkten behandelt. Die Bank konnte davon sehr viel mehr auf die Bücher nehmen als von ihr selbst vergebene Kredite. Die Verschuldung der Bank erhöhte sich damit freilich, der Anteil des Eigenkapitals an der Bilanzsumme unterschritt die von Basel vorgegebene Untergrenze.

Das Urteil zu Basel II sollte lauten: Noch nie wurde so viel Mühe, Gehirnschmalz und Regulierungswille in ein Projekt mit so dürftigem Resultat gesteckt. Der Umfang des Abkommens ist riesig. Es gibt vermutlich niemanden, der alle Teilaspekte versteht. Aber gerade das ist schon einer seiner größten Mängel. Die drei anderen sind: Es gibt den Rating-Agenturen die Rolle des Schiedsrichters. Die Banken- und Kreditkrise hat überdeutlich gezeigt, dass die Rating-Agenturen Schwächen haben, die nicht wirklich zu beheben sind. Die in Basel II gefundene Alternative zur entscheidenden Rolle der Rating-Agenturen ist allerdings noch schlechter. Es überlässt den Banken selber die Einschätzung des aufsichtsrechtlichen Risikos. Selbstverständlich sollen die Banken aus der Sicht ihres Geschäftes Risiko und Ertrag ihrer Kredite bewerten. Das ist schließlich der Kern ihrer Tätigkeit und ihre Kernkompetenz. Wenn diese Kompetenz aber zum Urteil über den Umfang der Geschäftätigkeit der Bank durch die Aufsicht dient, führt es zwangsläufig zum Anreiz, Risiken geringer darzustellen als sie sind.

Der Aufsicht fehlt zweitens ein eigener Maßstab, an dem sie die Risikogewichtung der Bank messen kann. Sie soll statt dessen, so will es Basel II, den Maßstab einer Beurteilung unterziehen. Es ist ganz offensichtlich, dass keine, auch noch so gut ausgestattete Aufsichtsbehörde dieser Aufgabe gewachsen ist. Statt dessen ergeben sich durch Basel II Anreize dazu, dass die nationale Bankenaufsicht in enger Kooperation mit den Banken ihres Schutzgebietes die Regeln so auslegt, dass die Banken komparative Expansions-Vorteile im Vergleich zu ausländischen Mitbewerbern erlangen – eine Situation, die die internationalen Baseler Regeln eigentlich gerade vermeiden sollten.

Die Kreditkrise hat drittens überdeutlich gezeigt, wie es um die Kernkompetenz Risikoeinschätzung der Banken bestellt ist. Man sollte sich besser nicht darauf verlassen, und die Bankenaufsicht sollte das schon gar nicht tun. Die Schwäche der Banken besteht, wie ersichtlich wird, vor allem darin, dass sie die Risiken so einschätzen, wie es gerade der Markt tut. Wenn alle Konkurrenten billige Kredite an Heuschrecken vergeben, macht es Bank x natürlich auch so. Heuschrecken sehen dann wie prima Kunden aus. Kurz, der jeweilige Markt- oder Modetrend bestimmt auch die Risikobewertung. Wenn der Markt kippt, kippt auch die Risikobewertung sowohl durch die Banken als auch durch die Rating-Agenturen. Der vierte große Mangel von Basel II besteht darin, dass es den jeweiligen Trend verstärkt. Es verstärkt den Zyklus der gerade obwaltenden Kapitalmarktmode. Es verstärkt auch den Zins- und Konjunkturzyklus. Im Boom erscheinen die Anlagen als sicher. Als risikoarm bewertete Anlagen erfordern nach Basel II weniger Eigenkapital oder, anders gesagt, mit dem vorhandenen Eigenkapital kann die Bank mehr bewegen. Umgekehrt in der Krise. Alles steht kurz vor der Pleite, ist deshalb sehr risikoreich. Jetzt muss die Bank viel Eigenkapital unterlegen bzw. ihre Kreditvergabe einschränken. Der vierte Fehler von Basel II ist, dass es prozyklisch wirkt, die Zyklen verstärkt, statt sie zu dämpfen.

Fehlender Makro-Blick

Mit der Differenzierung nach Risiko hatten die Aufseher überdies die Betonung von der Makropolitik hin zur Einzelbetrachtung der Institute verlegt. Jetzt galt: diejenige Bank, die risikoreiche Geschäfte tätigt, braucht einen größeren Puffer an Eigenkapital, damit sie nicht umkippt. Der Gesichtspunkt, dass der ganze Bankensektor daran gehindert werden muss, seine Geschäfte unabhängig vom Eigenkapital unendlich zu steigern, geriet in den Hintergrund.

Die Verschiebung des Blickwinkels erwies sich als weiterer entscheidender Fehler, den die Bankenaufseher gemacht haben. Die rasante Kreditexpansion der letzten zwanzig Jahre geschah nämlich nur zum Teil innerhalb des Bankensektors. Es reichte einfach nicht aus, nur ein Auge auf den Umfang der Bankbilanzen zu werfen. Auch das geschah übrigens nicht mit dem nötigen Nachdruck. Sonst hätte die massenhafte Konstruktion der von den Banken selbst betriebenen Investmentvehikel außerhalb ihrer Bilanzen und außerhalb der Kapitalunterlegungspflichten die Aufseher alarmiert. Noch heute beziehen sich Bundesbank und die dem Finanzministerium direkt unterstellte Bankenaufsicht auf den Buchstaben der Baseler Vereinbarung, die bei kurzfristiger Finanzierung just dieses Schlupfloch lässt, durch das dann dicke und dünne Banken gleichermaßen und massenhaft geschlüpft sind. Die spanische Notenbank hat den spanischen Banken zu verstehen gegeben, dass sie die außerbilanziellen Konstruktionen nicht billigt. Die spanischen Banken hatten in der Krise damit ein Problem weniger als fast alle anderen.

Entscheidender aber als die Umgehung der Eigenkapitalvorschriften durch die Banken selber war die massenhafte Verbreitung bankähnlicher Gebilde wie Hedge-Fonds und Private-Equity-Fonds. Sie ähneln in vieler Beziehung den Banken. Im Zusammenhang mit der Kreditexpansion ist die wichtigste Ähnlichkeit mit den Banken ihre Eigenschaft als Verschuldungsmaschine. Sie arbeiten überwiegend mit geliehenem Geld. Ihr Verschuldungsgrad erreicht nicht ganz den einer Bank, deren Eigenkapital ja laut Baseler Abkommen nur acht Prozent an der Bilanzsumme ausmachen muss. Der berüchtigte Hedge-Fonds LTCM, der 1998 zusammenbrach, hatte allerdings einen noch geringeren Eigenkapitalanteil. Im Durchschnitt dürften diese Fonds mit einem Verhältnis von Eigen- zu Fremdkapital von eins zu fünf bis acht arbeiten. Auch das ist sehr hoch.

Volkswirtschaftlich betrachtet bedeutet das massenhafte Engagement dieser Verschuldungsmaschinen eine ungeheure Konzentration der Eigentumsverhältnisse. Denn damit hat immer weniger Eigenkapital direkte Eigentumsansprüche an das Produktivvermögen. Es ist quasi so, als befände sich das Eigentum der Unternehmen ausschließlich in der Hand von Banken. Der hohe Verschuldungsgrad macht die gesamte Volkswirtschaft ähnlich krisenanfällig wie den Bankensektor. Die Private-Equity- und Hedge-Fonds treten nicht nur als Nachfrager, sondern auch als Anbieter von Kredit auf. Sowohl als Endabnehmer als auch als Zwischenhändler von Krediten und umverpackten Kreditpaketen tun sie sich hervor. Ihr hoher Verschuldungsgrad führt dabei ebenso wie bei den Banken selber zu einem hohen Multiplikatoreffekt. Die Wirkung dieser Fonds war gleichsam so, als habe sich die Zahl der Banken weltweit verdoppelt und das Kreditvolumen vervielfacht.

Es ist sicher nicht falsch, wenn man den für die Aufsicht der Banken und des Finanzmarktes Verantwortlichen glattes und komplettes Versagen vorwirft. Gerade das, was sie verhindern sollen, haben sie zugelassen oder sogar gefördert. Sie sollten das Kreditvolumen begrenzen, sie sollten die, die mit Geld agierten, so genau überwachen, dass sie keine Überschuldung der Volkswirtschaft produzierten. Sie sollten die Herausbildung einer Blase des Finanzsektors verhindern. Genau dabei haben sie versagt.

Dieses Urteil bedeutet nicht, dass man die Akteure selbst, also die Banker, Spekulanten, Hedge-Fonds-Manager und sonstigen Profiteure von ihrem sozial schädlichen, allerdings meist völlig legalen Tun freisprechen sollte. Sie sind natürlich die Täter. Nur gehört es zur Erstausstattung dieser Spezies, genau so zu handeln, maßlos nach noch mehr Profit zu suchen. Da fehlt sozusagen das Überraschungsmoment. Es fehlt auch jeglicher Ansatz, an dieser Stelle an die Vernunft der Akteure zu appellieren, vom bisherigen Treiben abzulassen.

All das ist anders bei denen, die im Auftrag der Allgemeinheit und als Staatsangestellte dem Treiben Einhalt gebieten hätten sollen, es aber unterlassen haben. Die ziemlich langen Ausführungen zu Basel I und II dienten dem Zweck, zu zeigen, dass es Instrumente gab, die geeignet sind, den Finanzsektor zu zügeln. Schließlich sind Finanzmärkte, sind Boom und Bust, sind Preisexplosionen und -zusammenbrüche und sind auch Finanzkrisen Menschenwerk. Es sind keine Naturereignisse, die die Menschen hinnehmen müssen. Es ist nicht einmal so, dass das ganze kapitalistische System verändert oder umgestürzt werden muss, um Finanzkrisen zu verhindern. Nichts davon. Die entscheidenden Institutionen gibt es schon, die Banken und Finanzmarktakteure bändigen könnten. Allerdings, um es zu wiederholen, die in diesen Institutionen Verantwortlichen – also die Finanzminister der großen kapitalistischen Länder, ihre Notenbanker und Bankenaufseher – haben es vorgezogen, nicht zu bändigen. Sie haben nicht hingesehen, sie haben absichtlich weggeguckt, sie haben die Dinge sich einwickeln lassen. Wie auch immer, sie haben nicht eingegriffen.

Einer Selbstkritik am nächsten kam bis zum Sommer 2008 die Schweizerische Nationalbank (SNB), die zusammen mit der Eidgenössischen Bankenkommission die Schweizer Banken beaufsichtigt. Sie stellt fest, dass der Verschuldungsgrad der Schweizer Großbanken zwischen 1996 und 2006 sich von 11 auf 40 ausgeweitet hat. Aus der Finanzkrise schlussfolgert die SNB ziemlich einfach, dass das Eigenkapital der beiden Großbanken UBS und Crédit Suisse gestärkt werden muss. Sie empfiehlt dem Gesetzgeber einen Multiplikator, der die Eigenkapitalanforderungen gemäß Basel II erhöht. Das ist eine ziemlich klare Aussage, dass etwas grundsätzlich schief gelaufen ist. Die Tatsache, dass die betroffenen beiden Großbanken Sturm gegen diesen Vorschlag laufen, zeigt allerdings noch nicht, dass er in die richtige Richtung geht. Denn die Methode der komplizierten Risikogewichtung von Basel II beizubehalten, aber durchweg die Eigenkapitalanforderungen gerade in der Finanzkrise zu erhöhen, würde die ohnehin eingeschränkte Kreditvergabe der Banken an die Realwirtschaft zusätzlich bremsen.

In der Bundesrepublik sind der Bankenaufsicht BaFin und der ebenfalls zuständigen Bundesbank selbstkritische Worte vollständig fremd. Finanzminister Steinbrück weigert sich, Näheres über die Umstände der Beinahe-Pleite von IKB und SachsenLB mitzuteilen. Selbst wenn intern erkannt worden wäre, dass Fehler gemacht wurden, soll die Öffentlichkeit das nicht diskutieren. Ein parlamentarischer Untersuchungsausschuss zu diesem Thema kommt wohl deswegen nicht zustande, weil die Regierung (vielleicht auch einige an der Verdunkelung interessierte Banken) die dafür nötige FDP davon abgebracht haben. Die Bundesbank, ihr Präsident Axel Weber und der mit der Bankenaufsicht betraute Vorstand Franz-Christoph Zeitler wissen nicht, was Selbstkritik ist. Sie fordern mehr Kompetenzen in der Bankenaufsicht. Weder die Regierung noch die Bundesbank, die sich auf ihre »makroprudenzielle Expertise« (ein Ausdruck, der besagen soll, dass sie das Große und Ganze der Volkswirtschaft und des Finanzmarktes bestens im Blick und Griff hat) in Festreden viel zugute hält, waren bis Sommer 2008 mit irgendwelchen Schlussfolgerungen oder Vorschlägen hervorgetreten.

Im Oktober 2007 hatten die Finanzminister der G-7-Staaten das »Forum für Finanzstabilität (FSF)« beauftragt, Schlussfolgerungen aus der Krise zu ziehen und konkrete Maßnahmen vorzuschlagen. Das war, ironisch gesagt, die richtige Adresse. Das Gremium war nach der Finanzkrise (Asien, Russland, LTCM) 1998/99 von eben diesen Finanzministern ins Leben gerufen worden. Ihr erster Vorsitzender war ausgerechnet der damals scheidende Bundesbankpräsident Hans Tietmeyer. Entsprechend verortete das FSF den Ursprung der damaligen Finanzkrise nicht bei den großen Finanzinvestoren und Banken und den liberalisierten Kapitalmärkten, sondern in der mangelnden Transparenz und Marktoffenheit der betroffenen Länder wie Thailand, Südkorea und Indonesien. Tietmeyer ist nicht mehr dabei. Aber klüger ist das Gremium nicht geworden. Es setzt sich ohnehin aus einer Auswahl derjenigen zusammen, die als Notenbanker und Finanzaufseher die Aufblähung des Finanzsektors zugelassen und ideologisch gerechtfertigt haben.

Dieses Mal konnte die Schuld für die Finanzkrise nicht auf Entwicklungs- und Schwellenländer abgewälzt werden. So trat das Gremium im April 2008 mit der grandiosen Empfehlung an die Öffentlichkeit, die Bankenaufsicht müsse künftig die Banken früher darüber informieren, wenn sie den Verdacht habe, deren Risikomanagement-Systeme wiesen gewisse Mängel auf. Auch sollten die Aufseher international noch enger zusammenarbeiten. Schließlich meinte das FSF, im Rahmen von Basel II sollten die Risikogewichte für komplex strukturierte Produkte erhöht und bessere Vorsorge für Liquiditätsrisiken – also jenes Risiko, das im Sommer 2007 plötzlich eintrat und die Finanzmärkte austrocknen ließ – getroffen werden.

Die Reformvorschläge des FSF haben also eher homöopathischen Charakter. Fast alle Institutionen, die in irgendwelcher Weise mit der Regulierung der Finanzmärkte befasst sind, zeigen eine ähnliche Zurückhaltung. Die oben zitierte SNB ist die rühmliche Ausnahme. Die andere Ausnahme ist die Bank für Internationalen Zahlungsausgleich

BIZ in Basel. Allerdings muss man dazu anmerken, dass die kritische Stimme der BIZ bzw. die ihrer volkswirtschaftlichen Abteilung und ihres scheidenden Leiters, des Kanadiers William R. White, nur deshalb an die Öffentlichkeit dringt, weil die BIZ selber über keine Exekutivgewalt verfügt. Sie ist selbst keine Zentralbank, sondern dient nur der Koordination der Zentralbanken. In ihrem Gebäude in Basel treffen sich häufig internationale Gremien, weshalb der internationale Bankenausschuss und die von ihm formulierten Regeln den Namen der Schweizer Stadt tragen.

In jedem Fall aber ist das, was die BIZ (in ihrem Ende Juni 2008 veröffentlichten Jahresbericht) zur Finanzkrise zu sagen hat, von großem Interesse. In Richtung der Bankenaufsicht und Notenbanken stellt der Bericht vor allem Fragen. Wie es nämlich geschehen konnte, dass der maßlosen Kreditexpansion und der Entstehung eines Systems von Schattenbanken kein Einhalt geboten wurde? Er fragt weiter, warum von Seiten der Notenbanker, die es eigentlich besser wissen müssten, nicht einmal laute Warnungen vor diesen Fehlentwicklungen ertönten.

Vielleicht weil sie es für müßig halten, auf diese Fragen Antworten zu erhalten – dafür kennen White und sein Team die Notenbanker zu gut –, wenden sie ihre Aufmerksamkeit weg von den Regulierungsfragen und hin zur Geldpolitik. Sie konstatieren, wie so viele konservative Ökonomen, dass der Grundfehler zu niedrige und als solche zu lange anhaltende Zinsen gewesen sei. Dies habe den Finanzboom ermöglicht. Wie in Kapitel IV versucht wurde zu zeigen, ist diese Kritik plausibel. Denn die lange dauernde Niedrigzinsphase war sicher eine der Bedingungen für den maßlosen Finanzboom. Sie hatte aber wie der Finanzboom selber Ursachen in der sich herausbildenden Struktur der Weltwirtschaft, die durch Deregulierung des Kapitals und Entwertung der Arbeit gekennzeichnet war.

Diese Interpretation der Dinge geht wider alle Evidenz davon aus, dass der Wirtschaftspolitik national und international nur eine Stellschraube zur Verfügung steht, nämlich der Geldpolitik, also der Verschiebung der Leitzinsen nach oben oder unten. Wenn man so denkt, muss man angesichts des Umfangs dieser Krise zur Ansicht gelangen, die der Geldpolitik sei falsch angelegt gewesen. Es ist bedauerlich, dass White und seine Kollegen nach richtigen Fragen mit solch orthodoxen und konservativen Antworten aufwarten.

Wenn es um vernünftige Schlussfolgerungen aus dieser Krise geht, bleibt nichts übrig, als den Blick auf eher finanzmarktferne Kreise richten. Aus der Diskussion seien dazu drei Beiträge herausgegriffen: die Stellungnahmen des Deutschen Gewerkschaftsbundes, eine Stellungnahme der Linken und schließlich die von Attac. Alle drei fordern grundsätzlich mehr Regulierung. Dabei richten auch sie ihr Augenmerk stark auf die Eigenkapitalanforderungen. Der Chefökonom des DGB, Dirk Hirschel, forderte eine Neuregelung der Baseler Übereinkommen und betonte, dass die Kredite an Hedge-Fonds und Beteiligungsgesellschaften (Private-Equity-Fonds) künftig mit mehr Eigenkapitalanforderungen zu unterlegen sein sollten. (*»Nichts darf so bleiben, wie es ist«* in Financial Times Deutschland, 14.8.08) Die Fraktion Die Linke forderte bereits im November 2007 im Bundestag die Bundesregierung auf, initiativ zu werden. In das Baseler Regelwerk sollten außer den Banken auch andere Finanzmarktakteure miteinbezogen werden. Dabei sind allerdings zunächst nicht die Hedge- und Beteiligungs-Fonds, sondern die von den Banken gegründeten Zweckgesellschaften gemeint. Attac wird im Juni 2008 in einer Stellungnahme grundsätzlicher. Die Forderung nach Regulierung der Finanzmärkte gehört schließlich zum Grundkonsens der Organisation. Der Aufruf vom Juni fordert »systematische Veränderungen« statt Reparatur und »die Dominanz der Finanzmärkte brechen«.

Unter diesem Rubrum fordert die Organisation Dinge wie die »Tobin-Steuer« (eine international erhobene Steuer auf Finanzmarktumsätze), Umverteilung von oben nach unten (anstatt wie bisher umgekehrt) und das Ende und die Rückgängigmachung der Privatisierung von öffentlichem Eigentum. In einem Abschnitt, der sich mit spezifischen Maßnahmen zum Finanzsektor befasst, ähneln die Attac-Vorschläge denen der Linken und des DGB (sowie vermutlich anderer gewerkschaftsnaher, linker Organisationen und Einzelpersonen, die hier nicht eigens erwähnt werden). Der Ausflug in die Forderungskataloge relevanter linker Organisationen hat nicht den Zweck, diese

zu kritisieren. Im Gegenteil, der Grad der Übereinstimmung scheint
deshalb so hoch, weil die Schlussfolgerungen auf der Hand liegen.
Forderungen nach Umverteilung sind berechtigt. Sie zielen auch auf
eine der Ursachen der aktuellen Finanzkrise. Aber sie sind auch außerhalb einer Reform des Finanzsektors und der Bankenregulierung
sinnvolle politische Forderungen. Sie sind sozusagen Dauerbrenner.

Auszug aus »Attac Statement zur Finanzkrise und zu demokratischen Altenativen« (Juni 2008)

A. Systemische Veränderungen statt stückweise Reparatur
Das ganze Finanzsystem in seiner neoliberalen Form hat sich
als ökonomisch instabil und ineffizient und als schädlich für
Gleichheit, die allgemeine Wohlfahrt und die Demokratie erwiesen. Darum sind systemische Veränderungen notwendig.
Eines unserer zentralen Ziele ist es, die neoliberalen Grundpfei-
ler einzureißen, vor allem die weltweite Mobilität von Kapital.
Einzelne regulatorische Maßnahmen, die nur auf den Erhalt
von Reichtum und vermögensgetriebene Entwicklung zielen,
oder kosmetische Reformen sind hingegen inakzeptabel.

*B. Ein neues Bretton Woods
     anstelle der Selbstheilungskräfte des Marktes*
Die Krise zeigt, dass Märkte ohne demokratische Regulierung
zu desaströsen Ergebnissen führen. Deshalb ist es erforderlich,
dass demokratische Kontrolle und internationale Kooperation
an die Stelle des anarchischen Wettbewerbs zwischen den Na-
tionalstaaten treten. Bei ökonomischen Entscheidungen müssen nachhaltige Entwicklung und die Menschenrechte aller
drei Generationen Vorrang haben.
    Ein geeigneter institutioneller Rahmen unter der Aufsicht
der UN muss errichtet werden. Die nationalen Aufsichten und
die internationale Kooperation zwischen den Aufsichtsbehör-

den müssen gestärkt werden. Dabei muss auch das Rating-Geschäft Teil der öffentlichen Aufsicht werden.

Dem ungehinderten Fluss von Waren und Kapital müssen Grenzen gesetzt werden. Die allgemeingültige Offenheit von Waren- und Finanzflüssen muss ersetzt werden durch ein neues Netz von Verträgen zwischen den verschiedenen Ländern und Regionen der Welt, die auf dem gegenseitigen Respekt vor den Rechten der Menschen unabhängig von ihrer Klasse, der Verteidigung der historischen Errungenschaft der ArbeitnehmerInnen und der Solidarität mit den ärmeren Ländern fußen.

C. Die Dominanz der Finanzmärkte brechen

Die grundsätzliche Orientierung für eine echte Umkehr muss darauf gerichtet sein, die Dominanz der Finanzmärkte über die Realökonomie zu brechen. Einige geeignete Instrumente für diesen Zweck sind:

- Die Besteuerung aller Arten von Finanztransaktionen (inklusive von Devisentransaktionen), um Spekulation zu reduzieren, die Geschwindigkeit der Finanzmärkte zu verlangsamen und die Kurzfristorientierung der Finanzmärkte zu reduzieren
- Die progressive Besteuerung von Kapitaleinkommen. Einer der wesentlichen Faktoren für das Anschwellen der Finanzmärkte ist die steigende Konzentration von Vermögen. Deshalb ist eine substantielle Umverteilung von Einkommen und Vermögen von oben nach unten ebenso notwendig wie die Reduzierung von Anreizen für exzessive Profite, um den Finanzmärkten Grenzen zu setzen und sie zu stabilisieren.
- Die Privatisierung der Sozialsysteme und wichtiger öffentlicher Infrastrukturen – wie Energie oder die Bahn – müssen gestoppt bzw. rückgängig gemacht werden.

D. Das Verursacher-Prinzip

Die Instabilität von Finanzmärkten ist ein inhärentes Merkmal des Kapitalismus im Allgemeinen und des neoliberalen Kapitalismus im Besonderen. Eingriffe des Staates in Zeiten der Krise sind unzweifelhaft notwendig. Die kriminelle Laisser-faire Politik der 30er Jahre darf nicht wiederholt werden. Doch die Kosten der Eingriffe sollten nicht von den SteuerzahlerInnen getragen werden, sondern von denen, die für die Krise verantwortlich sind. Deshalb sollte ein spezieller Krisenfonds gebildet werden, der die Konsequenzen einer Krise für die Gesamtwirtschaft abfedern sollte. Dieser Fonds sollte durch eine Sonderabgabe auf Kapitaleinkommen über 50.000 € und eine einprozentige Extrasteuer auf Unternehmensgewinne finanziert werden.

E. Die EU reformieren

Spezielle Aufmerksamkeit muss der EU gelten. Die finanziellen Aspekte des Vertrages von Lissabon und anderer Verträge sind durchdrungen von neoliberalen Dogmen. Artikel 63 des Vertrages von Lissabon, der jegliche Restriktionen von Kapitalflüssen verbietet und damit die perfekte Bedingung für den enormen Zugriff der Finanzmärkte auf die Gesellschaft schafft, muss abgeschafft werden.

Wir fordern außerdem eine Begrenzung der Niederlassungsfreiheit (Artikel 49), die dem Kapital die Freiheit lässt, sich immer dorthin zu bewegen, wo die Bedingungen am günstigsten sind, und die Finanzinstitutionen die Möglichkeit gibt, Asyl in der City of London zu suchen, oder wo immer sie wollen.

Zudem ist es notwendig den Status der EZB zu ändern. Die Bank steht im Herzen des neoliberalen Europa. Ihre Geld- und Fiskalpolitik basiert völlig auf den neoklassischen Dogmen. Die Autonomie von der monetaristischen Ideologie ist ebenso notwendig wie die demokratische Kontrolle dieser Institution, deren Politik das Schicksal der Bürgerinnen und Bürger entscheidend beeinflusst. Wir kritisieren die Fixierung der EZB auf das 2-Prozent-Konsumentenpreisinflation-Ziel – dies ist ein zentraler Pfeiler neoliberaler Politik. Stattdessen sollte die EZB den Fokus auf Beschäftigung, den Erhalt der Kaufkraft und die Stabilität der Finanzmärkte richten.

F. Reformen im Herzen des Systems
Angesichts der Krise erfordern einige Eckpfeiler des gegenwärtigen Systems besondere Aufmerksamkeit, zum Beispiel:

a. <u>Eigenkapitalanforderungen und vernünftige Praktiken im Bankensektor</u>
Eigenkapitalvorschriften für Banken müssen verschärft werden. In dieser Hinsicht war Basel II ein Schritt in die falsche Richtung. Ein Basel III ist notwendig, mit dem die Konsequenzen aus der Krise gezogen werden. Außerbilanzielle Geschäfte, die jetzt im Zentrum der Krise stehen, müssen verboten werden. Die Praktiken der Verbriefung müssen auf solche Institutionen beschränkt bleiben, die unter der strikten Kontrolle der Regierungen stehen, wie es in den USA der Fall war. Die schlimmsten Praktiken der Verbriefung müssen verboten werden, beispielsweise die CDOs, deren Ziel der massive Wiederverkauf von Subprime-Krediten war. Investment-Banking sollte von anderen Bankdienstleistungen getrennt werden. Das öffentliche und genossenschaftliche Bankenwesen sollte gestärkt werden. Die Öffentlichkeit sollte zumindest einige Schlüsselbanken besitzen, um stabile Finanzierung für nachhaltige und gerechte Entwicklung bereitzustellen. Die Rating-Agenturen, die in dieser Krise ebenso wie in fast allen Krisen der letzten Dekaden schwere Fehler machten,

sollten unter öffentliche Kontrolle gestellt werden. Keinesfalls sollten Rating-Agenturen von den Firmen bezahlt werden, die sie raten. Stattdessen sollten sie aus einem Fonds
bezahlt werden, in den NutzerInnen der Ratings und alle
Ausgeber von Finanzprodukten einzahlen.

b. Institutionen mit hoher Hebelwirkung
Wer braucht Hedge-Fonds und was ist ihr Nutzen für die
Wirtschaft? Als die VertreterInnen Deutschlands auf dem
G-8 Gipfel 2007 höhere Transparenz von Hedge-Fonds ver-
langten, wurde dagegen argumentiert, diese Institutionen
erfüllten eine nützliche Funktion, weil niemand anders bereit sei, die Risiken zu tragen, die diese übernähmen. Tatsächlich handelt es sich bei diesen Risiken jedoch um die
Risiken der Spekulation im Dienste des maximalen Profits.
Diese Aktivitäten haben keinen Nutzen für die Gesamtwirtschaft − im Gegenteil: sie destabilisieren das System. Durch
den Einsatz von Kredithebeln (Leverage) wird dieses Risiko auf das Bankensystem ausgedehnt. Das ist der Grund,
warum sie überhaupt nicht stattfinden sollten. Hedge-Fonds
zu einem Instrument der Krisenprävention zu erklären, ist
so, als ob man einem Pyromanen die Aufgabe des Feuer-
schutzes übertragen würde. Die Aufsicht muss Banken
davon Abhalten, Geschäfte mit Hedge-Fonds zu machen.
Niemand braucht diese außer reichen Individuen und ins-
titutionellen Anlegern auf der Suche nach hoch-riskantem
maximalem Profit.

c. Die Regulation von Derivaten
Solange bestimmte Risiken für die Realwirtschaft in der
globalen Wirtschaft bestehen bleiben, wie z.B. das Wechsel-
kursrisiko, können Derivate eine positive Funktion als Absicherung gegen diese Risiken haben. Für diesen Zweck

sollten sie standardisiert und von der Aufsicht geprüft an der Börse gehandelt werden. Der Handel *over the counter (OTC)* sollte verboten werden.

d. Steueroasen
Wer braucht Offshore-Zentren (OFCs) und Steueroasen? Lediglich reiche Individuen und institutionelle Anleger, die ihr Vermögen vor den Steuerbehörden verstecken wollen, die Mafia, Terroristen, Waffenhändler und andere Kriminelle, die Geld waschen wollen. Es gibt keinen nachvollziehbaren ökonomischen Grund für die Aufrechterhaltung des ökonomischen Status dieser Territorien. Deshalb muss diesen Plätzen die wirtschaftliche Grundlage entzogen werden. Solange dies nicht möglich ist, weil einige große Industrieländer ihre eigenen Offshore-Zentren und Steueroasen nicht schließen und andere protegieren, können unilaterale Maßnahmen ergriffen werden. Dazu gehört die Aufhebung des Bankgeheimnisses von Banken in ihrer Hoheitsgewalt, die Anordnung, Töchter von Banken in Steueroasen zu schließen, und die Erhebung einer hohen Gebühr auf Transaktionen in Steueroasen und Offshore Zentren.

Wenn man sich mit Maßnahmen zur Reform des krisengeschüttelten internationalen Finanzsektors befasst und eine striktere Reregulierung vorantreiben will, muss man an den real existierenden Regeln, Gesetzen und Institutionen ansetzen.

Die hier vertretenen Thesen lauten:

1. Die internationalen Vereinbarungen zur Eigenkapitalunterlegung (Basel I und II) sind im Prinzip der geeignete Ansatz, um das unkontrollierte Wuchern des Finanzsektors zu verhindern.

2. Die Regeln müssen dringend vereinfacht und damit durchsetzbar gemacht werden.
3. Durch besonders hohe Eigenkapitalanforderungen für Kredite an Unternehmen oder Fonds, die wie Hedge- und Beteiligungs-Fonds mit hohen Schulden arbeiten, lässt sich die Zahl dieser Fonds begrenzen.
4. Die international übliche Bankenaufsicht und ihre Standards sollen auch auf andere Finanzinstitutionen ausgeweitet werden.

Diese Forderungen sind nicht besonders radikal. Sie sind sozusagen Minimalstandards, die geeignet sind, massive Wucherungen des Finanzsektors, wie die Welt sie jetzt erlebt hat, und die entsprechenden Krisen in deren Gefolge einigermaßen zuverlässig zu verhindern. So schwer es sein wird, dergleichen durchzusetzen, es bedarf dazu noch flankierender Maßnahmen, und zwar in zwei Richtungen: Zum Einen wird es notwendig sein, Kapitalverkehrskontrollen wenigstens teilweise wieder einzuführen. Zum Anderen müssen die Institutionen, die die Geldschöpfung kontrollieren und für die Stabilität des Finanzsektors Verantwortung tragen, die Zentralbanken, wieder dem demokratischen Willensbildungsprozess unterworfen werden.

Kapitalverkehrskontrollen

Zur Notwendigkeit von Kapitalverkehrskontrollen gibt es neben dem reichlichen Anschauungsmaterial aus der Wirtschaftsgeschichte zwei Argumente, die jedes für sich ihre Wiedereinführung rechtfertigen. So ist eine strikte Kontrolle der Banken und bankähnlichen Fonds nicht möglich, wenn die von ihnen getätigten Kapitalbewegungen nicht wenigstens an nationalen Grenzen registriert (und genehmigt oder abgelehnt) werden können. Selbst wenn sich die wichtigsten Länder beispielsweise darauf einigen könnten, die Beteiligungs- und Hedge-Fonds zu registrieren und zu kontrollieren, könnten diese Fonds ohne eine Kontrolle der Kapitalbewegungen in Drittländer ausweichen und von dort aus unbehelligt ihre Finanzgeschäfte überall tätigen.

Das zweite Argument leitet sich ab aus der Notwendigkeit, die Kontrolle über die Kredit- und Geldschöpfung zurückzugewinnen. Eine wesentliche Ursache für die Aufblähung des Finanzsektors, für die steigenden Preise der Vermögenswerte und die hohe Verschuldung bzw. Kreditschöpfung war das, was die Finanzleute selber als »Carry Trade« bezeichnet haben. Bei offenen Grenzen für den Geld- und Kapitalfluss kann jedermann, der über ein Girokonto verfügt, sich in einer Währung verschulden, in der die Zentralbank und der dortige Finanzmarkt niedrige Zinsen bieten, und dieses Geld in ein anderes Land mit höherem Zinsniveau transferieren. Für das Niedrigzinsland verpufft damit weitgehend die Wirkung, die mit den niedrigen Zinsen erzielt werden sollte, nämlich Konsum und Investitionen im Inland anzuregen. In den Empfängerländern dieses Geldexports sinkt dadurch das Zinsniveau, steigen die Aktienkurse und werden Konsum und Investitionen angeregt. Das Niedrigzinsland der letzten beiden Jahrzehnte war Japan. Da alle Welt sich in Yen verschuldete, wurde Japan zur größten Gläubigernation der Welt. Allerdings gelang es dem Land nicht, das anämische Wachstum im Inland in Schwung zu bringen. Der Rest des Globus wurde dagegen von einem dauernden Geldüberschuss heimgesucht, der eine der wichtigsten Ursachen für die Blasenbildung auf den Vermögensmärkten war.

Auf vielen Treffen der G-7, die den Währungsrelationen gewidmet waren, wurden die Verzerrungen der Finanz- und Geldpolitik durch den Carry Trade zum Thema gemacht. Das Regierungspersonal hat regelmäßig Forderungen nach einer Begrenzung der Kreditexporte oder auch nur nach einer Entmutigung der Spekulation abgelehnt. Statt dessen haben diese Regierungen das Prinzip frei agierender Devisenmärkte hochgehalten. Der freie Markt hat auch in diesem Falle nicht dazu geführt, dass die Verzerrungen abgebaut wurden. Vielmehr führten die Kreditaufnahme in Yen und der Umtausch in zum Beispiel Dollar zu höherer Nachfrage nach Dollar und zu einem höheren Angebot an Yen. Der Yen-Kurs sank damit. Für die Carry Trader war das günstig. Nur ein stark steigender Yen hätte ihre Rechnung mit der Zinsdifferenz konterkariert. Nicht nur vom Standpunkt weniger ent-

wickelter Länder aus, die nicht zum Spielball massiver Kapitalzu- und
-abflüsse werden wollen, sind also Kapitalverkehrskontrollen notwendig. Das gilt auch für große Länder. Ihre Geld- und Finanzpolitik wird
durch die offenen Grenzen für Kapitalbewegungen konterkariert oder
zumindest verwässert.

Kontrolle der Zentralbanken

Bei freiem Kapitalverkehr und global integrierten Finanzmärkten
ist offensichtlich, dass es keine Institution gibt, die für die Stabilität
des Finanzsystems zuständig wäre. Internationale Gremien (wie etwa
G-7-Treffen) oder Expertengremien (Forum für Finanzstabilität) haben
keinerlei wirkliche Befugnisse. Doch wäre es falsch, die Abwesenheit
einer für die Bewahrung von Finanzstabilität zuständigen Organisation als Folge der Globalisierung zu interpretieren. In Wahrheit ist es
umgekehrt verlaufen. Früher waren die Zentralbanken für die Stabilität der von ihnen emittierten Währung und zugleich, meist in nati-
onalem Rahmen, des in dieser Währung agierenden Bankensystems
zuständig.

Die Zuständigkeit der Zentralbanken dafür ist arg beschnitten worden. Genauer gesagt, sie haben sich dieser Zuständigkeit selber entle-
digt. Das Wort des früheren Bundesbankpräsidenten Hans Tietmeyer,
wir (die Staaten und Politiker) seien dem Urteil der Finanzmärkte zu
unterwerfen, ist Wirklichkeit geworden. Die Finanzmärkte unterliegen jedenfalls nicht mehr der Beurteilung und Überprüfung durch die
Zentralbanken.

Im Denkmodell der Zentralbanker und auch in der Wirklichkeit
setzt nicht mehr Staatsgewalt Rahmenbedingungen und Grenzen für
Geschäftsbanken und Finanzmärkte. Umgekehrt, die Finanzmärkte
lassen nur ganz bestimmte ökonomische Handlungsweisen der Politik (einschließlich der staatlichen Notenbanken) zu. Letztere dürfen
mit der Wahl des richtigen Zinses bei der Geldschöpfung die Preise
stabil halten. Das scheint eine Aufgabe, die weniger politisches Urteil
erfordert, sondern von Technokraten gut zu erledigen ist. Unter sol-

chen Umständen erscheint es also fast sinnvoll, diese vor politischer Einflussnahme zu schützen und ihrer Institution Unabhängigkeit zu gewähren.

Leider aber haben sich die Finanzmärkte als Eigenregulator gar nicht bewährt. Sie sind seit einem Jahr, wie man so sagt, ausgerastet. In der Finanzkrise bleibt den Staatsinstitutionen (und vor allem den Zentralbanken) keine Wahl. Sie müssen regulieren. Axel Leijonhufvud, der aus Schweden stammende Professor Emeritus an der Universität von Kalifornien in Los Angeles, hat in der »Börsen-Zeitung« (31.7. 08) die Lage der US-Notenbank so beschrieben: »Wenn aber die Geldpolitik plötzlich vor der Wahl steht, Inflation oder Deflation, Kreditnehmer oder Gläubiger zu bevorzugen, einzelnen Instituten unter die Arme zu greifen, anderen aber nicht, Absprachen unter Banken zu erlauben oder zu verhindern, dann darf kein demokratisches Land diese Entscheidung Zentralbanktechnikern überlassen, die nicht vom Volk gewählt wurden.« Die Fed hat, so urteilt Leijonhufvud, den Punkt in der aktuellen Krise längst überschritten, an dem sie das Prinzip der Unabhängigkeit noch hochhalten kann.

Das gilt nicht nur in Krisenzeiten. Ganz generell ist die Wirklichkeit erheblich vom Modell abgewichen. Es genügt eben nicht, wenn sich Zentralbanken nur um Preisstabilität kümmern. Selbst wenn sie über längere Zeiträume die Inflation in Schach halten, wenn sie die von Fed-Chairman Ben Bernanke gepriesene »great moderation«, die gleichgewichtige, harmonische Entwicklung erreichen, wahrscheinlich sogar gerade dann, tragen sie dazu bei, dass das Finanzsystem ihnen (und uns) um die Ohren fliegt.

Das ist geschehen. Zentralbanker müssen jetzt mehr tun, als nur über den Leitzins zu entscheiden. Sie werden den Auftrag erhalten, sich nicht dem Finanzsystem anzupassen und ihm möglichst glatte Diener zu sein. Sie werden die Grundregeln zur Bändigung des Finanzkapitals in operationale Detailregeln formulieren müssen. Sie sollen den Finanzmarkt mit Geld versorgen, aber sie sollen ein genaues Auge darauf haben, was mit diesem Geld geschieht. Sie werden für die Stabilität des Finanzsektors verantwortlich sein und gemacht werden. Sie müssen deshalb einem Minimum an demokratischer Kontrolle unterworfen werden und die von ihnen geliebte Unabhängigkeit im Interesse der Finanzwelt aufgeben.

Freilich wird das neue Personal, das all das tun muss, dieser Unabhängigkeit ohnehin keine Träne nachweinen.

Sehr kurze Schlussbemerkung:
Auch ein Buch über eine Krise kann mit einem optimistischen Ausblick enden.

Bitte beachten Sie auch die folgenden Seiten.